:ualitäten

Volkmar Sigusch

Neosexualitäten

Über den kulturellen Wandel von Liebe und Perversion

Campus Verlag
Frankfurt/New York

Bibliografische Information der Deutschen Bibliothek
Die Deutsche Bibliothek verzeichnet diese Publikation in der Deutschen Nationalbibliografie. Detaillierte bibliografische Daten sind im Internet über http://dnb.ddb.de abrufbar.
ISBN 3-593-37724-1

Umschlaggestaltung: Guido Klütsch, Köln
Umschlagmotiv: Peter Franck, Frankfurt am Main
Druck und Bindung: Druckhaus Beltz, Hemsbach
Gedruckt auf säurefreiem und chlorfrei gebleichtem Papier.
Printed in Germany

Inhalt

Was heißt Neosexualität? Ein Vorwort

Neosexualität, Neoallianz oder Neogeschlecht – so nenne ich eine sich neu etablierende Sexual-, Intim- oder Geschlechtsform, die sich den alten Ängsten, Vorurteilen und Theorien entzieht. Die Vorsilbe *neo* habe ich mir natürlich genau überlegt. Sie ist so geeignet, weil sie sowohl an die kreative und neuartige wie an die rückwärtsgewandte und totstellende Seite eines Vorganges denken lässt: Neocortex und Neologismus gegen Neoplasma und Neokolonialismus. Denn tatsächlich eröffnet die neosexuelle Revolution, der die Neosexualitäten nach meiner Auffassung seit zwei bis drei Jahrzehnten entspringen, neue Freiräume und installiert zugleich neue Zwänge.

Die Freiräume waren noch nie so groß und vielgestaltig. Das Paradoxe daran ist: Je brutaler der Kapitalismus ökonomische Sicherheit und soziale Gerechtigkeit beseitigt, also Unfreiheiten produziert, desto größer werden die sexuellen und geschlechtlichen Freiräume. Offensichtlich bleibt den Mechanismen der Profit- und Rentenwirtschaft vollkommen äußerlich, was die Individuen tun, solange sie nur ihre sexuellen Orientierungen, ihre geschlechtlichen Verhaltensweisen, überhaupt ihre kleinen Lebenswelten pluralisieren. Vor allem Personen, die selbst nach den sexuellen Revolutionen des 20. Jahrhunderts als abnorm, krank, pervers und moralisch verkommen angesehen worden sind, profitieren von dieser Freistellung. Heute ist der Transsexualismus ein höchstrichterlich anerkanntes Neogeschlecht, ist die Liebe zum Haustier eine nicht mehr weg zu denkende Neoallianz, ohne die viele Menschen verzweifelten, werden ehemalige Perversionen wie der Fetischismus und der Sadomasochismus nicht mehr grundsätzlich als Krankheiten betrachtet, die einer Behandlung bedürfen, von der Homosexualität ganz zu schweigen. Wurde sie Jahrhunderte lang mit Folter und Mord verfolgt, wird ihr heute das einst heilige Institut der Ehe von Amts wegen geöffnet.

Heterosexuelle können heute sehr unterschiedliche Beziehungsformen wählen, ohne aus dem Rahmen zu fallen, wobei Männer etwas »weiblicher« und Frauen etwas »männlicher« geworden sind, sodass eine Annäherung der beiden großen Geschlechter erfolgt. Angesichts der Vorreiterrolle der homosexuellen Männer im letzten Drittel des 20. Jahrhunderts – Stichwort: Schwulenbewegung – ist es nicht übertrieben, davon zu sprechen, dass die Heterosexualität homosexualisiert worden ist. Zu denken wäre an das neue Körpergefühl vieler heterosexueller Männer, die sich nicht mehr mit einer Dauerripp-Unterhose alle 14 Tage und mit einem Schmerbauch zufrieden geben, zu denken wäre an die Modifikation alter Treuegebote, die zu einer Vereinbarkeit von Beziehungs- und Dranglicbe geführt hat, oder an den Bedeutungsverlust, den die Sphären Fortpflanzung und Herkunftsfamilie erfahren haben. Zum ersten Mal in der überschaubaren Geschichte dürfen heute Heterosexuelle sogar asexuell sein und ihr anhaltendes Desinteresse an den sexuellen Lüsten öffentlich bekunden, ohne verlacht oder gar verachtet zu werden.

Das ist nur möglich – und damit sind wir auf der Kehrseite des neosexuellen Prozesses angelangt –, weil Sexualität heute nicht mehr die große Metapher des Rausches, des Höhepunktes, der Revolution, des Fortschritts und des Glücks ist. Je unablässiger und aufdringlicher das Sexuelle öffentlich inseriert und kommerzialisiert wurde, desto mehr verlor es an Sprengkraft, desto banaler wurde es. Gegenwärtig scheint es so, als wandere die Sprengkraft von der sexuellen in die aggressive Sphäre, von der alten Libido zu einer neuen Destrudo, wenn wir an den sexuellen Missbrauch von Kindern durch Männer, aber auch durch Frauen denken, an die zahllosen sexistischen Gewalttaten von Männern gegen Frauen oder, bereits eindeutig entsexualisiert, an die Gewaltexzesse so genannter Fußballfans sowie deren jeweilige Diskursivierung.

Vom Gros der jungen Generation dagegen wird nach allem, was wir durch Sexualforschung erfahren haben, der Zerfall der alten sexuellen Sphäre in einer kulturellen Meisterleistung aufgefangen: Die jungen Leute oszillieren heute ziemlich souverän zwischen undramatischer Treue in Liebesbeziehungen und dramatisierten Events voller Thrills. Ihre Neosexualität, die zur allgemeinen werden wird, ist eher Wohllust als alte triebhafte Wollust. Sie ist selbstoptimiert und selbstdiszipliniert, könnte wegen ihres hohen Anteils an Egoismen auch Selfsex genannt werden. Dazu passt die enorme soziale und seelische Aufwertung der Selbstbefriedigung in den letzten Jahrzehnten. Als einzige Sexualpraktik ist sie im Verlauf des 20. Jahrhunderts nicht nur von einer verpönten und verfolgten zu einer von Männern wie Frauen geschätzten Selbstpraktik geworden, sondern hat insgesamt auch quantitativ an Bedeutung gewonnen.

Über allem aber thront die Liebe. Sie ist selbst als fetischisierte eine einzigartige Kostbarkeit, weil sie nicht produziert und nicht gekauft werden kann. Sie ist stabiler als alle Sexualformen, widersteht im neosexuellen Prozess weitgehend dem Zwang zur Vielfalt, beweist, dass es nicht nur um Wandel geht, sondern ebenso um Kontinuität. Und weil das so ist, habe ich den Essay »Das gemeine Lied der Liebe«, der viele Male in Seminaren erörtert und mehrfach nachgedruckt worden ist, an den Anfang des Buches gestellt, behutsam aktualisiert. Am Grund der Liebe aber liegt die Perversion, ohne die die Liebe eine Ödnis wäre. Deshalb und weil durch kulturelle Transformationen immer ungewisser geworden ist, was überhaupt noch pervers sei, werden die Perversionen in diesem Buch ausführlich analysiert: als unablösbarer Teil der normalen Sexualität, als Übersteigerung des Normalen, als Projektionsfeld so genannter Experten, als entpathologisierte und entmystifizierte Selbsttechnik, als künstlerische Existenzweise sowie – und da geht es wieder um die Kontinuität – als Delinquenz und krankhafte, behandlungsbedürftige Sexualsucht. Ich denke, das reicht.

Adalbert Hepp, dem Verlagsleiter Wissenschaft im Campus Verlag, bin ich wegen seines anhaltenden Interesses an meinen Arbeiten sehr verbunden. Dr. Judith Wilke-Primavesi vom Campus Verlag danke ich sehr für ihre gezielten, manchmal schmerzhaften Eingriffe, die meine Textsammlung lesbarer gemacht haben. Die Idee, einige Gedankengänge am Ende des Buches in einer Art Glossar zu verdichten, stammt von ihr. Mir gefällt das ganz besonders gut. Es passt übrigens zur kulturellen Zerstreuung der Sexualfragmente, von der im doppelten Sinn des Wortes Zerstreuung in dem Buch auch die Rede sein wird.

Frankfurt am Main, im Januar 2005 Volkmar Sigusch

Das gemeine Lied der Liebe

Unsere Liebe ist Leben und Tod in eins. Sie ist weich, warm und weiblich. Sie eifert nicht und treibt nicht Mutwillen. Sie bläht sich nicht auf und stellt sich nicht ungebärdig. Sie sucht nicht das Ihre und lässt sich nicht erbittern. Sie verträgt alles, duldet alles, tröstet selbstlos und still. Sie ist ohne Angst, Leere, Zwang und Scham. Sie bereichert, einigt und birgt. Sie schafft Weibliches im Männlichen und Männliches im Weiblichen, leicht, heiter und kindlich wie ein Abendwind über Ägadien. Sie rettet Verlorenes als Gegenwart und schafft Zukunft aus dem Verlust. Nichts ist befreiender für die angespannte Seele, nichts belebender für die verhärtete, nichts stärkender für die kranke. Die Liebe macht die kleine Seele groß.

Das Hohe Lied der Liebe

Bekanntlich klingt das Hohe Lied der Liebe seit Jahrtausenden so: Mein Geliebter ist leuchtend rot, auserkoren unter Tausenden. Sein Haupt ist das feinste Gold, seine Locken sind rabenschwarze Dattelrispen, seine Augen sind wie die Augen der Tauben an den Wasserbächen, mit Milch gewaschen und in Fülle stehend, seine Lippen sind Blumen, die von fließender Myrre triefen, sein Leib ist reines Elfenbein, mit Saphiren geschmückt, seine Schenkel sind Alabastersäulen, gegründet auf goldenen Sockeln, sein Gaumen ist lauter Süße. Alles an ihm ist Lust. Er ist ganz lieblich. Wenn er mich doch küsste mit den Küssen seines Mundes! Auch an der Geliebten ist kein Flecken. Ihre Brüste sind wie zwei junge Rehe, die unter Rosen weiden. Doch als er sie küssen will mit den Küssen seiner Rosen, sind sie alle im Garten der Lust versiegelt: Milch und Honig, Granatapfel und Aloe, Narde, Safran, Zimt und Kalmus, all die edlen Früchte des Weihrauchs, die ihm das Herz genommen haben. Die Geliebte ist eine verschlossene Quelle, ein versiegelter Born lebendiger Wasser. Steht auf, ihr Winde, muss er rufen, weht durch den Garten, dass seine Würzen triefen!

So begann das Niedere Lied der Liebe, seine Verse zu suchen. Heute können wir sie alle im Schlaf hersingen, weil die Liebenden des salomonischen Liedes der

Liebe keine einsamen Pioniere mehr sind. Seit es unser Individuum gibt, jedenfalls in der Phantasie, sollen wir alle wie Daphnis sein oder wie Cloë. Denn auf den Schlachtbänken, die zwischen uns und den antiken Bürgern liegen, wurde ein neuer sittlicher Maßstab errichtet: Liebe als freie Übereinkunft autonomer Personen, als ein allgemeines Menschenrecht beider, des Mannes und der Frau. Diese Idee von der freien, gleichen, individuellen Geschlechtsliebe, die die Bourgeoisie zur allgemeinen erhoben hat, setzt den Menschen als Menschen und sein Verhältnis zur Welt als ein menschliches voraus.

Dazu aber ist es im Leben nicht gekommen. Irritiert, angebrannt, deplatziert und ungesättigt, wie wir heute sind, trifft uns die Melodie, ob bei Oscar Wilde oder Carlos Fuentes, wie ein Blitz: In jede Ader ergießt sich glühende Lava, alle Nerven sind auf die Folter gespannt, erschütternde Säfte überschwemmen uns mit Silber und Gift. Wir senken unseren Atem in den Flaum des Schambergs, in den jungen Duft der Achselhöhle, wir suchen den scharfen, süßen After, wir brüllen wie ein Tier, wir können uns nicht lösen, wir wollen uns nicht lösen, wir versinken im Fleisch, *due in uno, uno in due*, die verlorene Hälfte unseres Glücks ist wieder da, unserer Liebe, unseres Verstandes, unseres Lebens, unseres Todes. Der Mann fasst seine schwellenden Brüste an, die Frau führt ihr Glied in die pochende Scheide.

Das Niedere Lied der Liebe

Diesseits der Romane, Traktate und Träume müssen wir bescheidener sein: Überall Herr und Knecht, oben und unten, überall Unvernunft, Verstofflichung, Zerstörung. Die Menschen von klein auf erniedrigt, gedümpelt, entwertet, genötigt, isoliert, leer, voller Angst und ohne Würde, wenn sie, wie man so sagt, Glück haben, ein Rädchen in der Maschinerie des Bestehenden. Wer tagein, tagaus als Maschine drei Handgriffe machen, wer Jahr um Jahr als Maske nutzlose Waren an den Käufer bringen, wer ein Leben lang als Handlanger tote Akten gegen Menschen führen muss, wer so im allgemeinen Leben zurechtgestanzt wird, der kann nicht einfach im Liebes- und Geschlechtsleben das Gegenteil von Maschine, Maske, Handlanger sein – plötzlich er selbst, unverstellt, lebendig, die Seele ganz gelöst.

Und wie ist das möglich: erregte Harmonie, gleichzeitig leidenschaftlich, kopflos, solidarisch und gewissenhaft? Wir sind tantalisiert von der Melodie, können nicht schlafen, können sie nur bruchstückhaft erinnern. Immer schiebt sich die Not des Lebens dazwischen, Schwermut und Drangsal, einsam, verlassen, ungeliebt, ohne Lava in den Adern, immer nur Gift, nichts Tierisches, kein Flaum. Der Mund wurde uns wässrig gemacht, der Kopf verdreht. Seither wünschen wir: dass die Masken fallen und das Leben beginnt.

Singen wir nach dem Hohen Lied das Niedere Lied der Liebe. Es klingt vielleicht vertrauter: Unsere Liebe ist eine Orgie gemeinster Quälereien. Sie ist voll raffinierter Erniedrigung, wilder Entmächtigung, bitterer Enttäuschung, boshafter Rache und gehässiger Aggression. Sie ist gierig, klebrig, verschlingend, maßlos, kurzatmig, empfindlich, heuchlerisch, unstillbar. Zu ihr gehören Gefühle der Not, nicht des Wohlbehagens: Hass, Angst, Wut, Schuld, Schwäche, Neid und eifernde Sucht. Auf dem Weg der Liebe befriedigt sich der eine selbst durch den und am anderen. Was dem einen recht ist, sei dem anderen billig. Liebende machen einander gefügig. Nur dabei schlägt ihnen keine Stunde. Unsere Liebe ist egomanisch und asozial, eine nahe Verwandte des Wahnsinns und der Sucht. Wer an Verliebte denkt, weiß, wovon die Rede ist. Nur die Über- und Hochschätzung der Liebe in der Kultur bewahrt sie gewöhnlich davor, als Krankheit im Sinne der Reichsversicherungsordnung liquidiert zu werden.

Das gemeine Lied der Liebe ist gewiss beides: eine Strophe vom Hohen, tausend vom Niederen, alltäglicher Refrain und lebenslange Reprise. Das, was wir Liebe nennen, ist eine Einheit einander entgegengesetzter seelischer Strebungen. Wie gesagt: Leben und Tod, Selbstwerdung und Verschmelzung, Spiel und Ernst, Harmonie und Spannung, Heiterkeit und Tragik, grobsinnlich und zartzärtlich.

Warum führt sich unsere Liebe wie ein Rätsel auf? Warum schillert sie so? Warum erscheint sie im Leben als monströser Bastard, entweder Süßstoff für die muffig-moderne Psyche oder einzigartiger Nektar für das locker-postmoderne Netz, entweder jauchzende Realität oder japsend wie halbtote Tanten mit mondweißen Armen? Warum muss jeder, der über Liebe schreibt, wie der Papagei auf der Stange sein? Ich denke, es gibt Gründe dafür.

Die historische Totgeburt der individuellen Geschlechtsliebe

So verrückt es auch klingen mag: Kapitalismus und Liebe gehören zusammen. Jedenfalls ist die individuelle Geschlechtsliebe, von der Philosophen im 19. Jahrhundert sprachen, erst mit der Zangengeburt des bürgerlichen Individuums historisch als Möglichkeit aufgekommen, also mit dem Durchbruch der kapitalistischen Produktionsweise und dem Aufstieg der Bourgeoisie zur herrschenden Klasse. Davor, bei Jägern und Sammlern, bei Bodenbauern und Viehzüchtern, in der patriarchalen Ausbeutergesellschaft, in der Sklavenhaltergesellschaft und im Feudalismus, hat es sie nicht gegeben – als freie Übereinkunft autonomer Individuen, die Gegenliebe beim geliebten Menschen voraussetzt und den sexuellen Umgang nur danach bemisst, als ein Menschenrecht beider, des Mannes und der Frau, Liebesbeziehungen als Gewissensbeziehungen mit einer Intensität und Dauerhaftigkeit, bei allen, immer und ums Ganze, auf die sich die Menschen in Altertum und Mittelalter hätten keinen Reim machen können.

Diese Idee der Liebe gibt es wie unsere Art und Weise zu lieben erst seit einigen Jahrhunderten, sagen wir seit zehn Generationen. Die individuelle Geschlechtsliebe ist ein neuer sittlicher Maßstab. Sie gehört zu den historisch jüngsten Errungenschaften der Gattung Mensch, die immerhin seit Millionen Jahren ihre Spur auf der Erde hinterlässt. Ist das nicht einer der Gründe für die Instabilität der Liebe und dafür, dass sie noch nicht zu sich gekommen ist?

Wesentlicher scheint mir ein anderer Gedanke zu sein. Das bürgerliche Individuum samt seiner individuellen Liebe hat es, konkret genommen, bisher nur auf dem Papier, also nicht konkret gegeben – im großen bürgerlichen Roman vor allem, daneben in wissenschaftlichen Traktaten über den Menschen. Tatsächlich ist das bürgerliche Individuum, dessen Prozess des Entstehens schon einer des Zerfalls war, nie zu sich gekommen und folglich auch nicht die Individual- und Drangliebe. Gesellschaftlich war die Liebe immer tot, aber sie lebt seit einigen Generationen in den Menschen – als Idee und Möglichkeit.

Viel mehr konnte sie bis heute nicht werden, weil die Disposition zur individuellen Drangliebe sogleich im Fortgang der Geschichte durch gegenläufige Dispositionen wie jene zur Lohnarbeit, die sich in den Seelen niederschlugen und sozial manifestierten, in der Latenz gehalten oder abgewürgt worden ist.

Als Kern zeigt sich: Die individuelle Liebe ist die Idee vom menschlichen Umgang des Menschen mit dem Menschen. Die Utopie der wirklichen Liebe setzt den Menschen im emphatischen Sinn als Menschen und sein Verhältnis zur Welt als ein menschliches im emphatischen Sinn voraus. Unterm Kreuz des Warenfetischs, unterm Diktat des Tauschprinzips aber sind die allgemeinen Beziehungen der Menschen wie Beziehungen von Ding zu Ding, von Sache zu Sache. In einer solchen Gesellschaft sind die mitmenschlichen Beziehungen nicht einfach solidarisch, anständig, harmonisch, menschlich. Was als menschlich geglückt deklariert wird, als human oder humanitär, entspringt der Ideologie seiner Verhinderung.

Die Liebe als Himmel und Hölle

Und doch wollen wir alle lieben und geliebt werden. Und doch wollen wir alle mit einem anderen Menschen glücklich sein – auf dass unsere kleine Welt voller erregter Harmonie sei und die große in Ordnung. Wie kommt dieser Wunsch in jeden von uns hinein? Und warum hat er die Kraft einer Naturgewalt, obwohl die Liebe, die wir haben, kaum natürlicher ist als Zins und Zinseszins?

Liebesbeziehungen und Lusterleben gibt es beim Erwachsenen nicht losgelöst von den vorausgegangenen Empfindungen und Erfahrungen des Lebens, viele sagen: von den ersten, immer Weichen stellenden Gefühlen und Erlebnissen der frühen Kindheit. Fraglos ist die seelische Gegenwart ohne die seelische Vergangenheit nicht zu denken. Im Umgang mit einem Menschen, im Allgemeinen der Mutter, wird unter hiesigen Verhältnissen der Mensch nach der körperlichen Geburt seelisch geboren. Die Psychoanalyse nennt diesen Vorgang Individuation, weil sie an der Vorstellung festhält, es entstünde dadurch, wenigstens im Kern, jene Menschenart, die bürgerliches Individuum zu nennen eine Zeit lang modisch war.

Im Allgemeinen repräsentieren das Hohe und das Niedere Lied der Liebe Himmel und Hölle der frühen Beziehung zur Mutter. Nichts ist wonniger, nichts ist ängstigender, als der Mutter nah, als ihr fern zu sein. Wir sehnen uns nach kindlichen Paradiesen, die unsere Begriffe nicht zu erreichen vermögen. Diese Gefühle begleiten uns von der Windel bis zum Leichentuch. Doch alles ist riskant. Zu große Nähe erstickt, und die Ferne macht Angst. Psychologisch gesprochen ist die Liebesfähigkeit eine sekundäre Bildung, die durch Prozesse des Versagens und Trennens, des Gewährens und Verbindens, die durch die Anpassung an die Realität erzeugt wird. Die Fähigkeit zu lieben ist zugleich das Verlassen der Mutter und ihr Wiederfinden. Liebe und Lust sind von klein auf zusammengebrannt mit Einsamkeit, Gewalt, Unterdrückung, Verbot und Angst auf der einen, mit allseitiger Wunscherfüllung, dem Eintauchen ins kollektive Seelenall und dem Gefühl, nun sei die Welt in Ordnung, auf der anderen Seite – Illusionen, die lebenslänglich mit kindlich-seelischen Mitteln gesucht und gefunden werden.

Die Liebe als allgemeines Erfordernis in der Kälte des Lebens

Liebe ist aber nicht nur die Sehnsucht nach Kindheitsparadiesen voll lustvoller Harmonie. Liebe ist auch ein allgemeines Erfordernis des erwachsenen Lebens. Die Leere, Distanz und Kälte der Arbeitswelt, überhaupt des gesellschaftlichen Lebens, sind im Allgemeinen nur mit der Nähe und Wärme einer Liebesbeziehung auszuhalten, die wenn schon nicht zu erreichen, so doch wenigstens versprochen sind. Das ist einer der Gründe, warum seit Jahrzehnten ohne Unterlass über Erotik, Sexualität, Paare, Passanten, Varianten und Mutanten geredet und geschrieben wird, warum über uns Sex- und Selfsex-, Gender- und Transgender-Wellen hinweggewabert sind.

In der Tat: Nur wer die Verdrehung und Versachlichung aller Beziehungen durch Liebe oder die erst noch von ihr zu differenzierende Verliebtheit, also mehr oder weniger mit den Mitteln des Rauschs, der Sucht, des Wahnsinns, außer Kraft zu setzen sucht, kann die Wirklichkeit ein wenig zum Tanzen bringen und überleben. Wer nicht illusionär verkennt, wer nicht liebt, wird krank. Doch das ist unter hiesigen Lebensverhältnissen höchst gefährlich, ein Wagnis ersten Ranges, weil wir auf Abwehr und Erstarrung, auf das Niederhalten der Gefühle und das Prüfen der Realität ebenso angewiesen sind. Die Liebe – ein Kunststück, ein akrobatischer Seiltanz ohne Netz. Und viele liegen am Boden. Und viele brechen sich das Kreuz.

Eine Alternative zu dieser Art zu leben und zu lieben, die den Namen verdiente, kann es nicht geben, da Individuum und Gesellschaft eine Einheit sind und zugleich prinzipiell entzweit. Das, was uns als »Alternative« notwendigerweise beschäftigt hat oder einfach kursiert, ist Aufschrei und Aufruhr, zwangsläufig Abklatsch oder modisches Zeug, obszön, reaktionär oder nur von Privilegierten scheibchenweise einzulösen, letztlich immer zum Scheitern verurteilt. Jener Partnertausch und jener Gruppensex, die Furore machten, waren als zeitgemäße Sumpfblüten spezifisch zerstörter Sinnlichkeit an kleinbürgerlicher Stupidität kaum zu überbieten. Und der vorletzte Schrei zum Beispiel, »Singles« genannt, ist wirklich ein Schrei – aus Not, nach Hilfe, maßlos traurig, zum Weinen. Wer lebt schon aus freien Stücken allein?

Das öffentliche Reden übers Alleinleben lässt uns fragen, ob nicht generell das Zersplittern der »persönlichen Autonomie« und die Brüchigkeit des Selbstwertgefühls, ob nicht der Zerfall des autonom gedachten Individuums und der Grad seiner Vergesellschaftung einem neuerlichen Höhepunkt zustreben, ob das nicht alles auf ein zwischenmenschliches Drama kollektiven Ausmaßes hinweist, wie es die Gattung Mensch noch nicht erlebt hat. Anders gesagt: Ob nicht aus Ich-Schwäche die Bindungsunfähigkeit, die Angst vor Nähe und Verpflichtung immer größer geworden ist, wobei sich der eingepflanzte Wunsch nach einer Bindung, nach einer dauerhaften Zweierbeziehung gleichzeitig weiterhin mächtig äußert und im Trotzdem enormes Leid produziert. Vielleicht war es noch nie so schwierig, zu lieben und geliebt zu werden, so oder so, und vielleicht waren wir zugleich noch nie so auf Liebe und Gegenliebe angewiesen wie heute, auf Freundlichkeit, Rücksichtnahme, Achtung, Trost, Geborgenheit, letztlich auf sittliche Werte und einen Sinn fürs Leben. Wo aber finden wir das im gesellschaftlichen Leben? Umso zutreffender ist wohl: Noch nie war die utopisch-emanzipatorische Dimension der Liebe historisch so von Belang wie heute in der hiesigen Gesellschaft und Kultur.

Wer den Leuten, die in Zweierbeziehungen leben oder auch nicht, die Liebe und Treue suchen oder auch nicht, von linksrechts sagen zu müssen meint, wie sie heute »anders« zu leben hätten, sollte auch das prüfen, bevor er in zynischer Weise massenhaftes Erleben und Verhalten diffamiert. Wer unter hiesigen Bedingungen für lebenslange Treue, für Monogamie, für das Institut der Ehe plädiert, ist ebenso naiv bis zynisch wie jene, die dem Sinnlichen mit anderen Mitteln auf die Sprünge helfen wollen. Der kleine Bürger, der das Grau-in-Grau seines Alltags aufzufrischen sucht, indem er aufgeschnappte Sexualtechniken an seiner Frau exekutiert, ahnt nicht, dass das nur ein Reflex auf die allgemeine Verstofflichung des Mitmenschlichen ist. Der linksliberale Redakteur, der mit der lügnerischen Devise »Bei uns ist alles erlaubt« nach Hause kommt, angelesene Sexualpraktiken ausprobiert wie Eis am Stiel und sich dabei emanzipiert wähnt, macht den Beischlaf zur Klempnerei und zollt denselben Tribut.

Denen, die einander »alles gestatteten«, sind geblieben: der rumorende Stau der Gefühle, die falbe Kürze der Lust, die stille Sehnsucht nach dem Glück und als roter Faden all dessen: die Beziehungskiste. Beziehung und Kiste, das klingt nicht nach autochthonem Sprudeln ganz persönlicher Regungen, nach metaphysischer Erleuchtung, das klingt nach vergegenständlichten Verhältnissen, benutzt ein Ding dazu, um etwas Lebendiges zu benennen. Die Lage ist also getroffen. Eine Kiste, die im Weg ist, kann man zerschlagen, wegwerfen, verbrennen. Beziehungen aber, wie liberalisiert, verstofflicht und mystifiziert auch immer, sind noch als Substitute phantastisch und leibhaft, sie liegen in Bauch und Herz und Kopf.

Die Psychoanalyse meint, manchen von uns immer wieder mit ihrem Postulat der »genitalen«, der »reifen« Liebe beunruhigen zu müssen. Doch ihre »genitale« Liebe gibt es im Leben nicht. Aber sie hat recht: Liebe ist nicht einfach da wie die Begierde. Sie muss ständig, ununterbrochen, unermüdlich erlernt, erarbeitet, in Beziehungen gehalten werden – als der Versuch zweier Menschen, einander jene Bedürfnisse zu befriedigen, die lebensgeschichtlich verbogen und gesellschaftsgeschichtlich zum Unding geworden sind.

Wo es widersprüchlich, ambivalent, egoistisch und gnadenlos zugeht, muss manfrau nicht nur auf die Kurzlebigkeit und das Versagen der mystifizierten Liebe gefasst sein, sondern auch auf deren Substitution. In intellektuellen Unterschichten und solchen, die am Rande liegen, ist manfrau schon lange so abgeklärt, die Liebesexistenzialien nicht als äquivalenzlose Eingebungen des Heiligen Anton zu nehmen, sondern als von dieser Welt. Dort ist manfrau auf einiges gefasst und hat manches ausprobiert, nicht nur Alleinsein, Partnertausch und Gruppensex, auch Fesseln, Beißen und phantastisch Vergewaltigen, Dreiecksverhältnisse, Peeping, Von-Verliebtheit-zu-Verliebtheit-Taumeln, Geronto- und Pädophilisches, Rimming, Akrotomophilie usw. – was immer das sei.

Die Liebe als kostbare Einzigartigkeit

Alle ahnen: Im schlechten Allgemeinen können die Verhältnisse von Mensch zu Mensch nicht einfach gut sein. Selbst Paarbildung, in welcher Form auch immer, selbst die mystifizierte Liebe garantiert keinen sicheren Unterschlupf. Umso verbissener geht es zu.

Wie vergeblich unser Bemühen ist, verdeckt die gesellschaftliche Mystifikation der Liebe. Als fetischisierte schöpft die Liebe ihren Wert aus sich selbst, setzt sich in ihr eigenes Recht. Jetzt sind Naturgesetze am Ruder. Das volle, persönliche, intime Leben ist errichtet, die Verstofflichung überwunden. Das Verhältnis zum Menschen scheint als eines der Unmittelbarkeit dem Diktat des Tauschs entzogen zu sein. Aber dieser Schein ist es gerade, der der Liebe den allgemeinen Stempel aufdrückt, sie zu einer gesellschaftlichen Form macht. Denn es gilt weiterhin: keine Zärtlichkeit ohne Hintergedanken, keine Verliebtheit ohne Verschlingen, keine Freundschaft ohne Verbrauchen, kein Sichschönmachen ohne Reklame, keine Hingabe ohne Besitzenwollen, kein Glücklichsein, ohne es hinauszuschreien. Umzingelt von eingepflanzten Entwicklungsetappen und angedienten Handgriffen, läuft das alles nach Schema F ab, ganz individuell. Pseudoaktiv scheinen sich die geronnenen Liebesformen durch eine gewisse Buntscheckigkeit und allerlei Schauspiel zu verlebendigen. Doch die Mysterien von Spontaneität und Rausch sind von außen eingespritzt, und den Kern der Liebe durchherrscht die Ambiguität des Fetischs: bewegte Starre, Genussfeindschaft im Genuss, beziehungsvolle Beziehungslosigkeit, Treulosigkeit in der Treue, Menschenverachtung in Liebe. Umso romantischer oder atemloser geht es zu.

Mitmenschliches unter den herrschenden Lebensbedingungen suchen, heißt, das gesellschaftliche Unding Liebe immer wieder in seiner seelischen und sozialen Zwangsgestalt errichten. Zwei spezifische Hindernisse stehen obenan: der Patriarchalismus samt Sexismus, also die Zurück- und Herabsetzung aller Frauen als Geschlecht, sowie die Struktur der Mutter-Kind-Beziehung samt der Art und Weise der Kinderaufzucht mit ihren Resultaten. Hinzu kommen die Tyrannis der so genannten Heterosexualität, insbesondere in Form der Normopathie, Lug und Trug der Alternativgeschlechtlichkeit, der *Pompe funèbre* um den Triebdurchbruch usw. usf.

Ein Trost kann es nicht sein, aber es trifft zu: Auch als Fetisch ist unsere Liebe lebenserhaltend. Sie ist eine erwärmende Rauschdroge in der gesellschaftlichen Kälte, die dem Leben einen Sinn zu geben vermag, die vereinsamende Distanzen und furchterregende Abstraktionen überstrahlt. Wo denn sonst könnten wir uns verstanden, geborgen und nahe fühlen, wenn nicht in unseren Liebesbeziehungen? Ist der Liebe wie dem Sexuellen seelisch und sozial die Funktion zugewiesen, gesellschaftliche Leere zu überbrücken, Lücken aufzufüllen, Sinn vorzutäuschen, Lebendigkeit einzublasen, die Menschen überhaupt noch etwas Menschliches spüren zu lassen, so tun beide eben dies alles, das Sexuelle und die Verliebtheit eher kurz-, die Liebe eher langatmig. Deshalb wird an der Idee von Generation zu Generation festgehalten. Deshalb gibt es im Sexual- und Liebesleben keinen Stillstand.

Hinzu kommt eine Sonderbarkeit: Je mehr der Kapitalismus auch bei uns nach seinen ureigensten Prinzipien agiert, das heißt ohne die attraktive Maske der sozialen Marktwirtschaft, desto freier scheint das Sexual- und Liebesleben gestellt zu werden. Jedenfalls können sich alte Sexualfragmente und neue Sexual- und Liebesformen ungehindert, ja sogar befördert, und oft auch unbestraft, ja sogar akzeptiert, entfalten. Dieser Gewinn an Vielfalt ist untrennbar verschränkt mit einem Verlust an ökonomischer Sicherheit und sozialer Gerechtigkeit. Im Grunde ist all das nicht überraschend, weil allen kapitalistischen Systemen Moral oder gar Sexualmoral äußerlich bleibt, unbedeutend, ja fremd ist.

Doch noch einmal zurück zu den Anfängen: Die individuelle Geschlechtsliebe unserer Philosophen ist eine überaus kostbare Idee, die bisher nicht verwirklicht werden konnte, weil die eigentliche Menschheitsgeschichte noch nicht begonnen hat. Sie ist eine junge, instabile Fähigkeit der Menschen, derer sie in menschlichen Verhältnissen nicht werden entraten wollen. In ihr überwintert eine gesellschaftliche Einzigartigkeit: Die Liebe kann nicht hergestellt und nicht gekauft werden. Das aber ist in einer Welt des Machens und Verkaufens phantastisch.

Von der alten Wollust zur neuen Wohllust

Seit mehr als drei Jahrzehnten studiert die deutsche Sexualwissenschaft die Sexualität junger Leute. So wurden beispielsweise von den Hamburger, Leipziger und Frankfurter Sexualforschern 11- bis 16-jährige Schüler, 16- und 17-jährige Jugendliche, 20- und 21-jährige Arbeiter, 19- bis 30-jährige Studenten und schließlich homosexuelle Männer und Frauen sowie Paare aus verschiedenen Altersgruppen interviewt. Da einige Studien im Verlauf von mittlerweile 30 Jahren in großen Abständen wiederholt worden sind, ist es möglich, gesicherte Aussagen zu den Veränderungen im Verlauf der letzten Jahrzehnte zu machen.

Allerdings sind uns oft nur pauschalisierende Aussagen über »die« Jugendlichen möglich, die es streng genommen gar nicht gibt, weil statistische Durchschnittswerte erhoben worden sind und keine Untergruppen- oder Einzelfallanalysen vorliegen, die auf individuell wie subkulturell recht unterschiedliche Verhaltensweisen eingehen könnten, was angesichts von heute mehr als 400 abgrenzbaren Jugendkulturen in Deutschland – Szenen, Cliquen, Gangs, Posses, Tribes, Families usw. –, von denen die ebenso informierte wie clevere Werbeindustrie bei ihren Kampagnen ausgeht (Farin 2002), äußerst aufwändig und kostspielig wäre, im Grunde gar nicht zu machen ist.

Weder enthemmt noch enthaltsam

Vor mehr als drei Jahrzehnten, Ende der sechziger Jahre, stellten wir fest, dass sich die damals 16- und 17-Jährigen sexuell so verhielten wie die 19- und 20-Jährigen zehn Jahre zuvor (vgl. Sigusch und Schmidt 1973). Das, was »sexuelle Revolution« genannt wurde, bestand also hinsichtlich des Verhaltens darin, etwa drei Jahre früher mit Verabredungen, Küssen, Petting und Geschlechtsverkehr zu beginnen. Die tradierten Wertvorstellungen wurden jedoch nicht in Frage gestellt. Liebe, Treue, Ehe und Familie bestimmten weiterhin die moralischen Vorstellungen der jungen Leute. Sie interpretierten sie aber nicht so eng und vor allem nicht so männerzentriert wie die Generationen davor. Statt einer festen Beziehung vor der Ehe plädierten sie für mehrere Liebesbeziehungen mit gegenseitiger Treue, sodass wir damals den Standard »passagere« beziehungsweise »serielle Monogamie vor der Ehe« diagnostizierten.

Besonders wichtig ist, dass damals viele Jugendliche Sexualität als lustvoll und beglückend erlebten und nicht mehr so stark wie ihre Eltern unter Ängsten und Schuldgefühlen litten. Das war historisch etwas wirklich Neues, vor allem für Mädchen und junge Frauen. Neben der allgemeinen sexuellen Liberalisierung in der Gesellschaft hat sicher die Möglichkeit der hormonellen Kontrazeption mit der »Pille« zu dieser Entspannung beigetragen.

Annäherung der Geschlechter? Italienische Männermode 2002

Heute sieht das Sexualleben der jungen Leute einerseits sehr ähnlich, andererseits doch recht anders aus (vgl. Schmidt 1993/2000). Ähnlich ist es, weil Jugendliche heute mit Dating, Küssen, Petting und Geschlechtsverkehr nicht früher beginnen und auch keine umfangreicheren Erfahrungen machen als am Ende der sechziger

Jahre. Insofern hat sich die sexuelle Revolution nicht fortgesetzt. Berichte in den Medien, nach denen die heutige Jugend entweder sexuell enthemmt sei oder sich von der Sexualität ganz verabschiedet habe, gehen gleichermaßen an der Wirklichkeit vorbei. Denn nach wie vor haben mit 16 oder 17 Jahren etwa drei Fünftel der Jungen und Mädchen schon einmal genitales Petting und etwa zwei Fünftel schon einmal Geschlechtsverkehr erlebt.

Auch die zentralen Wertvorstellungen haben sich nicht wesentlich verändert. Heute binden junge Männer die Sexualität sogar noch stärker an eine feste Liebesbeziehung mit Treue als vor einer Generation. Sie sind zwar noch nicht so romantisch wie junge Frauen, legen aber deutlich größeren Wert auf gegenseitiges Verstehen und Vertrauen. Häufiger als früher gestehen sie ihrer Freundin Gefühle, vor allem die der Liebe. Große Angst haben Jugendliche vor dem Verlassenwerden, vielleicht weil sie als Nachkommen der sexuellen »Revolutionäre« erfahren mussten, dass Ehen weder heilig sind noch ewig.

Die gravierendste Veränderung betrifft jedoch den kulturellen Stellenwert der Sexualität als solcher: Sie hat in der Gesellschaft insgesamt und damit auch für junge Leute an symbolischer Bedeutung eingebüßt. Heute ist Sexualität selbstverständlicher, ja banaler, wird nicht mehr so stark mystisch überhöht wie zur Zeit der sexuellen Revolution. Weil sie nicht mehr die große Überschreitung ist, kann sie auch unterbleiben.

Das hat entspannende Wirkungen. Junge Männer, die sexuell abstinent leben, können sich heute eher dazu bekennen, ohne von ihren Freunden automatisch verhöhnt zu werden. Junge Frauen geben heute seltener an, dass ihre sexuellen Erlebnisse lustvoll und befriedigend waren. Jungen erleben die Pubertät nicht mehr wie früher als den unbeherrschbaren Einbruch des Sexualtriebes. Auch später erleben sie ihre Sexualität nicht mehr als so dranghaft und unaufschiebbar. Dazu passt, dass sie heute weniger Sexualpartnerinnen haben als vor einer Generation. Von Promiskuität kann sowieso keine Rede sein. Nur Minderheiten haben im Jugendalter mehr als einen bis maximal drei Sexualpartner.

Gleichzeitig kommen Selbstbefriedigung und gleichgeschlechtliche Akte nicht mehr so häufig vor wie früher. Während der Rückgang der Onanie nur gering ist, sind homosexuelle Kontakte inzwischen eine Rarität. Früher machte beinahe jeder fünfte Junge derartige Erfahrungen, heute sind es nur noch zwei Prozent.

Annäherung der Geschlechter

Einer der Gründe für diese Veränderungen ist die bereits erwähnte kulturelle Entmystifizierung der Sexualität, die in den letzten Jahrzehnten mit dem Abbau von

Sexualverboten und der partiellen Gleichstellung der Geschlechter einherging. Heute wachsen Mädchen und Jungen von der Kindheit an zusammen auf, wie sich an der allgemein durchgesetzten Koedukation ablesen lässt. Sexuelle Betätigung im Jugendalter, allein oder zu zweit, wird heute von vielen Eltern akzeptiert oder sogar befürwortet. Geschlechtsverkehr findet ganz überwiegend nicht mehr heimlich an konspirativen Orten statt, sondern zu Hause, inmitten der Familie. Diese »Familiarisierung« der Jugendsexualität bringt natürlich neue Probleme im Sinne einer fürsorglichen Belagerung mit sich.

Der Wegfall der Verbote und die Annäherung der Geschlechter haben der homophilen Jugendphase, die einst von den Dichtern besungen worden ist, den Garaus gemacht. Seitdem die Homosexualität als eine eigene Sexualform öffentlich verhandelt wird, befürchten Jungen, sie könnten als »Schwuler« angesehen werden. Dass die Homosexualität bei uns auch noch mit der Krankheit AIDS auf besonders enge Weise verbunden ist, schreckt gewiss zusätzlich ab.

Ansonsten ist die Bedeutung von AIDS für die sexuelle Entwicklung junger Leute nicht ganz leicht einzuschätzen. Nach dem, was sie bewusst im Kopf haben, scheint der Einfluss relativ gering zu sein. So kennen die meisten Jugendlichen die Übertragungswege des Erregers, und die allermeisten verhalten sich so, dass es gar nicht zu einer Infektion kommen könnte. Wie es jedoch im Unbewussten aussieht, welche irrationalen Ängste dort vorhanden sind, wissen wir viel zu wenig.

Doch zurück zum Verhältnis der Geschlechter, das heute im Zentrum des Geschehens steht. Ging es früher um den Trieb des Mannes und den Orgasmus der Frau, geht es heute darum, wie junge Frauen und Männer am besten miteinander zurecht kommen. Wichtiger als der sexuelle Akt ist eine feste Beziehung, in der sich die Partner angenommen und aufgehoben fühlen. Pointiert gesagt ist das der historische Weg von der Wollust zur Wohllust. Beschritten werden konnte er nur, weil Tabus und Geschlechterdifferenzen abgebaut worden sind und sich Jungen allmählich trauen, Gefühle zu zeigen und darüber mit ihrer Freundin zu sprechen, obgleich sie immer noch eher als Mädchen dazu erzogen werden, stark und hart zu sein.

Heute haben jedoch die jungen Männer nicht mehr unwidersprochen das Heft in der Hand. Hier schlägt sich sehr konkret der jahrzehntelange Kampf vieler Frauen um Selbstbestimmung nieder. Dafür ein Beispiel: Sehr viel häufiger als früher bestimmen heute junge Frauen, was in einer Beziehung geschieht und wie weit sexuell gegangen wird. Die sexuelle Initiative geht heute deutlich seltener vom Jungen und deutlich häufiger vom Mädchen aus. Das gilt auch für den ersten Geschlechtsverkehr. Ende der sechziger Jahre willigten beinahe 90 Prozent der Mädchen »dem Jungen zuliebe« ein. Heute sind es nicht einmal 30 Prozent.

Ängste vor Schwangerschaft und Missbrauch

Recht vernünftig ist auch das Verhütungsverhalten der jungen Leute. Beim ersten Geschlechtsverkehr wenden heute rund 80 Prozent ein sicheres Mittel an, etwa doppelt so viele wie vor einer Generation. Später kümmern sich beinahe alle um die Verhütung. Als Mittel nennen gut 70 Prozent der Mädchen und gut 50 Prozent der Jungen die »Pille«, fast 40 Prozent der Mädchen und fast 60 Prozent der Jungen das Kondom. Zur Akzeptanz des Kondoms bei Jugendlichen haben sicher die AIDS-Präventionskampagnen beigetragen, die dessen Anwendung als erwachsenes und verantwortungsbewusstes Handeln darstellen. Auch die Kontrazeption ist heute eine Angelegenheit beider Geschlechter. Neben die Empfängnisverhütung der Frauen ist die Zeugungsverhütung der Männer getreten.

Obgleich das Verhütungsverhalten heute rational und wirksam ist, gehört die Angst vor einer ungewollten Schwangerschaft nach wie vor zu den großen Belastungen der Jugendzeit. Über 70 Prozent der jungen Frauen haben schon einmal Angst gehabt, schwanger zu sein. Demgegenüber hat weniger als ein Zehntel der Jugendlichen schon einmal befürchtet, sich auf sexuellem Weg mit dem AIDS-Erreger infiziert zu haben.

Neben der Angst vor dem Ende einer Beziehung und vor einer ungewollten Schwangerschaft belasten sexuelle Übergriffe das Liebesleben der Heranwachsenden und damit das Verhältnis der Geschlechter zueinander. Zwei Drittel der Mädchen im Alter von 16 oder 17 Jahren geben an, mindestens einmal sexuell attackiert worden zu sein. Bei den Jungen ist es jeder vierte. Knapp ein Zehntel der Mädchen wurde Opfer eines schweren Übergriffs wie eines erzwungenen Geschlechtsverkehrs. Mädchen werden ausschließlich von Männern attackiert, Jungen ganz überwiegend.

Durch öffentliche Diskurse sind junge Leute heute für das Problem des sexuellen Missbrauchs stark sensibilisiert – jedenfalls im Gegensatz zu früher und jedenfalls im Westen Deutschlands. Im Osten ist vieles (noch?) anders. Beispielsweise kommt es deutlich seltener zu sexuellen Übergriffen, sind Mädchen aus dem Osten häufiger koituserfahren als Mädchen aus dem Westen, leben Jungen aus dem Westen häufiger enthaltsam als Jungen aus dem Osten (vgl. Starke und Weller 1993/2000).

Doch noch ein Wort zur Lage der Familie. Nach dem Übergang vom »Ganzen Haus« vergangener Jahrhunderte, das 30, 40 oder 100 Personen umfasste, zur Kleinfamilie im Sinne von Vater-Mutter-Kind bewegen wir uns seit einigen Jahrzehnten der Tendenz nach auf eine Kleinstfamilie zu. Sie besteht zum Beispiel aus einem Erwachsenen und einem Kind, den so genannten Alleinerziehenden, kann aber auch nur eine Person umfassen, die dann gewissermaßen ihre eigene Familie ist. Statistisch gesehen werden die jungen Frauen bei der Heirat 27 oder 28, die

Männer fast 30 Jahre alt sein. Beinahe jede dritte Ehe wird geschieden werden. Immer mehr Männer und Frauen werden unverheiratet zusammenleben oder allein bleiben. Im Durchschnitt wird eine Frau ein bis zwei Kinder bekommen, statistisch: eineinhalb. Jede dritte Frau wird kinderlos bleiben.

In den Großstädten sind die Familien schon drastisch geschrumpft, hat die Herkunftsfamilie erheblich an symbolischer und realer Bedeutung verloren. Umso wichtiger ist es für Heranwachsende, sich durch Cliquen sozial und emotional abzusichern und durch einen bestimmten Lifestyle subkulturell zu vernetzen.

Wohllust und Selbstliebe

Während die Liebesbeziehungen der jungen Leute oft diszipliniert und eher undramatisch ablaufen, suchen sich nicht wenige andersartige Aufputschungen. Auf welche Weise, durch welche dramatischen Events der Selbstinszenierung und Selbstliebe die Beziehungsdisziplin erträglich gemacht wird, kann am besten an den Love Parades und Raver Partys der heutigen Jugend abgelesen werden, die ebenso sexuell und erotisch wie nonsexuell und narzisstisch sind. Alle, die teilnehmen, sind individuell und different, gleichzeitig aber in Gemeinschaft. Alle fallen aus dem Rahmen und sind gerade dadurch eingebunden und formiert. Aufgebrezelt wird die Verschmocktheit des Alltagslebens bis zum Zusammenbruch gesampled abgefeiert – um es in der Sprache der Jugend zu sagen.

Das ist ebenso schrill wie realistisch. Denn in der Gesellschaft haben die jungen Leute nichts mehr zu lachen. Dort ist nur noch die Rede von Bildungsmisere, Arbeitslosigkeit, Fremdenfeindlichkeit, Drogen und Gewalt, wenn es um die Generation geht, die unsere Zukunft ist. Im Nachkriegsdeutschland ist noch keiner nachgewachsenen Generation so schonungslos bedeutet worden, dass sie zu großen Teilen weder kulturell noch gesellschaftlich benötigt wird. Das Merkwürdigste aber ist: Unsere Gesellschaft frönt dem Fetisch Jugendlichkeit, doch die Jugend selbst wird missachtet (vgl. Wiesmann 2002), ist eine beinahe vergessene Generation. Sie steht nicht im Zentrum des gesellschaftlichen Geschehens, sondern an dessen Rand. Der Jugendfetisch verlangt von allen, immer neugierig, frisch, glatt, dynamisch, gesund und zukunftsorientiert zu sein. Der jungen Generation aber, die die Zukunft eigentlich gestalten sollte, wird von Erwachsenen bedeutet, sie sei ein Problem, eine Last, bereite mehr Sorgen als Hoffnung. Wirklich ernstgenommen und umworben werden Jugendliche nur als Konsumenten.

Spätestens seit der sexuellen Revolution der sechziger Jahre lebt ein nennenswerter Teil der Eltern- und Großelterngeneration in dem Wahn, Jugendlichkeit und Durchblick gepachtet zu haben. Vor allem Männer dieser Generationen, die es zu etwas gebracht haben, können nicht alt werden. Mit 60 Jahren benehmen sich viele noch so, als seien sie gerade 30 geworden. Es müsste Erwachsenen doch sehr zu denken geben, dass sie trotz des herrschenden Jugendfetischs nicht mit der Jugend tauschen würden. Nicht einmal die, die schon mit ihrem verwelkten Leib konfrontiert sind, möchten heute noch einmal von vorne anfangen. Arme Jugend. Ist sie nicht angesichts dieser Lage erstaunlich sanft und diszipliniert? Müsste sie in dieser Lage nicht noch sehr viel härter und schriller sein?

Als Sexualforscher nach einer zusammenfassenden Zeitdiagnose gefragt, würde ich sagen: Das Sexualleben der jungen Generation, das die empirische Sexualwissenschaft, allen voran Kurt Starke aus Leipzig und Gunter Schmidt aus Hamburg, seit Jahrzehnten erforscht, oszilliert heute zwischen romantischer Treue in intimen Beziehungen und schrillen Selbstinszenierungen auf öffentlichen Liebesparaden.

Wie lässt sich ein solcher Befund theoretisch einordnen? Davon soll in den folgenden Beiträgen die Rede sein.

Strukturwandel der Sexualität in den letzten Jahrzehnten

Der Bereich des Lebens, den wir erst seit zweihundert Jahren »Sexualität« nennen, unterliegt einer ständigen kulturellen Umwertung, sozialen Umschreibung und gesellschaftlichen Transformation. Doch obgleich das so ist, scheint es immer wieder so, als sei die Sexualität etwas Einheitliches, Unveränderliches. Tatsächlich aber ist sie ein Zusammengesetztes, ein Assoziiertes.

Folglich erörtern alle modernen Geschlechts- und Sexualtheorien seit Ramdohr (1798), Kaan (1844), Ulrichs (1868), Krafft-Ebing (1886) und Freud (1905) die Frage, was am Geschlecht und an der Sexualität, an Genus und Sexus natürlich/gesund/essenziell und was unnatürlich/krank/konstruiert sei. Seit einigen Jahrzehnten reflektieren sie auch, wie sehr die Menschen unserer Kultur immer wieder das, was unveränderbar scheint, mit anderen Bedeutungen versehen. So werden zum Beispiel verpönte sexuelle Praktiken wie Cunnilingus und Fellatio, das heißt so genannte Oralsexualität, »auf einmal« als ganz normal erlebt. Während am Beginn des Jahrhunderts nicht nur Freud solche Praktiken »pervers« nannte, wiesen Kinsey und seine Mitarbeiter (1948, 1953) in der Mitte des Jahrhunderts nach, dass sie in der Normalbevölkerung weit verbreitet sind, ein wissenschaftlicher Schock, von dem sich das moralinsaure US-Amerika bis heute nicht erholen konnte.

Sexuelle und neosexuelle Revolution

Wenn bedacht wird, wie sehr sich in den letzten zwei Jahrhunderten beispielsweise die so genannten Kulturtechniken, das Zeitempfinden und das allgemeine Lebensgefühl der Menschen verändert haben (vgl. z.B. Elias 1969, Van Ussel 1970, Ariès 1975, Virilio 1989), ist es nicht mehr verwunderlich, dass das grundsätzlich auch für die sexuelle Sphäre gilt. Von der Welt und von uns selbst haben wir heute eine Vorstellung, die mit der der vergangenen Generationen kaum zu vergleichen ist. Wir essen, sehen, hören, wohnen, arbeiten, lieben, leiden und sterben heute anders.

Unverändert aber geht es bei uns seit zwei Jahrhunderten, anders als in anderen Kulturen, vorrangig um das materielle und manifeste und nicht um das immaterielle und spirituelle Befriedigen von Gier und Neugier. Leibhafte Bedürfnisse werden nicht wie in der europäischen Antike und im alten China maßvoll reflektiert begrenzt oder gar wie im alten Indien kunstvoll beseitigt; sie werden vielmehr maß- und kunstlos befriedigt, und zwar im Allgemeinen auf einem niedrigen Ritualitäts- und Reflexivitätsniveau, um nicht zu sagen: auf dem Niveau einer Kulturbeutel-Kultur.

Solcherart abgespeist, bleiben Gier und Neugier präsent, können umstandslos jederzeit neu entfacht werden. Darauf aber kommt es in der experimentell-ökonomischen Tausch- und Wissensgesellschaft entscheidend an. Dieser Mechanismus des ebenso selbstsüchtigen wie kurzfristigen Befriedigens scheint das Geheimnis der Dauerhaftigkeit dieser Gesellschaftsformation zu umschließen. Ununterbrochen wird die scheinbar abgeschlossene Sexualform fragmentiert, um ihr neue Begierden und Bedeutungen zuschreiben, neue Bedürfnisse und Wissbarkeiten einpflanzen, neue Praktiken und Dienstleistungen abmarkten zu können.

Manchmal vollzieht sich ein rasanter Wandel, ob nun mit oder ohne lautes Geschrei, innerhalb weniger Jahrzehnte. Die Älteren werden sich noch an das Getöse erinnern, das am Ende der sechziger Jahre *sexuelle Revolution* genannt worden ist. Damals wurde ein König Sex inthronisiert, der alle bis dahin normalen Sexualverhältnisse als normopathisch und die glückliche Familie als durch und durch zerstörerisch denunzierte. Porno- und Sexographie wurden breit kommerzialisiert. In den Massenmedien probten diverse Sexualia den Aufstand, bis sie ihre Stupidität nicht mehr verbergen konnten. In den Schulen wurde versucht, den Zeigestock gegen das Imaginäre ins Feld zu führen. Dazu passte das zunehmende Technologisieren der Fortpflanzung ebenso wie das Trennen von Recht und Moral. Der Staat zog sich aus einigen Bereichen des individuellen Lebens zurück, sodass das Sexual-, Ehe- und Kontrazeptionsverhalten partiell entpönalisiert wurde. Jugendliche und junge Erwachsene forcierten ihr Sexualverhalten kollektiv, blieben aber mehrheitlich am Ehe- und Treuemodell ihrer Eltern orientiert. Besonders einschneidend war die kulturelle Resexualisierung der Frau als Genus. Sie war jetzt orgasmuspflichtig, nachdem ihr bis in die dreißiger Jahre des 20. Jahrhunderts hinein wissenschaftlich abgesprochen worden war, überhaupt ein sexuelles Wesen *sui generis* zu sein. Hinzu kam die warenästhetische Indienstnahme nicht nur des weiblichen, sondern auch des männlichen Körpers. Erinnert sei schließlich an die enorme Psychologisierung des heterosexuellen Paares, das, in eine »Beziehungskiste« eingesperrt, ununterbrochen in sich hineinlauschen und sein Befinden zu Protokoll geben sollte, bis sich die erschöpften Partner wieder in sich zurückzogen.

Das war der Beginn eines eher lautlosen Wandels, den ich die *neosexuelle Revolution* (Sigusch 1996, 1998a, 1998b, 2001b) nenne und hier vor allem an drei miteinander vernetzten Prozessen beschreiben möchte: der Dissoziation der alten sexuellen

Sphäre, der Dispersion der sexuellen Fragmente und der Diversifikation der sexuellen Beziehungen.

Die Umwälzung, die in den achtziger und neunziger Jahren erfolgte, ist vielleicht noch einschneidender als die, die mit der sexuellen Revolution einherging. Insgesamt scheint heute eine rasante Umwertung und Umschreibung der Sexualität stattzufinden. Die hohe symbolische Bedeutung, die die Sexualität um die Jahrhundertwende, in den zwanziger Jahren und am Ende der sechziger Jahre hatte, scheint wieder reduziert zu werden, wenn wir nur an die Verheißungen der letzten Revolte denken. Damals wurde die Sexualität mit einer solchen Mächtigkeit ausgestattet, dass einige davon überzeugt waren, durch ihre Entfesselung die ganze Gesellschaft stürzen zu können, wie Wilhelm Reich (1936) versprochen hatte. Andere verklärten die Sexualität zur menschlichen Glücksmöglichkeit katexochen. Generell sollte sie so früh, so oft, so vielfältig und so intensiv wie nur irgend möglich praktiziert werden. Generativität, Monogamie, Treue, Virginität und Askese waren Inbegriff und Ausfluss der zu bekämpfenden Repression. Dass mit der »Befreiung« erhebliche Fremd- und Selbstzwänge, neue Probleme und alte Ängste einhergingen, wollten die Propagandisten nicht wahrhaben. Sie verlangten Geschlechtsverkehr in der Schule.

Heute ist davon keine Rede mehr. Das, was die Generationen der sexuellen Revolution als Ekstase und Transgression erlebten oder ersehnten, wird seit den achtziger Jahren unter dem Aspekt der Geschlechterdifferenz, der sexuellen Übergriffigkeit, der Missbrauchserfahrung, der Gewaltanwendung und der Infektionsgefahr infolge des Einbruchs der Krankheit AIDS problematisiert. Diese Topoi herrschen seit dieser Zeit in der wissenschaftlichen Diskussion vor und bezeichnen in empirischen Studien die Themen, die Jugendliche und junge Erwachsene heute beschäftigen.

Ganz offensichtlich wird Sexualität heute nicht mehr als die große Metapher der Lust und des Glücks überschätzt und positiv mystifiziert, sondern negativ als Quelle und Tatort von Unfreiheit, Ungleichheit und Aggression diskursiviert. Von den kulturellen Instanzen und Institutionen versucht nur noch der Vatikan, sexuelle Lust durch Verbote groß zu machen, beeindruckenderweise in einer Zeit, in der deren übertriebene kulturelle Inszenierung offenbar wirksamer als alle Repressionen das Begehren zerstreut.

Gliederung und Zergliederung der sexuellen Sphäre

Durch die neosexuelle Revolution ist die scheinbare Einheit Sexualität erneut zerschlagen und neu zusammengesetzt worden. Bestand die alte Sexualität vor allem aus Trieb, Orgasmus und dem heterosexuellen Paar, bestehen die Neosexualitäten vor allem aus Geschlechterdifferenz, Selbstliebe, Thrills und Prothetisierungen.

Nach der Trennung einer heute immer noch ganz selbstverständlich »sexuell« genannten Sphäre von einer logischerweise nunmehr nichtsexuellen (oder unlogischerweise nur noch »erotischen«), die wie erwähnt bereits vor Jahrhunderten erfolgte und *grosso modo* mit der kulturellen Geburt »unserer« Sexualität zusammenfällt, wurde vor allem durch technologische Errungenschaften die sexuelle von der *reproduktiven Sphäre* dissoziiert, und zwar so gründlich, dass wir zeitweise annahmen, sie hätten überhaupt nichts miteinander zu tun. Die Herausnahme der reproduktiven aus der sexuellen Sphäre stellt so etwas wie »die zweite kulturelle Geburt« der Sexualität dar, und das bedeutet: Geburt einer scheinbar eigentlichen, »reinen« Sexualität.

»Menschenmeer« als Fragmentierung: Aktion des Künstlers Spencer Tunick 2003

Nach und nach wurde selbstverständlich auch die nunmehr isolierte Sphäre der Fortpflanzung selbst fragmentiert – mit enormen Auswirkungen. Mittlerweile wird dem Fetus, in früheren Zeiten nichts als ein Anhängsel des weiblichen Körpers, ein Eigenleben zugeschrieben, sind Befruchtung und Embryonalentwicklung prinzipiell aus dem weiblichen Körper herausverlagert, werden Keimzellen und Embryonen auf eine Weise transferiert, die die bisherigen, als unhintergehbar angesehenen Schranken der Keimbahn, der Blutsbande und der Generationenfolge durchbrechen und alte Naturzwänge überwinden. Die Technik des Klonens lässt erstmalig menschliche »Parthenogenese« als möglich erscheinen, eine »Selbstzeugung«, an der die Theoretiker der Autopoiesis (Luhmann 1997a) ihre helle Freude haben dürften. Dieser technologische »Quantensprung« bedeutet, dass die Fortpflanzung nicht nur unsexuell, sondern auch *ungeschlechtlich* erfolgen kann. Die Geschlechter werden dadurch auf eine neue Weise prinzipiell getrennt: Frauen und Männer sind existenziell nicht mehr unverrückbar aufeinander verwiesen und biotisch nicht mehr unverrückbar aufeinander angewiesen.

Während das Klonen des Menschen eine weitgehend abstrakte Sache ist, obgleich bereits 1993 menschliche Embryonen geklont worden sind, produzieren die neuen, bereits massenhaft angewandten Fortpflanzungstechnologien konkrete, vollkommen neuartige und disperse Keimbahn- und Familien-Relationen, indem zum Beispiel embryonale Eier oder Eierstöcke übertragen werden, sodass die Ei-Empfängerin ein Kind austrägt, dessen genetische Mutter nie geboren worden ist. Oder indem eine Großmutter das von ihrem Schwiegersohn befruchtete Ei ihrer Tochter austrägt, sodass sie ihr Enkelkind gebiert. Oder indem Zwillinge oder Drillinge im Abstand von mehreren Jahren zur Welt kommen. Oder indem selektiv abgetrieben wird, weil Zwillinge oder das Geschlecht des Kindes oder der inzwischen ermittelte Erzeuger unerwünscht sind. Oder indem sich in einer Frau, die gemäß momentaner medizinischer Definition bereits tot ist, ein Kind entwickelt. Oder indem Frauen lange nach der Menopause Kinder gebären, beispielsweise unter Verwendung eigener »junger«, rechtzeitig eingefrorener Eier, wobei diese »alten« Mütter ihr auf diese Weise kreiertes Kind wegen der heute in den reichen Ländern sehr viel höheren Lebenserwartung länger begleiten können als es einer 20-jährigen Mutter vor hundert Jahren im statistisch-biotischen Durchschnitt möglich war. Sollte sich diese Entwicklung, durch die ein Samenspender, eine Eispenderin, eine Leihmutter und die zukünftigen »sozialen Eltern« trennend verbunden werden, fortsetzen, werden in den reichen Ländern nicht mehr die biotischen, bei uns bisher leiblich genannten Eltern das *Punctum saliens* und von größter Bedeutung sein, sondern die sozialen Eltern.

Auf die historisch weit zurückreichende Trennung der reproduktiven von der sexuellen Sphäre folgte in den siebziger und vor allem achtziger Jahren eine Dissoziation der sexuellen von der *geschlechtlichen Sphäre*, die für die neosexuelle Revolution so charakteristisch und kulturell so wesentlich ist, dass wir sie auch in diesem Buch gesondert darstellen (siehe »Sex und Gender«). Ergebnis dieser Transformation ist nicht nur, dass die weibliche (und damit auch die männliche) Sexualität neuerlich genuiert, das heißt kategorial und paradigmatisch auf die Geschlechtlichkeit bezogen wurde, sondern auch eine prinzipielle Problematisierung des Mann-Frau-Verhältnisses sowie nach und nach die Kreation einer eigensinnigen weiblichen Sexualität.

Prothetisierungen und Gewaltdiskurs

Eine weitere Dissoziation der achtziger und neunziger Jahre, die nur kurz erwähnt sei, betrifft die Trennung der *Sphäre des sexuellen Erlebens* von der *Sphäre der körperlichen Reaktion.* Indem Mediziner eine Erektion des Penis mechanisch, medikamentös oder chirurgisch herstellen (vgl. Sigusch 2001d), trennen sie Verlangen, Erektion und Potenz auf künstliche Weise voneinander. Ein Mann kann dann ohne gespürtes Verlangen und oft auch ohne jene psychophysischen Sensationen, die dem sexuellen Erleben bisher eigen zu sein schienen, »sexuell funktionieren« und den Geschlechtsakt als das praktizieren, was er in unserer Kultur einer wesentlichen Tendenz nach immer war: Vollzug. Der Traum der Mediziner von der perfekten Prothetisierung der sexuellen Funktionen, deren Verkörperungen den Körper zur Leiche machen, also auch Entkörperungen sind, korrespondiert mit dem allgemeinen Traum von der Überwindung des Körpers, von der Entleiblichung des Sexus und des Genus.

Abzulesen ist diese kulturelle Tendenz momentan am Telefon-Sex und den TV-Partner-Treffs, an Fake und Cybersex. An letzterem offenbart sich möglicherweise ein generelles Umschreiben der Sinnlichkeits- und Wahrnehmungsstrukturen, das mit dem Übergang von einer Kultur des Wortes nicht nur in eine Kultur des Bildes, sondern in eine Kultur des Zeichens zusammenhängt. Die alten Mythen schrumpfen zu Punkten und Strichen zusammen. Momentan noch ungefährdet wie der Pilot, der am Flugsimulator trainiert, will der Cybersexer die leibhafte Paläosexualität hinter sich lassen, ohne die Gefahren der elektronischen Kopulation bereits zu kennen, die eine produktive Verstofflichung dieser Dimension zwangsläufig enthält, so lange den Manipulateuren eine Leibseele alter Art zugerechnet wird.

Die letzte Dissoziation, die ich erwähnen möchte, schied bei uns im Verlauf der achtziger Jahre, vor allem angestoßen vom politischen Feminismus, die alte *Sphäre der Libido* von der alten *Sphäre der Destrudo.* Durch diesen Prozess wurde die aggressive und trennende Seite der Sexualität von der zärtlichen und vereinigenden so gründlich abgelöst, bis jene diese uniform überblenden konnte. Die einen historischen Moment lang als »rein« imaginierte Sexualität wurde wieder manifest »unrein«. Die Schatten, die die Angst-, Ekel-, Scham- und Schuldgefühle werfen, wurden so dunkel und breit, dass viele Frauen und folglich auch Männer keinen Lichtstrahl mehr sahen. Gefühle der Nähe, der Freude, der Zärtlichkeit, der Exzitation, des Stolzes, der Lust, der Zuneigung und des Wohlseins drohten in einem diskursiven Affektsturm aus Hass, Wut, Neid, Bitterkeit, Rache, Angst und Furcht zu ersticken. Die Stichworte, die wir alle kennen, lauteten und lauten: frauenverachtende Porno- und Sexographie, sexuelle Belästigung am Arbeitsplatz, alltäglicher Sexismus, Inzest, Vergewaltigung, sexueller Kindesmissbrauch und sexuelle Gewalt gegen Frauen (vgl. z.B. Düring und Hauch 1995, Richter-Appelt 1997/2002). Der ehemals singuläre und kranke Triebtäter wurde zum ubiquitären und normalen Geschlechtstäter, zum Missbraucher und Vergewaltiger vervielfältigt. Männer schienen nur noch geil, gewalttätig und impotent zu sein. Diese Dissoziation schlug sich politisch in neuen Pönalisierungen nieder, die die mühsam in den sechziger und siebziger Jahren (teilweise) durchgesetzte Differenzierung von Moral einerseits und Recht und damit staatlichem Strafanspruch andererseits widerriefen.

Richtete sich die Dissoziation der aggressiv-trennenden von der zärtlich-verbindenden Seite der Sexualität zunächst gegen Männer, erreichte sie bald auch alle anderen. Inzwischen sind nicht nur Frauen in heterosexuellen Beziehungen Täterinnen, womit ihnen ein Subjektstatus und nicht nur die Opferrolle zugesprochen wurde. Inzwischen wurde auch die Gewalt in mannmännlichen und weibweiblichen Beziehungen aufgedeckt (vgl. z.B. Coxell et al. 1999), die vordem subkulturell tabuisiert und von der Sexualforschung übersehen worden war. Der jüngste Versuch, Destruktion und Gewalttätigkeit aufzuspüren, besteht darin, Frauen ausfindig zu machen, die sich an Kindern vergehen, und Kinder zu erforschen, die andere Kinder sexuell missbrauchen. Und natürlich gibt es neuerdings in Skandinavien auch Heime, in die Männer flüchten, die von ihren Frauen geschlagen worden sein sollen. Da es sich um einen *discours* im Sinne der Diskurstheorie (vgl. z.B. Foucault 1972) und nicht um Diskussionen und Debatten handelt, entgeht der Durchleuchtung nichts und niemand. Inbegriff des Täters aber ist nach wie vor »der Mann«, was nicht verwundert, weil sich der Patriarchalismus trotz aller Modernisierungen strukturell fortschleppt und weil die skandalöse gesellschaftliche Benachteiligung des weiblichen Geschlechts in Zeiten ökonomischer Krisen wieder zunimmt.

Optimistisch betrachtet ist der gegenwärtige Gewalt- und Missbrauchsdiskurs insofern eine zivilisatorische Tat im emphatischen Sinn, als erst durch ihn ins Bewusstsein kommt, wie sehr unsere Sexualität auf Überwältigung und Asymmetrie basiert. Pessimistisch betrachtet ist er eine Metapher des allgemein falschen Lebens, in dem es weder Harmonie noch einen richtigen Gebrauch geben kann.

Zerstreuung der sexuellen Fragmente

Der Prozess der kulturellen Dissoziation der alten Einheit Sexualität hat Hand in Hand mit der möglichst allseitigen Kommerzialisierung und Mediatisierung der Sphären zu einer gewaltigen Zerstreuung der Partikel, Fragmente, Segmente und Lebensweisen geführt, die ich *sexuelle Dispersion* nenne. Einerseits werden die Individuen durch den Prozess der Dispersion entwurzelt und anonymisiert, andererseits werden sie durch ihn vernetzt und unterhaltsam zerstreut. Indem neue Konstrukte entstehen, die alte Verkrampfungen, Zweifel und Befürchtungen beseitigen, können sich andere ausbreiten. Es gibt jetzt bei uns eine sexuelle und geschlechtliche Buntscheckigkeit, von der frühere Generationen nicht einmal träumen konnten.

Durch die *Kommerzialisierung* von Sexualität, Liebe und Geschlecht wird die Dispersion gewissermaßen physisch und damit greifbar. Sie ist der Versuch, möglichst viele Fragmente und Segmente in die Warenförmigkeit zu pressen, von der medialen Selbstentlarvung über die Flirtschule, die Partnervermittlung, die Produktion von Keuschheitsgürteln oder Penisbekleidung à la Paradiesapfelkondom oder Massagestäben in »weiblicher« Delphinform und mit Klitorisstimulator über den Sextourismus und die Kinderprostitution bis hin zum Embryonenhandel. Gegen die These, unsere Sexualität sei zur Ware geworden, die im Zuge einer mit der Studentenbewegung einhergehenden Marx-Renaissance aufgekommen war, hatte ich damals zu zeigen versucht, warum das prinzipiell unmöglich ist (Sigusch 1984b). Denn träfe die These zu, wären Mensch und Ware identisch, lebten Menschen nicht nur in Verhältnissen des Scheins, nicht nur mit dem Schein und im Schein, sondern nur noch zum Schein. Das mittlerweile erreichte Ausmaß der Kommerzialisierung aber hätte ich mir damals nicht vorstellen können.

Die Prozesse der sexuellen Dispersion und Dissoziation können nicht zuletzt abgelesen werden an dem ebenso gequälten wie quälenden Diskurs-Personal, das zur Zeit die Bühne des Eros bevölkert. Bruchstücke, die uns heute als diskursive Figuren beschäftigen, sind zum Beispiel: die zuviel oder zuwenig, also immer falsch liebende Mutter; der physisch oder psychisch abwesende Vater; das sexuell missbrauchte Kind; der eiserne, männliche Mann; die Frau mit der sexuologischen Lustlosigkeit; die amphiphile Frau mit dem erotischen Kontinuum; der Sextourist; der elektronisch zerstreute Perverse; der Single; der medizinisch reparierte Impotente; der operativ beruhigte Geschlechtszweifler; der Gender blender diesseits der Chirurgie; der gewissenhaft HIV-Prävention betreibende Schwule; das kirchlich gesegnete und staatlich registrierte gleichgeschlechtliche Paar; der in sich selbst Verliebte; die Fakesexerin; der futuristische Cybersexer, vor allem aber das historisch und sozial asymmetrische, kulturell dissoziierte, emotional misstrauische, philosophisch aporetische heterosexuelle Paar. Wahrlich ein posthegelianischer Aufklärungs-Trupp modernisierter Repräsentanten des Anteros.

Konkret zeigt ein empirischer Blick ins Fernsehen, wie groß die Dispersität der Fragmente inzwischen ist. Dort findet, vor allem nachmittags, die *Veröffentlichung* aller Intimitäten statt, die irgendwie fassbar sind, unter der Versicherung, sie blieben ganz persönlich. Das Motto lautet: »Ich bekenne«. Wildfremde sagen Wildfremden die persönlichsten Dinge und verschaffen sich offenbar dadurch das Gefühl, noch am Leben zu sein. Elektronisch aufbereitet, ist ganz offensichtlich weiterhin der Beichtzwang am Werk, den Foucault (1977) als Movens des Sexualitätsdispositivs begriff. Durch die angedeuteten Prozesse werden die Freudschen Partialtriebe erst so richtig dispers, und der Genitalprimat, der immer eine psychoanalytische Fata

Morgana war, rückt in noch größere Ferne. Gleichzeitig wird den alten Perversionen ebenso der Garaus gemacht wie sie, als normalisierte Lüste, neu fabriziert werden.

Vervielfältigung der Intimbeziehungen

Schließlich soll auf einige Tendenzen hingewiesen werden, die von großer therapeutischer Bedeutung sind und unter dem Stichwort *Diversifikation* zusammengefasst werden könnten. Ich meine das Schrumpfen, Deregulieren und Entwerten der traditionellen Familie und das Vervielfältigen der Beziehungs- und Lebensformen. Durch diese Prozesse wurden die Dissoziationen und Zerstreuungen, von denen die Rede war, ebenso ermöglicht wie sie von ihnen angestoßen worden sind oder mit ihnen zusammenfallen.

Bekanntlich ist die so genannte Kernfamilie im Verlauf einiger Jahrhunderte drastisch geschrumpft. Seit einigen Jahrzehnten bewegen wir uns auf eine *Kleinstfamilie* zu. Immer mehr Einzelpersonen sind zu ihrer eigenen Familie geworden. Die Triade Vater-Mutter-Kind, noch vor zwei Generationen der Inbegriff der Familie, ist in einem ungeahnten Ausmaß kulturell verblasst. Dem *Schrumpfen der traditionellen Familie* ging eine prinzipielle Trennung von Ehe und Familie voraus, das heißt, manfrau hat auch dann ganz naturwüchsig eine Familie, wenn manfrau nicht verheiratet ist.

An einem empirisch nachweisbaren Wandel kann dieser Deregulierungs- und Entwertungsprozess abgelesen werden, ein Wandel, der sich seit dem Ende der sechziger Jahre zum Teil rasant vollzog: Abnahme der Heiratsrate; Zunahme der Scheidungsrate; Abnahme der Kinderzahl pro Partnerschaft und Ehe; Zunahme der partnerschaftlichen (früher nicht- oder außerehelich genannten) Geburten; Zunahme der Ein- und Zwei-Personen-Haushalte; Zunahme der alleinerziehenden Mütter und allmählich auch Väter, die den Übergang von der Klein- zur Kleinstfamilie anzeigen; Aufkommen von Drei- und Mehr-Personen-Haushalten unterschiedlicher Motivations- und Interessenlage, deren Mitglieder nicht miteinander verwandt sind.

Im Verlauf dieses Wandels wurde die soziale und emotionale *Bedeutung der Herkunftsfamilie* durch die zunehmende Aufwertung subkultureller und freundschaftlicher Bindungen vom Jugendalter bis zum Tod erheblich reduziert, zumindest in den oberen Mittelschichten. Diese selbstgewählten und selbsterhaltenen Bindungen ließen die überkommenen Blutsbande verblassen. Heute stehen vielen Freundinnen und Freunde näher als die eigenen Geschwister. Heute steht unter Todesanzeigen nicht selten ein Freundeskreis und nicht die Keimbahnfamilie, und zwar nicht nur bei Homosexuellen.

Alleinerziehende und Zwei-Personen-Beziehungen, in denen sich alles nur um die Beziehung dreht, die also auch *Beziehungsbeziehungen* genannt werden könnten, suchen die Einsamkeit durch eine forcierte Intimisierung zu vermeiden, die sich als Gegenbewegung geriert, aber keine sein kann, weil sie die Tendenz, die vorgängig ist, nur verstärkt. Leben nur zwei Erwachsene zusammen oder nur die Mutter (oder der Vater) mit einem Kind, kommt es zwangsläufig zu einer Emotionalisierung des exklusiven Verhältnisses. Vielleicht ist diese *Intimisierung* die Fortsetzung jenes Prozesses, den Elias (1969) als einen der Zivilisierung beschrieben hat. Van Ussel (1975) ließ übrigens schon Mitte der siebziger Jahre in einem Abgesang auf die Sexualität diese in Intimität aufgehen. Allerdings blieb bei ihm wie bei Elias die Schattenseite der Emotionalisierung und Intimisierung unterbestimmt, jene Seite, die von Abhängigkeit, Einschränkung, Aggressivität und Destruktion bestimmt wird.

Neosexualitäten

Die Vervielfältigung der sozial akzeptierten Beziehungs- und Lebensformen hat zu einer Differenzierung sowohl der alten Hetero- wie der alten Homosexualität geführt, deren vordem monolithischer Charakter sich damit empirisch als theoretisch in dem Sinn erweist: dass er kulturell produziert worden ist.

Sexuelle und geschlechtliche Empfindungsweisen, die früher der Heterosexualität, der Homosexualität oder der Perversion zugeschlagen worden sind, weil keine anderen Raster zur Verfügung standen, treten aus deren Bannkreis heraus, definieren und pluralisieren sich selbst als Lebensweisen. Alte Krankheitsentitäten wie Sadomasochismus oder Transsexualismus zerfallen und treten als Neosexualitäten oder Neogeschlechter auf den Plan.

Sichtbar angestoßen wurde die Diversifikation durch die großen Selbstbestimmungs- und Bürgerrechtsbewegungen der vergangenen drei Jahrzehnte. Politisch korrespondiert heute der Vervielfältigung der alten Sexual- und Geschlechtsformen ein buntes Ensemble nebeneinander agierender, geringgradig organisierter Ein-Punkt-Bewegungen, von den Singles bis hin zu den Selbsthilfegruppen Transsexueller, die wiederum allgemeinpolitisch von teilweise recht virulenten Partialbewegungen flankiert werden, zu denen die Klimaschützer und die Veganer ebenso gehören wie die Kinderrechtler.

Die neuen Selbstpraktiken wie beispielsweise bisexuelle, transgenderistische, sadomasochistische oder fetischistische sind typische *Neosexualitäten*, weil das triebhaft Sexuelle im alten Sinn nicht mehr im Vordergrund steht. Sie sind zugleich sexuell und nonsexuell, weil Selbstwertgefühl, Befriedigung und Homöostase nicht nur aus der Mystifikation der Triebliebe und dem Phantasma der orgastischen Verschmelzung beim Geschlechtsverkehr gezogen werden, sondern ebenso oder stärker aus dem Thrill, der mit der nonsexuellen Selbstpreisgabe und der narzisstischen Selbsterfindung einhergeht. Außerdem oszillieren sie zwischen fest und flüssig, identisch und unidentisch und sind oft sehr viel passagerer als ihre fixierten Vorgänger.

Empirisch und greifbar wird all das auf den Love Parades und Raver Parties. Dort inserieren sich die *Neosexuellen* als verführerische Sexualsubjekte und laszive Sexualobjekte, vermeiden aber in der Regel leibhafte sexuelle Begegnungen alter Art. Offenbar inszeniert sich in solchen Events und Invents ein kollektiver Zeitgeist-Wunsch nach konfliktfreier Sexualität, wie ihn Reiche (1997) aus dem Gender-Diskurs herausgelesen hat. Beschworen wird eine altruistische Gemeinschaft, doch jede und jeder distanziert sich zugleich durch Outfit und Verhalten von der Gemeinschaft, ist sich narzisstisch und egoistisch selbst am nächsten. Alle Teilnehmer fallen aus dem Rahmen und sind gerade dadurch eingebunden und formiert. Offenbar wird heute die gewünschte Beziehungsdisziplin durch allerlei Aufputschungen und Drapierungen erträglich gemacht. Auf jeden Fall wird die oft undramatische Beziehungsliebe immer deutlicher von dramatischen Events der Selbstinszenierung und Selbstliebe flankiert. Insofern sind Love Parades und Raver Parties ein Inbegriff der Neosexualitäten: Werktags wird sauber und korrekt funktioniert, am Wochenende aber wird mit Hilfe von Designerdrogen, die den Körper von der Seele dissoziieren und Out-of-body-experiences gestatten, millionenfach eine Techno-Sau durch den Berliner Tiergarten getrieben, die nur noch von ferne an die Verheißungen und Risiken des »Gartens der Lüste« erinnert.

Von den erwähnten Neosexualitäten unterscheidet sich der mit operativen Geschlechtsveränderungen einhergehende Transsexualismus insofern, als er eher ein sich fixierendes *Neogeschlecht* als eine flexible Neosexualität ist (Sigusch 1998b, 2001b).

Egoistische Konsensmoral und Selfsex

Aus dem Schrumpfen der traditionellen Familie bis hin zur Kleinstfamilie und einem Haushalt, der nur noch aus einer Person besteht, und der Vervielfältigung der Lebensweisen, aber auch aus dem vielfältigen Überschreiten der Generationenschranke resultieren neue Formen der Kontrolle, der Abhängigkeit und der Einsamkeit, die sich hinter der Idealisierung von *Lifestyles* zu verbergen suchen. Es scheint so, als herrsche ein normatives Chaos, das es den meisten Menschen gestatte, so zu leben, wie sie wünschen. Tatsächlich aber ist in einem langen Prozess, den Hegel schon beschrieben hat, aus einer freien Unfreiheit eine unfreie Freiheit geworden, ein Prozess, durch den äußere und innere Zwänge zusammenfallen. An die Stelle äußerer und direkter Kontrollen sind innere und indirekte getreten, die die Menschen nicht mehr so einengend erleben, weil sie ein Teil ihrer selbst geworden sind. Indem das dranghaft Sexuelle zunehmend bewusst rationalisiert wurde und dadurch zunehmend seinen Charakter der Irrationalität verlor, wurden alte Unwägbarkeiten scheinbar kalkulierbar. Tatsächlich wird heute geregelt, was immer sich regeln lässt, vom selbstgewählten No-sex, fünfminütigen Quickie oder One-nightstand bis hin zur jahrzehntelangen Beziehung ohne Sexualität, aber mit Zuneigung.

Das mag gut und schön sein, wenn wir uns die Heuchelei und den Muff vergangener Zeiten in Erinnerung rufen. Eines Tages aber brechen jene Wünsche und Begierden, die sich dem Bewusstmachen verweigerten, doch wieder durch, und die Life styles erweisen sich als Abwehrformationen. Es wäre aber nichts als Sentimentalität, wollten wir die nur scheinbar von den kulturellen Umbrüchen unberührten Wünsche und Begierden gegen diese ins Feld führen, was ohne überlebte Wertvorstellungen gar nicht zu bewerkstelligen wäre.

In seinem Ausmaß und in seiner Intensität neu ist die Bürde, ohne das Korsett der alten mächtigen Moralinstanzen intime Erlebnisse und Beziehungen selbstbestimmt und selbstverantwortlich managen zu sollen. Wouters (1994, S. 214) hat diesen neuen Modus der Selbstregulierung als »Informalisierung« beschrieben. Sie gehe mit einer enormen Interdependenzverflechtung einher und münde in einen »Zwang zur Ungezwungenheit«, den wir in unserem Zusammenhang auch Zwang zur Vielfalt nennen könnten. Fraglos sind die Gefühls- und Verhaltenscodes heute variabler und differenter. Ob sie jedoch persönlicher sind, scheint mir fragwürdig zu sein. Man kann auch durch Duzen und schnelles soziales Küssen andere Menschen auf Distanz halten. An die Stelle der rigiden Verhaltens- und Affektkontrollmechanismen sind offenbar nicht nur neue Sensibilitätsstandards getreten, sondern auch neue Desensibilisierungs- und Zurückweisungsstandards, die die Intimität, die verlangt ist, kommensurabel und erträglich machen. Diese Standards erinnern an Isolation und Einsamkeit, die aus der gesellschaftlichen Individualisierung der Codes und Lebensweisen resultieren und durch soziale Verflechtungen maskiert sind.

Kein Modell der ebenso harmonischen wie erregenden Intimbeziehung bietet sich mehr an, auch nicht die sich vermehrende »reine Beziehung«, bei der es sich nach der Vorstellung von Giddens (1993, S. 10) um eine »sexuell und emotional gleichberechtigte Beziehung« handeln soll. Selbst Jessica Benjamins »Vision der Anerkennung zwischen gleichberechtigten Subjekten« (1990, S. 214), einer Anerkennung mit der »Logik des Paradoxons: der ausgehaltenen Spannung zwischen antagonistischen Kräften«, worunter die gleichzeitig bestehenden Bedürfnisse nach

Anerkennung und nach Unabhängigkeit zu verstehen seien, ist auf Sand gebaut, weil auch die psychischen Geschlechtsdifferenzen materiell bestimmt sind (vgl. Kapitel »Sex und Gender«), eine Bestimmung, die Benjamin außer Acht lässt. Wie also will sie Männer und Frauen als wechselseitig füreinander Andere gleichwertig in Relation treten lassen, wenn deren »Intersubjektivität«, die sie betont, materiell und vorgängig aus einem Verhältnis der Hierarchie besteht und nicht der Gleichheit in der Differenz?

Giddens' »reine Beziehung« und Benjamins intersubjektives Anerkennungstheorem können natürlich auch nicht die kulturellen Widersprüche aus der Welt schaffen, von denen die Sexualität zerrissen wird, seit sie existiert. Ging es in den Zeiten der letzten sexuellen Revolution alter Art vor allem um die Aporie, seinen Trieben freien Lauf zu lassen und trotzdem nicht den Kopf zu verlieren, also Exzitation, Überschreitung, Harmonie und Anstand unter einen Hut zu bringen, was natürlich nicht geht, zeigt sich heute vor allem die Unmöglichkeit, selbstlos zu lieben und gleichzeitig alles aushandeln zu wollen. Schmidt (1996) spricht in diesem Zusammenhang von einer neuen »Verhandlungs- oder Interaktionsmoral«, durch die alles, was sexuell geschehen könnte, vorher im Detail und im Konsens vereinbart wird. Setzte sie sich durch, wäre sie eine weitere Etappe auf dem historischen Weg der Rationalisierung des Sexuellen und ein bemerkenswerter Sieg der kollektiven Sexualhemmung, mit einem Wort: der sozialen Impotenz. Es scheint, als imitierten die Individuen scheinbar selbstbestimmt die allgemeinen Mechanismen, die ihnen ohnehin im Detail und *step by step* bestimmen, was zu geschehen hat und was nicht. Es wäre der Sieg des Egoismus in Gestalt der Sexualdemokratie.

Mit Blick auf die sexuelle Revolution der sechziger Jahre hatte ich gesagt (1984b): Pseudoaktiv, weil geregelt und isoliert, ist das Sexuelle zu seiner eigenen Imitation geworden. Es scheint, als seien die Menschen sexuell aktiv, doch sie vermeiden alles, was daran erinnert: Spontaneität und Regellosigkeit, Hingabe und Ekstase, Risiko und Subjektivität. Wird der Inhalt des sexuellen Tuns ersetzt durch sein bloßes Zustandekommen, geht es nicht darum, was gemacht wird, sondern einzig darum: dass es erfolge. Dadurch erstarrt das Sexuelle zur Sache und wird mystifiziert. Vom Glauben an die Subjektivität inklusive Spontaneität abgesehen, wäre heute die Analyse fortzuschreiben. Heute geht es zunehmend darum, dass das sexuelle Tun scheinbar selbstbestimmt im Konsens wegverhandelt wird, als sei den Menschen nicht verborgen geblieben, dass es im Grunde eine Sache ist, die mehr Unglück bereitet als Glück. Der Einbruch der Krankheit AIDS und der allgemeine Umgang mit ihr hat diese Tendenz verstärkt.

Kein Zweifel, die alte Lustmaximierungsmoral und die noch ältere Ehe- und Versorgungsmoral sind in eine *individuell* zu gestaltende und zu verantwortende Moral transferiert worden, deren deklarierte Kriterien Geschlechtssymmetrie, Liebessymmetrie und daneben noch HIV-Prävention sind. Das macht die Menschen umgänglicher, bringt sie aber zugleich auf Distanz. Andere als andere anerkennen und zugleich ein eigenes, »selbsterfülltes Leben« leben – das mag sozial Privilegierten teilweise gelingen. Im Ernstfall entscheidet aber auch bei ihnen der Egoismus. Moral ist heute individualisiert, weil *allgemeine* und praktisch gewordene moralische Ideen fehlen, hinter denen sich die meisten Frauen, Männer, Jugendlichen und Kinder im Konsens versammeln könnten.

Alle Intimbeziehungen, die heute kursieren, tragen die Maske des falschen Glücks wie ehedem die eheliche Liebe. Alle klagen auf eigene Faust, dass um Glück und Liebe betrogen ward, die einen lautlos, die anderen mit Geschrei. Wenn die kritische Sexualwissenschaft in der Vergangenheit eine Lektion gelernt hat, dann ist es die: Abstinentes, monogames oder promiskes Verhalten sind gleich weit entfernt von einem freien Sinnesleben, das niemand kennt. Die Helden der Liebe sind ebenso Indices des falschen Lebens wie die Sexualstraftäter. Das gesunde und glückliche Sexualleben war immer die Ideologie seiner Verhinderung.

Heute sind den Diskursen, auch wenn es nichts fruchtet, ihre Halbwahrheiten vorzurechnen. Beispielsweise dem Geschlechterdiskurs: Einige Feministinnen wollen die Gesellschaft »verweiblichen«, weil Frauen im Gegensatz zu Männern zur Relationalität fähig seien. Sie verkennen, dass die Relationen, Wouters würde vielleicht sagen: die Interdependenzen, die »neue« System-Totalität sind, um nicht altkritisch zu sagen: der Immanenzzusammenhang. Andere Feministinnen wollen unter den Stichworten »primäre Weiblichkeit« oder »friedfertige Frau« das superiore Männliche durchs superiore Weibliche ersetzen. Tatsächlich aber ist das der verheerende Binarismus des oben/unten, wertvoll/wertlos, nützlich/nutzlos usw., also die Inversion dessen, was ist. Wieder andere Feministinnen setzen auf »weibliche Autonomie«. Sie übersehen, dass das Verhältnis von Männern und Frauen trotz aller Aporien unhintergehbar ist: gattungsgeschichtlich inklusive Fortpflanzung, seelisch und sexuell, vor allem durch den existenziellen Umstand, dass jeder Mensch eine Mutter und einen Vater hat, die in ihm niedergeschlagen sind, ob nun die Väter physisch präsent bleiben oder nicht. Würde die Geschlechterdifferenz erkenntnistheoretisch wirklich ernst genommen werden, zeigte sie sich als dialektisch in einem eminenten Sinn: weil sie nicht nur ein Niederschlag im Unbewussten oder eine Tatsache des Bewusstseins ist, sondern beides produziert. Daraus ergibt sich, dass auch das, was wir bisher mit einer bestimmten Stoßrichtung gesagt haben, nur eine Halbwahrheit ist. Denn das Geschlechtliche und das Sexuelle sind nicht nur dissoziiert, sie liegen auch ineinander.

Mit der Rationalisierung, der Zerstreuung, der Kommerzialisierung und dem Zwang zur Vielfalt ist eine generelle Banalisierung des Sexuellen verbunden. Sexualität ist kulturell etwas weitgehend Selbstverständliches geworden wie Mobilität oder Egoismus. Aus dem Revolutionären Eros zur Zeit des Fordismus ist *Lean sex* geworden, der sich der postfordistischen Lean production zur Seite stellt. Das allgemeine Modell der neosexuellen Revolution kann als *Selfsex* bezeichnet werden, der selbstdiszipliniert und selbstoptimiert ist. Dazu passen die neosexuellen Selbstpraktiken, die sich mit großer Selbstverständlichkeit inszenieren. Dazu passt auch der diskursive Lärm um die Potenzpille Viagra, der endlich die Dissoziation von Angst und Sexualität verheißt, sodass ein selbstregulierter Designer- oder Technosex ungestört performiert werden könnte. Einschneidender scheinen mir aber in diesem Zusammenhang die Ergebnisse empirischer Studien (z.B. Laumann et al. 1994, Schmidt 2000) zu sein, nach denen die Selbstbefriedigung in sexuellen Beziehungen, die als »befriedigend« bezeichnet werden, zu einer eigenständigen Sexualform geworden ist. Offensichtlich hat die Selbstbefriedigung ihren alten Not- und Surrogatcharakter verloren.

Autodestruktion und Autopoiesis

Dissoziation, Dispersion und Diversifikation bezeichnen Prozesse des Zerlegens und Neuzusammensetzens, der Autodestruktion und der Autopoiesis (vgl. Sigusch 1997), die für unsere Gesellschaftsformation charakteristisch sind. Sie resultieren aus der allgemeinen und enormen Veränderungsdynamik, die unsere Art zu wirtschaften anstößt, benötigt oder zulässt. Keine bisherige Gesellschaftsformation war so wandlungsfähig, flexibel und gerade dadurch stabil. Weil im Zentrum der System-, Bedeutungs- und Bewusstseinskonstitution Objektive stehen (siehe »Objektiv« in *Mundus sexualis*), die jede Individualität in eine exzentrische Position zwingen, sind die einzelnen Allgemeinen zugleich be- und entlastet. Weil für den Gang der Gesellschaft immer belangloser ist, was die Individuen tun und denken, können sich sexuelle Orientierungen, Verhaltensweisen und Lebenswelten pluralisieren, sofern nicht diskursive Überhänge aus vergangenen Zeiten oder querliegende Objektive wie in unserem Zusammenhang vor allem das *Sexus potior*-Objektiv des Sexismus im Wege stehen, nach dem das männliche Geschlecht das erste und maßgebende Geschlecht sei (vgl. Kapitel »Sex und Gender« sowie »Geschlecht, zweites« in *Mundus sexualis*).

Die Mega-Erzählung unserer Gegenwart folgt den Stichworten Innovation und Wandel. Noch aber klammern wir uns daran, dass es einen epistemologisch irreduziblen Sexual-Rest gibt, dass die Sexualität ein Rätsel ist, dass die Fetische und Szenen, die uns erregen, ein Geheimnis umschließen, dass sie weder produziert werden können noch käuflich sind. Auch scheint das Sexualsystem relativ autonom zu sein, sich trotz der Dynamik der hiesigen Gesellschaftsformation nur langsam zu verändern, im Fall der Liebe sogar sehr langsam. Ich denke, das hat viele Gründe. Wesentlich ist sicher, dass beide, unsere Gesellschaftsformation und unsere Sexualität, einen festen Kern enthalten (siehe »Sexualkern« in *Mundus sexualis*), der sich, seit es sie als historische Bildungen gibt, trotz aller Umbrüche durchgehalten hat. Was aber, wenn die alten Natur- und Gesellschaftsgrenzen nicht nur theoretisch-technologisch wie zuletzt beim Klonen überschritten, sondern durch das Umkodieren von Sinnlichkeit und Wahrnehmung lebenspraktisch kollektiv außer Kraft gesetzt werden, wenn sich die digitale Weltsicht, die keine Lebewesen alter Rechnung, keine Mysterien und Götter kennt, allgemein durchsetzt? Ist es dann vorbei mit der Großen Erzählung vom permanenten Wandel der gesellschaftlichen Sexualform und mit den tatsächlichen Transformationen?

Foucault (1993, S. 389) meinte, wir müssten uns bei unserer Sorge um »den« Menschen daran erinnern, »dass wir auf dem Rücken eines Tigers sitzen«. Dieser Tiger hat zur Zeit viele Namen: Patriarchat, Macht, Kapital, Sexismus, Rassismus usw. Doch was heißt: auf dem Rücken sitzen? Ist das individuelle Allgemeine zwar ein Einzelnes, aber trotz höchster Gefahr für Leib und Leben dem Movens, dem Tiger, nicht vollständig ausgeliefert? Ich denke, viele Veränderungen, die die neosexuelle Revolution gebracht hat, spielen sich tatsächlich insofern auf dem Rücken des Tigers ab, als ihm äußerlich bleibt, ob der Druck der Schenkel zu- oder abnimmt, ob er gestreichelt oder gepeitscht wird. Den Kern der gegenwärtigen Transformation von Gesellschaft und Sexualität scheint mir aber ein unbekannter Verfasser mit einer kleinen Geschichte getroffen zu haben. Die Story beginnt mit den Zeilen: »There was a young lady of Riga/ Who rode with a smile on a tiger«. Als die beiden zurückkommen von ihrem Ritt, befindet sich die Lady »inside« und ihr Lächeln »on the face of the tiger«.

Love Parade: Eine kulturelle Meisterleistung?

SPIEGEL: Herr Professor Sigusch, ist die Love Parade so eine Art Siegesfeier der sexuellen Revolution?

Professor Sigusch: Beinahe hätte ich gesagt »leider nicht«. Aber ich bin nicht sicher, ob ich das tatsächlich bedauere. Das Ziel der sexuellen Revolution war die Befreiung der Sexualität. Wenn das Sexuelle aber als solches zu sich käme, gäbe es Mord und Totschlag – der Sexualtrieb will nur Befriedigung, das heißt Kopulation. Der Trieb ist selbstsüchtig und will den Anderen verschlingen. Insofern muss das Sexuelle in irgendeiner Form diszipliniert werden. Die Love Parade ist also keine Siegesfeier der sexuellen Befreiung, sondern ihrer Disziplinierung.

Hunderttausende von halb nackten Menschen tanzen lasziv und liegen sich in den Armen. Das bezeichnen Sie als diszipliniert?

Ja. Wenn die Menschen auf der Love Parade sich derart öffentlich inszenieren und darstellen, hat das in erster Linie einen selbstbezüglichen Charakter. Es soll die Person selbst befriedigen. Nicht Liebe oder gar Sex zwischen zwei Menschen steht im Vordergrund, sondern Selbstliebe. Ich spreche da von Self-Sex. Wenn mich meine Spione richtig unterrichtet haben, Soziologen, die vor Ort forschen und mittanzen, dann kommt es während der Love Parade in aller Regel nicht zu sexuellen Begegnungen alter Rechnung, Geschlechtsverkehr und so weiter. Kaum vorstellbar, aber so ist es.

Und was ist das Ziel der Inszenierung?

Die Bewunderung durch die Außenwelt. Die anderen sollen sehen, wie schön ich bin, wie sexy ich mich bewegen kann, was ich für tolle Tattoos habe, wo ich gepierct bin und so weiter. Dafür wird man bewundert, das gibt den seelischen Gewinn. Die Generation davor war darauf angewiesen, dass sie diesen Gewinn aus der Kopulation zieht. Liebe, Sex, Kopulation und Orgasmus waren eins. Heute lebt der vorwärts weisende Teil der jüngeren Generation gleichzeitig sexuell und nonsexuell. Das ist etwas, was wir mit unseren alten Kategorien nicht mehr erfassen können.

Ist Selbstliebe einfacher zu leben?

Nein, auch das Narzisstische ist oft sehr kompliziert – wenn sehr viele die gleichen Strategien benutzen, ist es anstrengend, noch seinen Gewinn zu erzielen.

Das scheint den Massen auf der Love Parade durchaus zu gelingen.

»Erotische Performance« auf der Berliner Love Parade 2000

Die Love Parade ist eine bemerkenswerte Einrichtung: Die Menschen, die durch den Tiergarten treiben, gehen sonst in aller Regel ganz diszipliniert arbeiten. Diese Kombination von fleißiger Arbeit und rauschhaftem Feiern ist eine kulturelle Meisterleistung.

Eine Kombination, die man sonst eher im pathologischen Bereich der Sexualität findet – anständige Bürger, die irgendwann die Kontrolle verlieren und zu Triebtätern werden.

Die alte Sexualität, die Generationen zuvor gelebt haben, war, wenn sie öffentlich wurde, hysterisch. Was machtvoll unterdrückt wurde, brach ebenso machtvoll aus. Die neue Sexualität, und dazu gehören auch die öffentlichen Inszenierungen auf der Love Parade, erfolgt nach einem perversen Modus.

Wie bitte?

In der Perversion wird eigentlich nur das, was gang und gäbe ist, übersteigert. Und das sehen wir auf der Love Parade – das, was ansonsten als pervers angesehen wird, wird dort etwas abgemildert zur Schau gestellt.

Die öffentliche Inszenierung der Sexualität also als sozial verträgliche Form der Perversion?

Vollkommen richtig – die Menschen ziehen daraus große Befriedigung, der Arbeitsablauf wird nicht gestört, sie sind am nächsten Tag zwar völlig fertig, weil sie keinen Schlaf bekommen haben, fühlen sich aber dennoch erholt, weil das Gefühl, dass sie Rausch und Ekstase erlebt haben oder zumindest in deren Nähe gekommen sind, sehr belebend wirkt.

Auch mit chemischer Unterstützung.

Die Drogen passen ins Muster – in etwas größeren Dosen dämpfen sie die Sexualität, sie reizen das Sexuelle nicht an.

Eine solch geballte Zurschaustellung von sexuellen Reizen hätte in früheren Zeiten wahrscheinlich zu massenhaften körperlichen Übergriffen geführt.

Klar, man muss sich nur vorstellen, was passiert wäre, wenn man im Mittelalter den Menschen einen modernen Hollywood-Film mit den üblichen Sexszenen gezeigt hätte – es wird dunkel, der Film beginnt, und nackte Frauen erscheinen auf der Leinwand. Heute sitzen wir diszipliniert nebeneinander. Im Mittelalter wäre das Publikum übereinander hergefallen. Es hat also eine Disziplinierung und Zivilisierung stattgefunden, ein Zivilisationsprozess, der heute so weit fortgeschritten ist, dass – vom männlichen Standpunkt aus gesehen – Frauen nackt und auf das Laszivste öffentlich tanzen können, ohne dass ein Mann über sie herfällt. Bis auf wenige Ausnahmen natürlich.

Eine reine Disziplinleistung?

Nicht nur. Ich denke, dass die Bedeutung des Sexuellen auf fast allen Ebenen reduziert worden ist. Sie war immens aufgeplustert zu Zeiten der sexuellen Revolution, der symbolische Wert des Sexuellen war ja gewaltig. Die Studentenbewegung hat geglaubt, die Befreiung des Sexuellen würde die Gesellschaft befreien. Das muss man sich mal vorstellen! Nur der Vatikan überschätzt heute noch die Bedeutung des Sexuellen – und bläht den Sex immer noch ins Riesenhafte auf. Der Feminismus hat das zum Teil auch gemacht, aber der hat heute kaum noch Einfluss.

Was hat sich verändert?

Für die meisten Menschen ist das Sexuelle heute etwas Banales wie Mobilität oder Kommunikation: In den Urlaub auf die Malediven fliegen oder E-Mails an Freunde schicken – das hat den gleichen Stellenwert wie Sex. Dazu kommt die enorme Vielfältigkeit des Sexuellen: So viele mögliche Spielarten gab es bisher nie, zumindest nicht öffentlich anerkannt oder lebbar.

Gerade bei der Love Parade ist auch zu beobachten, dass Randgruppen wie Schwule, die Fetischisten oder die Sado-Maso-Szene heute vorbildhaft sind, was Kleidung und Gestus angeht.

Die Homosexuellen sind für mich Vorreiter etlicher Entwicklungen der Art, über die wir hier reden. Die Pluralisierung zum Beispiel und die öffentliche Inszenierung. Sie waren die Ersten, die gleichzeitig treu und untreu leben konnten. Das gab es vorher nie – öffentlich Sex neben der Beziehung leben. Schwule haben uns auch gelehrt, dass ein Mann mehr als zwei Feinrippunterhosen haben kann, sie haben den männlichen Körper kommerzialisiert und brachten uns bei, ihn zu schmücken und zu präsentieren, auch als Sexualkörper. Auch an der Berufsfront haben Schwule immer so agiert, wie es heute gefordert wird – flexibel, ohne starre Familienbindung, universell einsetzbar.

Feminismus, sagen Sie, interessiert junge Mädchen nicht mehr. Warum?

Ja, ich glaube, das ist vorbei. Für die jüngeren Generationen scheint die Gleichstellung größtenteils gelungen.

Lange wurde gerade in den Medien die Sexualität seziert, Frauenzeitschriften beschäftigten sich mit multiplen Orgasmen und gaben ihren Leserinnen das Gefühl zu versagen, wenn sie nicht mindestens dreimal die Woche Sex hatten.

Das hat die sexuelle Revolution »verbrochen«. Ein Druck, der vor allem auf den jungen Menschen lastete. Ein Mädchen, das den statistischen Altersdurchschnitt der Entjungferung nicht hielt, wurde beinahe geächtet. Heute wissen junge Leute, dass Enthaltsamkeit genauso eine gleichberechtigte Option darstellt wie reges Sexleben.

Früher hatte die gelebte Sexualität beinahe ein Monopol auf Rausch – neben illegalen oder gesundheitsschädlichen Dingen wie Drogen oder Alkohol. Heute gibt es eine Vielzahl von Möglichkeiten zum Lustgewinn.

Nicht nur das Monopol ist vorbei. Man hat auch andere Erfahrungen gemacht: Sex ist meistens weniger aufregend als die Vorstellung davon. Heute ist das Problem eher Lustlosigkeit. Zunehmend auch junger Männer.

Woran liegt das?

Eine Menge Menschen können sich heute eingestehen, dass ihnen Sex einfach keinen Spaß macht. Ich brauchte eine Weile, mir das vorstellen zu können, aber das gibt es. Genauso, wie es Menschen gibt, die nie fernsehen, nie ein Buch lesen, nie verreisen. Das muss man verstehen lernen.

Haben sich die Machtstrukturen zwischen den Geschlechtern verändert?

Selbstdarstellung im SM-Look auf der Berliner Love Parade 1994

Nach der sexuellen Revolution wurde die weibliche Sexualität als etwas Eigenständiges in den Köpfen der Menschen etabliert. In der jungen Generation treten zwei gleichberechtigte Geschlechter – unter Bewahrung ihrer Differenz – aufeinander zu. Die meisten Jungs wissen heute, dass die Klitoris ein bewundernswertes Organ ist.

Ist in einer Gesellschaft der Vereinzelung die Love Parade ein Familienersatz?

Bestimmt. Das fängt schon bei den Vorbereitungen an – das Zurechtstylen verlangt Zeit und Kreativität, schon das ist ein gemeinsamer Prozess, der verbindet. Das gilt in noch stärkerem Maße für das gemeinsame Feiern, das Zelebrieren. Ich denke, die alten Blutsbande sind stark gelockert, heute ist die soziale Bindung wesentlich stärker. Man definiert sich über gemeinsame Vorlieben und Aktivitäten, nicht aber Verwandtschaft.

Die Techno-Kultur als Jugendbewegung ist in sich wesentlich weniger geschlossen. Ein lockerer Verbund: Man trifft sich – ohne ideologischen Überbau – zur Party. Zum ersten Mal funktioniert eine Jugendkultur nicht durch Abgrenzung oder Ideologie.

Ja, der Protest ist raus. Wenn Dr. Motte zu Beginn der Love Parade eine Erklärung abgibt, ist das, um es fein auszudrücken, allgemein-menschlicher Natur. Im besten Fall eine Beschwörung von Menschlichkeit oder leere Allgemeinplätze auf Englisch.

Macht das die Attraktivität aus?

So was ist natürlich wahnsinnig entlastend. Wenn Sie an die Sechziger und Siebziger denken, was die an Ideologien mit sich herumschleppen mussten. Und es ist verbindend – die alten Fraktionierungen fallen weg, im Zerstreuen und Pluralisieren der modernen Gesellschaft gibt es plötzlich etwas Vereinigendes: den Verzicht auf Politik. Ein Junge-Union-Funktionär kann unter dem gleichen Banner mit einem so genannten Autonomen tanzen.

Ein Element der Techno-Kultur ist die Entmachtung der Heldenfiguren.

Interessant sind vor allem die letzten überlebenden Pophelden wie Michael Jackson oder Madonna: Jackson ist für mich der Inbegriff der Selbstschöpfung – sogar vom Schwarzen zum Weißen. Wirklich eindrucksvoll. An Madonna fasziniert ihre Pluralität; die Flexibilität, ihre perfekten Inszenierungen, die ständig wechselnden Rollen und vor allem auch ihre Vielfältigkeit im erotisch-sexuellen Bereich. Etwas, was sie im Übrigen immer öffentlich gelebt hat. Die beiden sind wohl die Vorreiter dessen, was wir auf der Love Parade beobachten.

Aber der Status des Popstars sinkt, und beide sind schon jenseits der vierzig.

Stimmt, es fehlt der Nachschub. Die Boygroups lösen das auf: Sie sind so konzipiert, dass es für jeden einen anderen Typ im Angebot gibt – sie bieten vielfältige Identifikationsmodelle.

Die Boygroup als Zwischenglied vom Popstar zur Selbstinszenierung, bei der jeder sein eigener Star ist?

Genau. Dieser Prozess läuft ja schon und ist auch auf der Love Parade zu beobachten.

Hat die veränderte Sexualität auch den gesellschaftlichen Alltag verändert?

Es gibt immer noch dieselben Konflikte: Wen kann ich lieben? Wird meine Liebe erwidert? Wie weit kann ich gehen? Es gibt zwei Welten – die der Kultur, der kulturellen Gruppe, und dann das Liebesdrama im Kleinen, Persönlichen – was naturgemäß das große Drama ist. Der feste Kern der Sexualität ist nur schwer, wenn überhaupt, zu ändern: Man hat einen Leib, es gibt zwei Geschlechter, daraus resultieren die ewig gleichen Schwierigkeiten. Der biologische Teil dieses Kerns ist zwar technologisch zu überwinden und de facto durch die Gentechnik schon schachmatt gesetzt, aber das wirkt noch nicht bis in den Alltag hinein.

Aber die Selbstoptimierung mit technischen Mitteln wird immer alltäglicher.

Viagra ist nur der Anfang. Die Designerdrogen werden mit absoluter Sicherheit die gesellschaftliche und sexuelle Praktik verändern. Aber es bleibt das Problem des Sichverliebens.

Love Parade trägt die Liebe im Namen. Zu Recht?

Der zweite Teil ist wichtig – die Parade. Es fehlt nur ein Wort, das »Self«. Self-Love Parade – da ist alles drin, die Inszenierung, die modernisierte, flexibilisierte Liebe und die Selbstbezüglichkeit.

Tränen des Eros

Wissen Sie, was sich hinter den Abkürzungen ZK, FO, DS, TS, NK, ZA, TF, FF, KB, EL, AV, GB, O, SBS, EP, MN, UB, SL, NS verbirgt? Nein, natürlich nicht »Zentralkomitee« und »Nationalsozialismus«. Dann bräche ja Eros nicht nur in Tränen aus, sondern nähme sich gleich das Leben.

Um Eros aber soll es gehen und damit auch um Sexus und Genus, die ihn unerbittlich begleiten. Nur, wie und womit beginnen? Metaphysisch? Zu anstrengend. Sittengeschichtlich? Zu kompliziert. Medizinisch? Zu kriminell. Und wie könnte das Gewimmel der erotischen, sexuellen und geschlechtlichen Formen, die uns heute umzingeln, begriffen werden? Wie hängen Fortpflanzung, Spezialversandhandel, Rechtsprechung, Poesie, Pornografie, Geschlechtsumwandlung, Werbung, Abtreibung, Arbeitslosigkeit, Petting, Kastration (ja, wir haben ein Gesetz dafür!), Säuglingsorgasmus (ja, das gibt es!), Geburt, sexueller Missbrauch, Ehe, Wohnverhältnisse, Gewalt, Mode, Warenästhetik, Prostitution, Liebe, Lustmord oder Selbstbefriedigung zusammen?

Kontaktanzeigen

Schauen wir einfach einmal in unseren Alltag hinein. Er ist, wie wir alle ahnen, vom Erotischen ebenso gesättigt wie entleert. Es scheint so, als könnte Eros endlich zu sich kommen, weil die alten Tabus und Hemmungen in den vergangenen Jahrzehnten abgebaut worden sind. Doch wenn wir genauer hinsehen, entdecken wir überall, oft hinter buntscheckigen Masken versteckt, ungestillte Sehnsucht, aufgepeitschte Nerven, abgespeistes Verlangen, enttäuschte Liebe, eingeredeten oder tatsächlichen Missbrauch, Versagen, Heuchelei, Geschlechtszweifel, Sexismus, Angst, Schuld, Einsamkeit und Selbstsucht. Offenbar gähnt in unserer Kultur ein Abgrund zwischen unseren Wünschen und ihrer Befriedigung. Die aber klagen wir heute ein, weil es doch, so wurde uns versichert, nicht nur eine sexuelle Liberalisierung gegeben haben soll, sondern sogar eine sexuelle Revolution.

Heute geht es uns nicht nur um den »ewig jammernden Körper«, von dem Franz Kafka gesprochen hatte. Heute haben wir es mit der ewig jammernden Seele zu tun. Alle Fragen, die die Sexualwissenschaft um die Jahrhundertwende gestellt hat, weil sie gar nicht mehr zu übersehen waren, brennen uns heute nicht nur unter den Nägeln, sondern im Kopf. Wir wollen uns befriedigen. Wir wollen, dass die Masken fallen. Wir wollen ZK, AV, DS, TF, EL, NS, was es auch sei. Wir wollen alles, was uns verheißen ward, und mehr.

Doch es kommen immer wieder neue Fragen und Probleme und Anforderungen hinzu. Und die alten Fragen werden umformuliert. Und die alten Masken werden umdrapiert. Für die Modewissenschaftler, die es sicher auch gibt, übertragen: keine neue Kleidung, höchstens, und das wäre schon viel, ein neues Kleidungsstück.

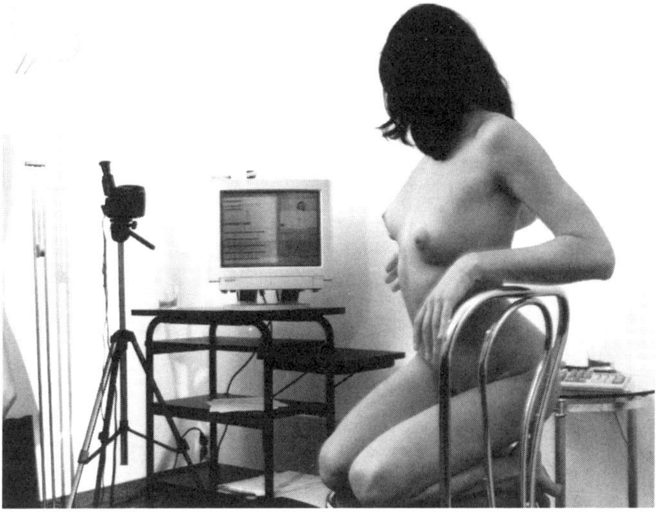

Shopsex

Weil das sexuelle und geschlechtliche Elend nicht verschwand, existiert Sexualwissenschaft fort. Weil das Elend der Geschlechter allmählich ins Bewusstsein stieg, gibt es heute Geschlechterwissenschaft. Schließlich leben wir in einem scheinbar rationalen Zeitalter, in dem scheinbar spezielle Probleme von einer Spezialwissenschaft gelöst zu werden haben. Denn kämen Wunsch und Befriedigung zueinander, kämen Dauer und Intensität, Harmonie und Erregung zusammen, fielen Begierde und Liebe nicht auseinander, wüssten wir, was ein sexueller Rausch ist und könnten uns in ihn versetzen, scherten wir uns doch um wissenschaftliche Erörterungen überhaupt nicht, hielten wir doch Sexual- und Geschlechterwissenschaft für so irrsinnig wie sie tatsächlich sind.

Und Eros lachte. Vielleicht wäre er aber auch zu keiner Gefühlsäußerung mehr fähig, schwiege glückselig, weil er in sich ruhte. Wenn er aber doch nach etwas riefe, dann gewiss nicht nach Sexual- und Geschlechterwissenschaft, sondern nach Ars erotica, um Wunsch und Begierde, sofern möglich, davor zu bewahren, von Glückseligkeit in aller Stille erstickt zu werden.

Diese Gefahr droht uns heute als einzige nicht. Eine in sich harmonische Möglichkeit des Erotischen und des Sexuellen ist nicht einmal theoretisch zu erkennen. Die Sphären, von der großen Liebe bis zum perversen Triebdurchbruch, sind voneinander getrennt, bilden aber, in der Theorie wie im Leben, eine Einheit: die der feinseligen Separation.

Damit bin ich wieder bei den Abkürzungen ZK, KB, AV, DS, NS usw. Ich bin auf sie ganz zufällig gestoßen, als mir wirklich nicht der Sinn nach einer Exkursion ins gegenwärtige Reich der Erotik stand. Ich suchte einen Handwerker, der eine Pergola anfertigen könnte. Jeder hat nun einmal seine speziellen Wünsche. Um meinen Wunsch endlich erfüllen zu können, blätterte ich beim Frühstück erstmalig in einem Blatt mit allerlei Tipps, das uns regelmäßig, ungefragt und kostenlos in den Briefkasten geworfen wird. Der Name tut nichts zur Sache. Umso mehr jener Inhalt, der sich mir zwischen »günstigen Gewerbeobjekten« und »billigem Toilettenpapier« offenbarte.

In der Rubrik »Kontakte« boten sich nicht nur, wie mittlerweile auch in seriösen Tageszeitungen üblich, leichte Damen und, noch ein wenig versteckt, leichte Herren an. Nein, beinahe alle mir gewissermaßen von Amts wegen geläufigen erotisch-sexuellen Richtungen und Praktiken, von Pädo-, Zoo- und Nekrophilie einmal abgesehen, wurden offeriert. Natürlich für den heterosexuellen Mann das Weib, schön säuberlich fraktioniert: schlanke Teeniemaus, zierliche Kindfrau, strammer Muttertyp, devote Sklavin, gnadenlose Stiefellady, vollbusige Meisterin, Nymphomanin oder Hausfrau auf Abwegen.

Ein Abweg, gerade in AIDS-Zeiten, heißt ZK, und das meint Zungenküsse. Ein anderer ist NS. Dieses Kürzel steht für Natursekt und meint das, was wir fein lateinisch Urolagnie nennen, zu deutsch und auf psychoanalytisch: Harnerotik.

Aber es ging weiter. Sündige Lesben in heißen Dessous boten auf einmal für wen auch immer Doppeldildos und Sektio an. Ich dachte, das war in den sechziger Jahren, als wir die Wirkung von Pornografie erforschten, der Macho-Traum vieler normaler Männer: diesen Lesben einmal zeigen, wo es wirklich lang geht. Aber, dachte ich, es muss im Plural richtig Dildi heißen, und kann ein Lebenszeitbeamter, der den Plural von Penis kennt (er lautet Penes) noch erotisch sein?

Doch da versuchte bereits eine Dame, mich für Schreibtischspiele im Büro zu gewinnen. Wieder richtete sich der Beamte in mir auf. Ich ertappte mich dabei, »pervers« zu denken, und zwar auf jene Weise, die mich sonst immer empört, wenn es andere tun, beispielsweise der verehrte Bundespräsident von Weizsäcker, der die südafrikanische Apartheid »pervers« genannt hatte. Jetzt fing ich an zu grübeln. Wenn ein Büro pervers sein kann, dann vielleicht auch ein Regime ...

Doch da fiel mein Auge auf Annoncen, die nun wirklich den Fortschritt bringen, um nicht mit Giorgio Cesarano zu sagen, den »erotischen Aufstand«: Männer, immer nur ein Vorname und eine Altersangabe, alles andere blieb im Nebel, inserierten schlicht und ergreifend »für die Dame«. Ich dachte, so wie die Dinge in unserer Kultur liegen, wird es eine Gleichstellung der Geschlechter erst geben, wenn sich Männer wie Frauen prostituieren. Mehr ist nicht zu erwarten.

Oder doch? Ich hatte es ja schon im Ausland gesehen, besonders in Italien, wo ein etwas anderer Eros herrscht als bei uns: dass sich Transsexuelle mit männlichem Körpergeschlecht, mit denen ich seit vielen Jahren in klinischen Zusammenhängen zu tun habe, nicht mehr wie früher in den Animierlokalen als Frauen anbieten, die die Freier, die so wenig vom Handwerk des Sexes verstehen, zum AV geleiten, also zum Analverkehr, wobei der Freier meint, SV zu praktizieren, also Scheidenverkehr. Jetzt sah ich es schwarz auf weiß: Sie boten sich als solche an, als Transsexuelle, stellten sich demnach als eigene Art neben die Heterosexuellen, Perversen, Homosexuellen, Lesben und Bisexuellen, die übrigens auch voranschreiten.

Ich war von diesem Fund so angetan, weil ich in meinem Buch »Geschlechtswechsel« gerade die These vertreten hatte, dass sich die Transsexuellen seit einiger Zeit aus ihrem bisherigen Dasein von medizinischen Gnaden hinausentwickeln, indem sie sich als Minderheit organisieren. Ein Merkmal einer solchen sozialen und seelischen Organisation wäre: dass sie sich als solche prostituieren, wie es nun einmal in einer Kultur Not tut, in der Eros vor Einsamkeit und Sehnsucht vergeht.

Zum Heulen – und damit möchte ich meine unwillkürliche »erotische« Exkursion verlassen – ist jene Errungenschaft, die einige Verhütungsspezialisten in AIDS-Zeiten wärmstens empfohlen haben, weil weder Sekrete noch Blut ausgetauscht werden können, weil der Eros entleibt ist. Ich meine den Telefonsex. In meinem Tipp-Blatt brachte eine Anzeige die elektrifizierte Vergegenständlichung des Eros auf den Nenner: »Voll automatischer Telefonkontaktservice. Hören, antworten, treffen, alles am Telefon. Auch heiße Telefon-Party, gleichzeitig zehn Partner.«

Repräsentanten des Anteros

Die Figuren, die heute die Bühne des Eros bevölkern, sind Repräsentanten des Anteros. Das sexuell missbrauchte Kind, der gewalttätige Vater, die falsch liebende Mutter, der sexistische Mann, das dissoziierte Paar, der elektronisch zerstreute Perverse, der reparierte Impotente, die trans- und zissexuellen Geschlechtszweifler – so heißt das gequälte und quälende Diskurspersonal, von dem bereits die Rede war. Der Trupp erzeugt ein falbes Entsetzen, an dem Eros stürbe, lebte er.

Das Erotische wird zerstückelt und erstarrt zur Sache. Als diese kann es dann normal mystifiziert werden. Werden die gegenwärtigen »erotischen« Diskurse so ernst genommen, wie sie sich selbst nehmen, ist uns aber nicht einmal das wirklich geblieben. Dem radikalen Feminismus ist der Mann schlechthin geil, impotent und gewalttätig. Die kleinen Mädchen und inzwischen auch die kleinen Jungen werden prinzipiell sexuell missbraucht. Das Verhältnis von Mann und Frau scheint brückenlos zu sein. Hinter Manie und Depression liegt eine Apathie, ein Totgestelltsein, das den Individuen nicht mehr zugerechnet werden kann. Das Verhältnis von Mensch zu Mensch scheint endgültig aporetisch geworden zu sein. Das gemeinsame Ziel der momentanen Diskurse heißt, liebenswürdig formuliert, Sexualdemokratie. Ein Grauen.

Dabei liegt in unserer Kultur das, was alle wollen, auf der Hand. Ja, auch AV und NS, Onanieren und Telefonieren, meinetwegen. Schließlich sind alle sexuellen Formen – um es noch einmal zu sagen – gleichermaßen entfernt von einem freien Sinnesleben, das niemand kennt. Schließlich ist das normale und glückliche Sexual- und Geschlechtsleben seit Jahrhunderten die Ideologie seiner Verhinderung. Doch was wollen wir alle, was müssen wir alle wollen, weil unser erotisches Empfinden nun einmal auf eine bestimmte Weise gebildet wird? Wir wollen alle lieben und geliebt werden, auf dass unsere kleine Welt voller erregter Harmonie sei und die große wenigstens augenblicklich in Ordnung. Wir wollen alle mit einem Menschen glücklich sein.

Dieser Wunsch der Wünsche hat die Kraft einer Naturgewalt. Er wird gebildet in den ersten Verhältnissen zu anderen Menschen. Er repräsentiert den Himmel der Paradiese ebenso wie die Hölle der Zuchthäuser, in die wir als Kinder geraten. Unsere Erotik und unsere Liebe gründen auf Einsamkeit und Gewalt ebenso wie auf grandioser Wunscherfüllung und dem Eintauchen ins psychosomatische All. Nichts ist wonniger, nichts ist ängstigender, als den ersten Menschen nah, als ihnen fern zu sein. Auf der Suche nach diesen Paradiesen nehmen wir keine Rücksicht, gehen wir über Leichen.

Wenn es um Eros geht, müsste die Sexualwissenschaft eigentlich schweigen. Denn auch ihr Erzeuger ist Anteros. Von kleinen Inseln abgesehen, hat sich in unserer Kultur keine Ars erotica, sondern eine Scientia sexualis entwickelt. Spätestens seit dem Sieg des Cartesianismus über den Montaigneismus war Eros, der Imaginär, ein Flüchtling, dem undisziplinierte Kinder, wahnsinnig Verliebte, süchtig Perverse und leibhaft verzweifelte Künstler ein Asyl zu bereiten suchten, obwohl sie selbst durchs Externalisieren und Manifestieren Anteros zu Diensten waren. Während der Blick der Perversen und Künstler aber oft nur kühlte, war der Blick der

Wissenschaftler immer kalt: kein Geheimnis soll sein. Heute wissen alle Bescheid, und keiner hat eine Ahnung.

Anders als in anderen Kulturen geht es bei uns seit Jahrtausenden immer stärker und seit Jahrhunderten vorrangig um das Externalisieren von Wünschen, um das reale Befriedigen unserer Gier. Das ist aber nur möglich, wenn das zum Irrationalen Erklärte auch real dazu wird, damit es herausgetrieben werden kann. Der frühe Foucault hat das geradezu physisch empfunden. Vor ihm hatten es Künstler am eigenen Leib gespürt. Sie wussten, dass das erotische Begehren in einem phantasmagorischen Schattenreich gehalten werden müsste, wenn es nicht ganz versiegen soll. Denn in der Realität vernichtet es Anteros mit Sicherheit.

Der Schatten des Eros heißt in unserer Kultur Anteros. Den alten Griechen war er nicht nur der Bruder des Eros und der Gott der Gegenliebe, sondern auch der rächende Genius verschmähter Liebe. Der schöne Knabe Meles zwang Timagoras, den Fremdling, zum Beweis seiner Liebe von der Akropolis zu springen. Nachdem es Timagoras getan hatte, sprang Meles aus Reue hinterher. So töteten sich beide. Seither herrschen Eros und Anteros über Bruchstücke. Heute heißen sie erotische Kunst und Pornografie, sexuell missbrauchtes Kind und Geschlechterdifferenz, ZK und Cybersex. Sie sind die Chiffren einer anterotischen Zeit, die die neosexuelle genannt werden könnte.

Ob noch Hoffnung besteht auf bessere Zeiten? Solange ein Georges Bataille die Tränen des »Heiligen Eros« beschwört und der »Aufgeklärte Eros« einer Ninon de Comfort noch weinen kann, so lange bleibt unsere erotische Illusion eine Illusion, die wir lebenslänglich mit kindlich seelischen Mitteln taub suchen und finden. Làbas.

Kultursodomie als Neoallianz

Der Blick von außen auf eine Kultur kann außerordentlich erhellend sein. Kommt zum Beispiel ein aufmerksamer Mensch aus einem Land, sagen wir Kamerun, in dem alle Hunde auf der Straße von Abfällen leben und natürlich rassen- und namenlos einfach nur »Hund« sind, wird dieser Beobachter bei uns nicht mehr aus dem Staunen herauskommen. Denn hierzulande leben viele Menschen mit ihren Haustieren, namentlich mit Hunden und Katzen, in einer Wohnung, schlafen in einem Zimmer, wenn nicht in einem Bett, und trennen sich nur, wenn es unbedingt sein muss, weil das menschliche und das tierische Leben schrecklicherweise immer noch auseinander klaffen. Dafür aber bekommen die Lieblinge zum Geburtstag ein Geschenk, fahren Mensch und Tier zusammen in den Urlaub und haben insgesamt oft ein intensiveres Verhältnis zueinander als zu anderen Artgenossen. Nicht selten wird das Haustier wie ein geliebter Mensch behandelt, geherzt, geküsst, verwöhnt und umsorgt, und ist das einzige Wesen, zu dem der Tierhalter (so die hässliche Amtsbezeichnung) überhaupt eine emotionale Beziehung besitzt.

Sodomitische Lebenspartnerschaft

Es ist also nicht übertrieben, wenn wir diese Beziehung, die als ein massenhaftes und dazu in der Ausdifferenzierung inzwischen exzessives Phänomen neuartig ist, unter Verweis auf unsere These von der allgemeinen Diversifikation der Intimbeziehungen eine *Neoallianz* nennen. Und es ist keine kühne Prophezeiung, wenn wir annehmen, dass diese Neoallianz in zwei bis drei Generationen als *sodomitische Lebenspartnerschaft* öffentlich und rechtlich anerkannt werden wird, wahrscheinlich in mehreren Formen: Einzel-, Haupt-, Neben- und Sammelbeziehung. Wegen der abstoßenden Erinnerungen, die der Ausdruck Sodomie noch viele Jahre auslösen wird, werden sich die Abgeordneten gewiss für eine Benennung wie »tierliebende« oder »zweiartige« oder »Mensch-Tier«-Lebenspartnerschaft entscheiden, so wie von »homosexuell« oder »schwul« und »lesbisch« bei der vor kurzem beschlossenen gleichgeschlechtlichen »eingetragenen Lebenspartnerschaft« (ELP) nicht die Rede ist.

Könnten die Tierliebhaber schon jetzt ihre Lieblinge heiraten, täten es viele, zumal Hunde und Katzen bei weitem nicht so alt werden wie Männer und Frauen. Das Model Natascha Giller sagte gerade in einer Fernsehsendung: »Der Hund ist ein Teil von mir. Wer mich liebt, muss auch den Hund lieben. Er ist immer bei mir.« Dieses Glück hat der Hollywood-Schauspieler Vin Diesel nicht: »Ich vermisse ihn sehr, meinen Hund Roman. Wir telefonieren jeden Tag und werden uns bald in New York treffen«, teilte er 2004 im Internet mit. Der »Vater« der Neutronenbombe, Samuel T. Cohen, wurde, nachdem ihm der Heilige Vater für seine »Friedensarbeit« gedankt hatte, gefragt, was ihm »das Liebste auf der Welt« sei. Er antwortete: »Mein Hund. Aber verraten Sie das bloß nicht meiner Frau und meinen Kindern.« Währenddessen erschlug im Land des »Friedensaktivisten« ein Mann einen anderen Mann aus Sorge um seine Katzen, und ein Mensch namens Clifford Edwards »legalisierte« vorsorglich sein Verhältnis zu einer Hündin namens Spunky, mit der er seit 13 Jahren zusammenlebt. Er gab ein rauschendes Fest mit Hunderten von Gästen. Nur die alte Hündin wusste nicht, was ihr geschah; sie verkroch sich nach der Hochzeitszeremonie vorsichtshalber unters gemeinsame Ehebett.

Schon länger ist bekannt, dass Patienten ohne Hund im Jahr nach einem Herzinfarkt siebenmal häufiger sterben als Patienten mit Hund. Jetzt teilten Forscher im »Medical Journal of Australia« (Heft 3/1996) mit, dass Menschen mit einem Haustier seltener krank werden als solche ohne. Somit müsste die Regierung das Halten von Haustieren fördern, weil es die Kosten im Gesundheitswesen senkt. Offenbar erleben viele Menschen ohne ihre Haustiere überhaupt nichts Intimes mehr, ist das lebenserhaltende Intimleben in unserer Kultur ohne Tiere nicht mehr zu denken.

Wo wir auch hinschauen, begegnen wir dieser Neoallianz, die den Menschen in den reichen Ländern des Westens mehr wert ist, als es kostete, alle Hungernden der Welt zu sättigen. Die Reklamewand vis-à-vis teilt mir schon vor dem Frühstück mit: »Katzen würden Whiskas kaufen«. Die Hündin einer Nachbarin namens Susi gratuliert mir schriftlich »von ganzem Herzen« zum Geburtstag. Eine andere Nachbarin, die ihre voluminös frisierte Katze samt Haarpracht in einem Kinderwagen spazieren zu fahren pflegt, steuert wie so oft ein nahegelegenes Gestüt an, auf dem sich blutjunge Mädchen an riesigen, dampfenden Pferdeleibern vergnügen, um sich anschließend beim Ausritt zu entjungfern. Folgerichtig teilt die Schauspielerin Rosemarie Fendel im Fernsehen mit, sie habe aus den Haaren ihres Hundes eine Decke gesponnen, mit der sie sich nach dessen Tod zudecken werde. Junge Männer sind da etwas waghalsiger; einige teilen das Bett neuerdings mit einer Panzerechse, wie eher zufällig entdeckt wird. Eine junge ärztliche Kollegin dagegen zeigt ihre Trauer ganz offen. Ihre Katze ist gestorben, sodass sie sich außerstande sieht, an der

Weihnachtsfeier der Klinik teilzunehmen. Die Ärztin wirkt depressiv, sie trägt Schwarz, und die Kollegen kondolieren ihr.

Angesichts dieser Lage müssen sich Markt, Sitte und Recht bewegen. Auch dafür nur wenige Beispiele: Gesetzlich stehen einem Hundetier im Zwinger bei uns neun Quadratmeter Fläche zu, einem Menschenasylanten im Durchschnitt fünf. Weil er eine Katze erschossen hat, verurteilt ein Bundesrichter in Milwaukee, Wisconsin, einen 48-jährigen, mehrfach vorbestraften Mann zu 21 Jahren Gefängnis (dpa-Meldung vom 2. September 1999). Jahre zuvor hatte das Münchner Landgericht (AZ 15 S 265/84) entschieden, dass die Klausel in einem Mietvertrag, wonach die Hundehaltung nur mit Genehmigung des Hausbesitzers zulässig ist, kein grundsätzliches Hundeverbot rechtfertigt. In New York hat eine Katze ihre fünf Jungen nacheinander aus einem brennenden Haus gerettet. 7.000 Anrufer wollten dieser Heldin mit ihren verbrannten Pfoten und ihrem versengten Fell ein glückliches Zuhause geben. In Japan ist ein Laufband für übergewichtige Hunde entwickelt worden, das etwa 3.000 Euro kostet. Das ist zwar recht teuer, dafür können jetzt aber die Hundebesitzer zusammen mit dem Liebling, den sie wie sich selbst überfüttert haben, im Fitness-Studio Seit' an Seit' trainieren.

Angleichungen *more sodomitico*

Das ist zugleich ein Beispiel für die widernatürlichen Versuche, Tiere mit allen Mitteln zu vermenschlichen. Was den Kultursodomiten Tag für Tag angetan wird, müssen sie offenbar auch ihren mitgefangenen Lieblingen antun: entweder direkt und bewusst als Gewalt oder, hoffentlich sehr viel häufiger, indirekt und unreflektiert als lebensbedrohliche Versorgung. Viele Hunde sind in Wohnungen eingesperrt. Zur Bewegungslosigkeit verdammt, warten sie den ganzen Tag auf ihre Kerkermeister, bis ihre Muskulatur vertrocknet ist. Wellensittiche, die natürlicherweise im Verband leben, werden mit toten Gegenständen, Spiegeln und Vogeldummies abgespeist. Nachtaktive Tiere wie Hamster werden tagsüber durch Zuwendung traktiert und außerdem in Gefäße gesperrt, die sie panisch reagieren lassen, weil es keinen Ausweg gibt. Fische werden in Kugeln gehalten, die für sie so groß sind wie für Menschen ein Bretterverschlag unter der Treppe eines Mietshauses, oder sie werden mit anderen, gefährlichen Tieren zusammengebracht, so, als hielte man Menschen zusammen mit entlaufenen Mördern, die nichts mehr zu verlieren haben. Die meisten Tiere werden falsch ernährt oder zu reichlich gefüttert und auch dadurch in den vorzeitigen Tod getrieben.

Doch die Haustiere werden nicht nur überfüttert. Sie müssen inzwischen auch allerlei Artfremdes und Allzumenschliches über sich ergehen lassen, vor allem die

Hunde: Zähne putzen oder gar vergolden, baden, frisieren und anziehen, in Hütten mit Air-Conditioning oder in 5-Sterne-Hotels leben, an Gottesdiensten und Psychotherapien teilnehmen. Dabei verwischen sich schon mal die Grenzen zwischen Mensch und Tier im Kopf der Menschen, kommt so etwas wie ein *Homo animal*, zum Beispiel ein *Hippohomo* heraus: Die Olympiasiegerin von Atlanta 1996 in jener Sparte, die aus Pferden Wesen mit menschlicher Grazie und Disziplin machen will, antwortete auf die Frage des Reporters, wie sie ihr Pferd beschreiben würde, vollkommen konsequent: »Es hat sehr viel Ehrgeiz.« Ehre? Geiz? *Animal sapiens*? Und als der Journalist fragte, wie das persönliche Verhältnis zu einer bestimmten Sportlerin sei, antwortete die Siegerin: »Es ist gut. Nicole steht doch auch bei uns im Stall.«

Wenn ein Hund so bellt, als imitiere ihn ein Mensch und wir erst hinschauen müssen, um sagen zu können, wer oder was da eigentlich gebellt hat, wenn alleinstehende Männer und Frauen, die sich in einer langjährigen Beziehung mit Hunden und diese mit ihnen phänomenologisch so angleichen, dass sie beim gemeinsamen Aus-dem-Fenster-Schauen auf den ersten Blick nicht zu unterscheiden sind, ist die Anpassung physisch geworden, sind in gewisser Hinsicht Menschentiere und Tiermenschen entstanden.

Weil das so ist, müssen Haustiere auch bis zum Ende und gerade beim Ende wie Menschen behandelt werden. Das heißt: Beerdigung mit Grabrede und Grabmal. In den USA zeichnete sich diese Konsequenz schon vor mehr als einem halben Jahrhundert ab. Egon Erwin Kisch hat bereits in »Paradies Amerika« berichtet, dass reiche US-Amerikaner ihren Hunden treu bis in den Tod sind. Sie ließen von namhaften Bildhauern Denkmäler errichten, die mehr als 80.000 Dollar kosteten. Die Epitaphe für die Tiere, die zu Menschen gemacht werden sollten, lasen sich dann so: Du warst unser Liebling – Wir beklagen unseren zarten Kameraden – Hier ruht Bella, unsere sonnige Freundin – Süß warst du, unser kleiner Bill – In liebender Erinnerung an alle meine treuen und ständigen Gesellschafter – Proud, sunny, loving – Beautiful, intelligent, heroic – Deine Liebe, Deine Anhänglichkeit und Dein Verständnis bereicherten unser Leben – Für Nigger, den alten Gentleman – Hier schlummert Ami, geliebtes Mitglied unserer Familie – Bebe ewig beweint. Seit den achtziger Jahren des letzten Jahrhunderts gibt es auch bei uns Tierbeerdigungen mit Grabreden christlicher Geistlicher auf eigens eingerichteten Hunde- und Katzen-Friedhöfen, die rechtlich als sehr viel unproblematischer gelten als eigene Friedhöfe für Nichtchristen, namentlich für Muslime. Manche Tierliebhaber verschulden sich schon vor der Beerdigung durch die Arztkosten, die die kranken Tiermenschen verursachen, bis über beide Ohren. So geht jeder für sich allein vor die Hunde: der Mensch als Mensch, das Tier als Tier.

Für die phantasmatische Angleichung von Mensch und Tier spricht aus beider Sicht sehr viel. Welch enormer Reiz liegt in der Vertierung: immer gefüttert werden, kein Gewissen haben, nicht zum Denunzianten werden können, seinen Tod nicht ahnen, einfach schamlos brünstig sein und die Schnauze überall reinstecken dürfen, ohne dass der Geruchssinn organisch verdrängt wäre. Und dann erst die Vermenschlichung. Die Bezeichnungen Tier*halter* und Hunde*besitzer* sagen schon, worum es eigentlich geht: die Macht haben über ein anderes Wesen, alles kontrollieren können, ebenso zärtlich wie gewalttätig sein dürfen, ohne Strafe, Vergeltung und Verachtung wirklich befürchten zu müssen. Wer möchte seinen Liebespartner nicht zu Hause »halten«, im Freien »anleinen«, auf Gedeih und Verderb »besitzen«? Wer möchte nicht einen Lebenspartner haben, der einmal als Waffe, andermal als Kuschelkissen, dann als Fußabtreter und Blitzableiter, aufmerksamer Zuhörer und anspruchsloser Mitbewohner, schließlich gar als Therapeutikum und in einer nicht bekannten und auch nicht verlässlich zu erforschenden Zahl auch als Sexualobjekt im engeren Sinne dient, ohne dass es um eine Perversion im klinischen Verstand ginge.

Aus der Sicht des Kultursodomiten sind die Vorzüge also enorm, insbesondere im Verhältnis zum Hund. Denn die Treue des Hundes entspricht der der Menschen am ehesten. Katzen, Ziegen, Pferde oder gar Kaninchen und Kanarienvögel bringen es nicht fertig, gleichzeitig treu und treulos zu sein wie sie. Deshalb haben sich die Neosodomiten massenhaft mit ihren Susis und Antons häuslich und steuerzahlend eingerichtet. »Meine Dackel«, sagte David Hockney im Fernsehen, »mögen mich immer. Wenn ich mit ihnen spiele, sind sie wie kleine Kinder.« Ganz offensichtlich sind Hunde für den typisch anterotischen Menschen unserer Sexualkultur geradezu maßgeschneiderte Liebesobjekte, folgen wir Freuds vorübergehend besonders pessimistischer Analyse: Die Liebe, so Freud (1912, S. 90), sei »im Grunde heute ebenso animalisch, wie sie es von jeher war«; die zärtliche und die sinnliche Strömung kämen nicht zueinander; alle Sexualobjekte seien Surrogate, nichts als Ersatz, und wo die Männer liebten, könnten sie nicht begehren, es sei denn, das Objekt werde von ihnen nicht respektiert, sei erniedrigt, unterworfen, könne sie nicht durchschauen – ergänzen wir: wie ein Hund. Freud hatte natürlich nicht Hunde, sondern »leichte« Mädchen im Auge. Jetzt ergibt sich aber, dass im Haushund die Objektvorzüge des unschuldigen Kindes mit jenen des schmutzigen und amoralischen Weibchens phantasmatisch verschmelzen.

Anthropofugale Beziehungen

Danach gefragt, wen sie zum »Freund« haben, nennen immer mehr Menschen Tiere, Autos, Videos, Alkohol, Fernsehapparate oder TV-Serien-Helden, mit denen einige Atomisierte so sehr verschmelzen, dass sie verzweifeln, wenn eine Folge ausfällt. Zu den Metamorphosen, um die es hier geht, kommt es aber vor allem dadurch: dass Beziehungen von Menschen zu Menschen, Tieren oder Dingen durch Verhältnisse zwischen Dingen allgemein ersetzt worden sind. Das subjektlose Insichselbstlaufen der Ding-Ding-Verhältnisse ist heute vorgängig. Folglich nehmen anthropofugale, menschenleere Beziehungen verschiedener Art zu, nicht nur *more sodomitico*, sondern auch, um nur ein weiteres Beispiel zu nennen: *more electronico.*

Kultursodomie: Hund mit Herrchen 2003

Die Beziehungen der Menschen zu sich selbst, zu anderen Menschen, zu den Dingen und der Welt haben heute in unserer Gesellschaft eine andere Qualität, weil sich Leben und Tod, Subjektivität und Objektivität nicht mehr wie ehedem unterscheiden lassen. Sie sind nicht mehr, sofern sie es je waren, anthropomorph, sondern hylomorph (siehe dazu im Einzelnen Sigusch 1997). Folglich ist auch die neuere Philosophie nicht mehr anthropopetal und subjektzentriert, sondern anthropofugal und system- oder machtzentriert. Sie hat erkannt, dass nicht menschliche Vermögen und Fähigkeiten über den Gang der Dinge entscheiden, sondern das Feld, die Struktur, die Episteme, die Codes, die diskursiven Formationen, Systemimperative, Marktmechanismen und Machtdispositive oder wie die Begriffe für das Transsubjektive und Transindividuelle gerade heißen. Leben im emphatisch-aufklärerischen Sinn von Würde und Unverletzlichkeit, von Einzigartigkeit und gesellschaftlich benötigtem Vermögen figuriert zwar in Verfassungspräambeln oder wird von ebenso buntscheckigen wie blödsinnigen Sinngebungsmaschinerien beschworen; faktisch aber ist es den allermeisten, prinzipiell allen Menschen entzogen.

Benötigt und umworben werden die meisten Individuen nur als Konsumenten, die sich von den Waren kaufen lassen. Auch insofern werden sie unausweichlich hylomatisiert, das heißt an tote, verlebendigte Dinge geheftet, kommt ihr Leben aus zweiter, aus stofflicher Hand, ist abgeleitet und kalkuliert. Daher die rasende Selbstbezüglichkeit: Selbstverwirklichung, Selbstliebe, Selbstbefriedigung, Selbstpreisgabe, Selbstzerstörung: Me-Myself-and-I. Sie ist die im Grunde anachronistische Kehrseite der selbstlos unstillbaren Anpassung an die real wie phantasmagorisch allmächtigen Dinge. An die Stelle von utopischen Mensch-Mensch-Beziehungen sind in der hiesigen Gesellschaft immer unübersehbarer topische Ich-Ichselbst-, Ich-Tier- und Mensch-Ding-Beziehungen getreten. Wenn die Menschen einander so fern sind, rücken die Dinge und die Tiere in die Nähe. Wenn Menschen Menschen wie Tiere behandeln, behandeln sie womöglich zum Ausgleich Tiere wie Menschen.

Indem die Angleichung Mensch/Tier zunimmt, verblasst die Idee des Menschen, die im Westen seit der Antike durch alle Epochen hindurch in der Differenz von Mensch und Tier ihr allgemein akzeptiertes Fundament hatte. Der Idee nach sind die Menschen vernünftig und die Tiere unvernünftig. Aus diesem Grund meinten wohl Horkheimer und Adorno (1947/1969, S. 220) in der *Dialektik der Aufklärung*, »von Seele zu reden, sie zu kennen«, stehe »gerade und allein dem Tiere gegenüber an«, nicht dem Menschen gegenüber: »denn nur das Leben der Tiere verläuft nach seelischen Regungen«. Übrigens hätten sie sich mit dieser Anschauung auch auf Hegel berufen können, der in der *Phänomenologie des Geistes* (1807, S. 65) schreibt: »Das Widermenschliche, das Tierische besteht darin, im Gefühle stehen zu bleiben und nur durch dieses sich mitteilen zu können«. Indem die Tierliebhaber ihre Seele der der Tiere angleichen, die Aristoteles inferior genannt hat, wollen sie die Last der Vernunft und der Personalität samt Wissen um Vergangenheit und Ahnung um Zukunft hinter sich lassen, um bewusstlos zu kuscheln, zu fressen und zu saufen. Die Tierliebenden kassieren von den ebenso ahnungslosen wie unnatürlichen Naturwesen, in der Regel unverdient, Zuwendung, Habacht und unterwürfiges Winseln ein, genießen gedankenlos in der Allianz das, was sie im Arbeitsleben und im menschmenschlichen Liebesleben nicht bekommen, werden von einem gedümpelten Verlierer, der nirgendwo etwas zu bestimmen hat, einsfixdrei zum alles entscheidenden Herren, der, wie sich erneut zeigt, mit Fug und Recht Halter und Besitzer genannt wird.

Verzweiflungs- und Rettungsakte

Ist unsere Tierliebe Ideologie? Seht her, wie freundlich wir sein können, wie mitfühlend, gerecht, ja solidarisch; wären Kinder nicht so anstrengend, beängstigend, aufsässig und kostspielig, wären wir auch zu Kindern so liebenswürdig wie zu unseren Pudeln ... Horkheimer hat die Frage bejaht: »Die sentimentale Liebe zu Tieren gehört in dieser Gesellschaft mit zu den ideologischen Veranstaltungen. Es ist nicht eine allgemeine Solidarität, die sich selbstverständlich auch auf diese lebendigen Wesen erstreckte, sondern zumeist ein Alibi gegenüber dem eigenen Narzißmus und dem öffentlichen Bewußtsein, gleichsam ein Test, daß man der idealen Moral entspricht« (1936/1968, S. 157f.).

Ist unsere Tierliebe ein psychosoziales Quidproquo, eine Verkehrung? Wird der Hass, die Aggressivität gegen Menschen da draußen, gegen die Schinder bei der Arbeit, gegen Fremde, die das »Eigene«, das schon keins mehr ist, bedrohen, entwenden, umgewandelt in Zuneigung und Herzlichkeit gegenüber einem wesentlich andersartigen Wesen? Ungerechterweise fällt einem bei dieser Frage Hitler ein, der offenbar nur seine Schäferhündin lieben konnte (sie wurde »Blondi« gerufen, durfte als einziges Wesen in seinem Schlafzimmer schlafen und wurde auf seinen Befehl hin mit ihm zusammen verbrannt). Nein, dieser Vergleich ist skandalös, weil er indirekt unterstellt, unsere Neosodomiten seien im Grunde verhinderte Massenmörder. Tatsächlich aber ist ihre Tierliebe ein mehr oder weniger in Tierquälerei entgleisender Akt der Verzweiflung und ein oft sehr rücksichtsloser Rettungsversuch in eigener Sache, Verzweiflung aus eigener Einsamkeit und der Versuch, die eigene, arg lädierte Wertschätzung zu stimulieren: Herrchen und Frauchen werden dringend erwartet, benötigt, sind nie allein, haben ein lebendiges, liebenswertes, oft sogar betörendes Wesen an ihrer Seite, das nicht so viel Arbeit macht wie ein Kind und vor allem nicht so viele Sorgen bereitet. Was also spricht gegen diese Allianz?

Gegen die Psychologie als Wissenschaft spricht jedenfalls, dass sie noch immer den Schlaf der Wissenden schläft. Doch die Psychologien des 19. und 20. Jahrhunderts taumeln rasend auf ihr gesellschaftliches Verfallsdatum zu. Notwendig sind seit langem eine Mensch-Ding- und eine Mensch-Tier-Psychologie. Erst wenn beide gedacht worden sein werden, können wir entscheiden, ob überhaupt noch menschenpsychologisch gedacht werden kann und sollte. Es könnte ja sein, dass die Differenzen zwischen den Dingen, den Tieren und den Menschen zu gering geworden sind oder nicht mehr basal unterscheiden, wie die alte Idee des Menschen unterstellte. Möglicherweise sind die Gefühle und das Denken der Individuen nur noch Reflexe auf die übermächtige und verführerische Welt der Dinge, sodass Horkheimer und Adorno noch mehr Recht haben als vor einem halben Jahrhundert.

Damals meinten sie, die Tierpsychologie, die ihre Ergebnisse auf den Menschen anwende, habe ihren Gegenstand, die Tiere, aus dem Auge verloren, obgleich nur das Leben der Tiere nach seelischen Regungen verlaufe. Müsse Psychologie die Menschen erklären, seien sie »regrediert und zerstört«. Werde »unter Menschen Psychologie zu Hilfe« gerufen, werde »der karge Bereich ihrer unmittelbaren Beziehungen nochmals verengt, sie werden sich auch darin noch zu Dingen. Der Rekurs auf Psychologie, um den anderen zu verstehen, ist unverschämt, zur Erklärung der eigenen Motive sentimental« (Horkheimer und Adorno 1947/1969, S. 220). Von »Dingpsychologie«, die später Günther Anders (1980b, S. 58) im Auge hatte, ist bei ihnen aber noch nicht die Rede. Auch nicht von »Dingsoziologie«, die heute geboten scheint. Denn inzwischen ist das »programmierte Bewußtsein der Apparate« über den »Gegensatz von Bewußtem und Unbewußtem hinaus. Und wenn es das Bewußtseinstranszendente doch noch gibt, so ist das seelisch Unterschwellige allemal belangloser als das technisch ›Überschwellige‹« (Lütkehaus 1995, S. 287).

Die Kognitionswissenschaft kommt in anderen Zusammenhängen zu ähnlichen Schlüssen. Auf der Differenz von Mensch und Maschine insistieren einige ihrer Vertreter sowieso nicht mehr, weil nicht mehr auszuschließen sei, dass Maschinen Bewusstsein haben (vom Unbewussten war meines Wissens bisher noch nicht die Rede). Man erinnert sich an Simmels (1900) ein Jahrhundert alte Beobachtung, dass die Maschine so viel geistvoller geworden sei als der Arbeiter, dass die objektive die subjektive Kultur übertrumpfe. Hinzu kommt die kluge Beobachtung der Kognitionswissenschaftler, dass die »Aufklärung« der »höheren Vermögen« des Menschen durch die Neurowissenschaften diesen nicht nur immer als Maschine bestimme, indem der »Geist« nunmehr »computational« gedeutet werde. Der Mensch werde durch diese »Aufklärung« selbst maschinenhafter, nämlich als wissenschaftliches Objekt zunehmend plan-, berechen- und kontrollierbar. Die Frage, was das bedeute, beantworten Kognitionswissenschaftler beinahe wie postmoderne Philosophen: Erkenne sich nun der Mensch selbst in seinem tatsächlichen, maschinenhaften Wesen – oder sei es das Ideal des »Fortschritts«, des »Nutzens« und des »Wohls«, das den Menschen entgegen der ursprünglichen Absicht in einer Maschinerie des Machens verschwinden lasse? Kants Antwort auf die Frage »Was ist Aufklärung?« jedenfalls, nämlich: dass der Mensch »nun *mehr als Maschine* ist« (1784, S. 61), wird Kognitionswissenschaftler, die einen »Homuter« kreieren wollen (vgl. Beuscher 1994), nicht mehr beeindrucken, weil sie viel zu anthropologisch ist.

In dieser Hinsicht, aber nur in dieser, sind Menschengruppen, die sich »Animal Liberation Front« oder »Animal Peace« nennen, auf dem Laufenden. Sie haben sich bereits vom Menschen abgekehrt, setzen an seine Stelle die Tiere. Eine Studentin der Politik, die ausführlich im Fernsehen zu Wort kommt, nennt sich Tierrechtlerin, nicht Tierschützerin, weil die Tierschützer die Verwertung von Tieren zuließen. Sie lebe vegan, das heißt, sie isst oder verwendet keinerlei Tierprodukte, keinen Honig, keine Seide, kein Leder, keinen Fisch, kein Ei. Dann sagt sie wörtlich: »Es geht uns um die physische und psychische Unversehrtheit der Tiere, darum, dass sie ein selbstbestimmtes Leben führen können. Sie haben ein anderes Gewissen, gleich mit dem Menschen ist ihr Interesse am Überleben. Doch Tierleichen werden gegessen, Kücken werden vergast, Gorillas in Isolationshaft gehalten (...). Deshalb sagen wir: Käse ist Folter.«

Gute Nacht, arme Menschenwelt. Der Sieg der Kultursodomiten ist ausgemacht, wird jeden Tag von den Agenturen verkündet, und man möchte vor allem die veganen Tierrechtler für ver-rückt erklären, obgleich man weiß, dass ihr Fanatismus nur ein Reflex auf die oft schamlose und grundsätzlich die Tiere quälende Art und Weise ist, in der die neuen Sodomiten ihren Lieblingen selbstsüchtig die Reste von Natur austreiben, auf Gedeih und Verderb. Perverse Sodomiten alter Art, die ihr Kaninchen heiß und innig liebten, könnten es nicht verstehen und nicht ertragen. Vielleicht sind sie aus diesem Grund wie vom Erdboden verschwunden.

Hat Viagra eine sexuelle Revolution ausgelöst?

Alles ist versucht worden. Jahrtausende lang wurden Substanzen gesucht und Prozeduren ersonnen, um die sexuelle Potenz des Mannes zu stärken oder seine Impotenz zu beseitigen: Ambra und Zibet, Moschus und Strychnin, Arsen und Phosphor, Pfeffer und Vanille, Panax quinquefolium und Atropa Mandragora, also chinesisches Gin-seng und germanische Alraune, Mimosa pudica und Phallus impudicus, genannt Rutenmorchel oder Schamloser Schwamm, Pimpinella anisum und Piper nigrum, Birke und Kastanie, Taubenblut und die Zunge des Vogels Isop, Hosendall und Hosenwurz, Barba Jovis, Pao rosa und Al Tercum, das Balsam der Bibel und die Krone der Aphrodite, Tongatrank, Dhatripulver und Tinctura pulsatillae, die Kohle von Belloc und das Wasser von Bad Freienwalde, Gurke, Kürbis, Mannstreu und Gebärmutterblume, Samen und Urin, Scheidensekrete und Menstrualblut, Minnenhaar und Helenakraut, Reizringe und Löwensteins Koitus-Training-Apparatus (KTA), Opium, Peyotl, Chloroform-Narkose, Analeptika, Diuretika und Irritantia, Sympathikolytika und Parasympathikolytika, pulverisiertes Nashornhorn und pulverisierte Kuhhufe, Spanische Fliegen und kydonischer Apfel, Dr. med. Hirschfelds Pillen und Dr. med. Krauguschs Tabletten, der Lebenswecker nach Otto und das Papier Fayard, die Huhnersche Silbernitrateinführung in die hintere Harnröhre mittels des Ultzmannschen Katheters, gelber Ingwer und rote Rübe, Elektrizität, rektal und pararektal, Bäder und Duschen, heiß und kalt, Diät und opulentes Mahl, Penis-Schienen und Diathermie, Akupunktur, Homöopathie und Zellulartherapie, Steinachsche Vasoligatur und Lowsleys Operation, Damiana und Taurische Pillen, urethrale Passage von »cold sounds« und »psychrophores«, Bulbo- und Ischiocavernosus-Operation, Brassica oleracea capitata alba, Malabaila Sekakul Russow, Tabernanthe Iboga Baill, Asparagus officinalis, Petroselinum sativum und Apium graveolens, also Spargel, Petersilie und Sellerie, und so weiter und so fort. Alles ist ohne durchschlagenden Erfolg versucht worden.

Mummenschanz

Dank Viagra ist das jetzt erst einmal vorbei: dieser wissenschaftlich drapierte Mummenschanz, vielleicht dieser Käfer oder jene Quitte?, dieses Verwirrspiel im Gestrüpp aus Mystizismen, Okkultismen, angedeuteter pharmakologischer Wirkung, Symbolik, Betrug und Legende, in dem die Suggestion ihre zweifelhaften Blühten blühte, während der Volksmund plapperte: Freu dich, Fritzchen, morgen gibts Selleriesalat. Vorbei die Zeiten, in denen ein Medizinprofessor (Barberini 1969) in einer renommierten Ärztezeitschrift ein Suppositorium mit aller Anstrengung, das heißt Tabellen, Belege, Hormonanalysen, Kontrollgruppen usw., präsentierte, eine Mixtur, die als Knüller »Extr. ex cornuti nasali« enthält, also zermahlene Nasenmuschel, und die natürlich erfolgreich ist, weil sich der Autor auf Landrys Rhinostress und die alte Erkenntnis stützt, dass eine im hinteren Teil der mittleren Nasenmuschel tief diathermisch vorgenommene Intervention eine hormonelle Wirkung auf das vegetative Nervensystem hat, kurz: auf den funktionellen Zusammenhang zwischen Nase und Genitalsystem, sodass es sich anbot, jetzt einmal die äußere Zone der unteren Nasenmuschel frischgeschlachteter junger Rinder ins Visier zu nehmen: Es lebe die Nasen-Genital-Lehre, genannt sexuelle Osphresiologie!

Nicht vorbei aber sind mit Sicherheit die Zeiten der chirurgischen Manipulation. Schließlich sind Operationen in unserer Kultur zu einem stabilen Modus geworden, die Not des Lebens zu lindern, wird bei uns seit anderthalb Jahrhunderten zum Messer gegriffen, um seelische und soziale Probleme wegzuschneiden. Die Geschichte der Medizin blickt auf Millionen »Patienten« zurück, die wegen ihres Sexuallebens oder aus inzwischen widerlegten medizinischen Gründen verstümmelt worden sind: Männern wurde der Penis durchstoßen oder beschnitten, sie wurden sterilisiert oder kastriert; Frauen hat man die Klitoris amputiert, weggebrannt oder beschnitten oder man nähte einfach die Schamlippen zusammen oder man kastrierte sie (vgl. Sigusch 1970b). Doch obwohl wir selbst eine unsägliche Geschichte der unbegründbaren Genitalverstümmelung zu verantworten haben, die vor allem in Form der Vorhautbeschneidung bei Männern andauert, namentlich in den USA, zeigen wir empört nur auf andere Kulturen, in denen Frauen schrecklicherweise nach wie vor einer Genitalverstümmelung aus rituellen Gründen unterzogen werden (Lightfoot-Klein 2003).

Bei uns aber will noch immer mancher Gynäkologe den Vaginismus mit Scheiden-Einschnitten, so genannten Inzisionen, bekämpfen. Und nach wie vor werden wir am Rande eines Sexologenkongresses auf Lazzaroni mit zweideutigen Subsistenzmitteln stoßen, die eine neue Operationsmethode vortragen möchten. Noch 1977 durfte ein selbsternannter Heiler namens Burt ganz offiziell vor den erlauchten Mitgliedern der International Academy of Sex Research sprechen. Er beunruhigte das Auditorium mit einem »innovative surgical procedure« zur Behandlung der Orgasmusunfähigkeit der Frau beim Geschlechtsverkehr, das heißt, er zerschnitt Beckenbodenmuskulatur, verlagerte und verlängerte die Scheide, um einen »günstigeren Einfallswinkel« für den Penis zu erhalten und einen direkten Kontakt zwischen diesem und der Klitoris zu gewährleisten. Allein sexualphysiologisch gesehen: glatter Nonsens, und keine Rede von der Gefahr der Harninkontinenz, der Gebärmuttersenkung, von den Komplikationen, die bei zukünftigen Schwangerschaften und Geburten auftreten können. Aber das ficht solche Heiler nicht an. Sie sind auch bereit, Männern die Scheide »ihrer« Frau nach den jeweiligen Penisabmessungen Maß zu schneidern, was tatsächlich gelegentlich von Gynäkologen verlangt wird: So gab ein Mann »seiner« Frau gleich die eigenen Penismaße mit, wie mir ein Frauenarzt berichtete.

Wirkungen

Angesichts der Aphrodisiaka, der »Liebesmittel«, die bisher versucht worden sind, und angesichts der bisherigen Prozeduren, die ein Liebesleben mechanisch oder chemisch ermöglichen sollten, sind oral einzunehmende und wirksame Potenzmittel wie Viagra ein Geschenk Gottes. Es wurde zufällig gefunden, als Forscher eine Substanz suchten, die die Herzkranzgefäße erweitert. Einige der Testpersonen hatten eine »verbesserte« Erektionsfähigkeit zu Protokoll gegeben (Nachtshein 1998). Wie dieses Potenzmittel wirkt, wurde der medizinischen Öffentlichkeit zum ersten Mal im Mai 1996 auf der 91. Jahrestagung der American Urological Association vorgetragen (vgl. z.B. Ballard et al. 1996). Zwei Jahre später, Ende März 1998, ließ die US-amerikanische Food and Drug Administration (FDA) das neue Arzneimittel mit dem Handelsnamen Viagra® zu, nachdem dessen Wirkstoff Sildenafilcitrat an etwa 4.500 Probanden getestet worden war. In der Europäischen Union und damit auch in Deutschland wurde das Präparat Viagra® Mitte September 1998 zugelassen.

Wie Viagra und ähnliche, später eingeführte Präparate biochemisch als Hemmstoffe eines Enzyms vom Typ der so genannten Phosphodiesterase (PDE) und wie sie klinisch wirken, habe ich einschließlich der zu beachtenden Vorsichtsmaßnahmen und der unerwünschten Wirkungen andernorts sehr ausführlich dargestellt (Sigusch 2001e). Hier sei nur grob zusammenfassend gesagt: Viagra wirkt offenbar dann am besten, (1) wenn keine komplette Erektions-Impotenz vorliegt, (2) wenn die Impotenz psychisch und nicht organisch bedingt ist, (3) wenn die verminderte Durchblutung der Penis-Schwellkörper nicht auf eine venöse oder kavernöse Insuffizienz zurückgeht, sondern arteriell bedingt ist, (4) wenn die Nerven-Versorgung der Schwellkörper nicht durch Krankheit oder medizinische Eingriffe weitgehend abgerissen beziehungsweise vollständig unterbrochen ist. Wer sich fortlaufend über Viagra und vor allem über eventuelle Risiken informieren will, kann die Website der US-amerikanischen Food and Drug Administration (FDA) aufsuchen (www.fda.gov/cder/consumerinfo/viagra/safety3.htm).

Bei Frauen sind die Wirkungen im Vergleich zu Männern bisher für den Hersteller und die Forscher sehr enttäuschend. Sie hatten wohl vergessen, dass die weibliche Sexualität in der hiesigen Kultur keinen Signifikanten hat, der dem Phallus der männlichen Sexualität an symbolischer Bedeutung und Durchschlagskraft an die Seite gestellt werden könnte. Zwischen der Peniserektion und den sexuellen Reaktionen der Frau klafft nach wie vor ein Hiatus, den die patriarchale Kultur errichtet hat. In biochemischer Hinsicht aber sind die Geschlechter prinzipiell nicht different. Denn Zellen funktionieren im weiblichen Körper genauso wie im männlichen, und Frauen haben, auch wenn jetzt dank Viagra alte Gynäkologie-Chefärzte im Fernsehen zu Protokoll geben, dass sie nicht einmal wissen, wie »das Weib« anatomisch beschaffen ist, also Frauen haben trotz dieser Gynäkologen genitale kavernöse erektile Gewebe, das heißt Schwellkörper (vgl. Sherfey 1974; zur Nieden 1994), die auf den Viagra-Wirkstoff Sildenafil »eigentlich« reagieren müssten wie die Penis-Schwellkörper der Männer. Ich denke, sie tun es physisch auch, sodass die Durchblutung des Genitales und dadurch die Lubrikation, das Feuchtwerden der Scheide, verstärkt und ein Anschwellen der Klitoris zumindest in einem bestimmten Prozentsatz befördert werden müsste. Weil das so ist, konzentriert sich der Hersteller jetzt offenbar auf die Behandlung älterer Frauen mit klimakterischen Beschwerden wie einer Lubricatio deficiens, das heißt mit einer trockenen Scheide, die wiederum Schmerzen beim Geschlechtsverkehr zur Folge haben kann. Auf die symbolisch basierten und außerdem anatomisch ebenso wie mechanistisch-mental gestützten Effekte aber, die diese Potenzpille bei Männern entfaltet, kann auch dann bei Frauen nicht mit Fug und Recht spekuliert werden, wenn unangenehme Symptome durch das Präparat beseitigt werden sollten.

Sexuelle Revolution oder Konterrevolution?

In bekannten Medien ist behauptet worden, Viagra habe eine sexuelle Revolution ausgelöst, unser Sexualleben radikal verändert. Ich denke, es ließe sich auch begründen, dass das Gegenteil zutrifft. Wesentliche gesellschaftliche Tendenzen, ganz alte und ziemlich neue, werden von dieser Pille verstärkt und nicht geschwächt. Denn unsere Gesellschaft, immer noch patriarchal strukturiert, befindet sich tatsächlich oder ihrer Selbstdefinition nach im Zustand der Erektion, der Versteifung, ökonomisch, kulturell, politisch und überwiegend auch sozial, sodass eine Erektions-Pille wie Viagra jenseits der Biochemie nicht nur bei Männern wie die Faust aufs Auge trifft.

Interessant ist Viagra, weil es jene Prozesse befördert, die in diesem Buch als charakteristisch für die Neosexualität beschrieben werden: Dissoziation, Dispersion und Diversifikation. Deklinieren wir es durch. *Dissoziation*: Dieses Mittel dient dazu, nach der Trennung von körperlicher Reaktion einerseits und psychosozialem Erleben andererseits, wie sie andere Körpertherapien vornehmen, jetzt endlich auch die Dissoziation von Sexualität und Angst zu performieren. Die seelischen Verletzungen und Verdrehungen sollen der Lust nicht mehr im Wege stehen; die Biochemie soll diese Hindernisse beiseite schaffen. Dass eine Droge sie allenfalls überdecken kann, bleibt natürlich unerwähnt, auch, dass sich Ängste und Konflikte, sofern von innerseelischem Gewicht, an anderer Stelle ein Ventil suchen werden. *Dispersion*: Diese Arznei zerstreut als Designer- und Lifestyle-Droge Verlangen, Erregung, Erektion usw. und versteift als ein Partikel im gegenwärtigen Selfsex- und Leansexuality-Geschehen kulturell jene Sexualform, für die mir Selbstdisziplinierung und Selbstoptimierung charakteristisch zu sein scheinen. *Diversifikation*: Viagra ist geeignet, einen sexuellen Aufstand jener alten Männer auszulösen, die, obgleich ihr Körper bereits verwelkt und krank ist, nicht auf körperliche Freuden verzichten wollen. Da die Menschen der hiesigen Gesellschaft immer älter werden, liegt seit langem eine spezielle, um nicht zu sagen »revolutionäre« ökonomisch-kulturelle Offensive auf der Hand. Dass sie nicht von den Künsten, sondern von der Pharmaindustrie ausgehen würde, hätte ohne Phantasie vorhergesagt werden können.

Immerhin sind von den insgesamt etwa 40 Millionen Personen, die bei der letzten Zählung in Deutschland als männlich registriert worden sind, etwa 18 Millionen älter als 41 Jahre und etwa 7,5 Millionen älter als 61 Jahre. Allein der potenzielle Inlandsmarkt umfasst also ausreichend Konsumenten, auch wenn es nicht die Abermillionen Impotenter sind, die der Presse von Viagra-Gegnern auf die Nase gebunden wurden. Werden die Daten der umfangreichen Studie von Feldman et al. (1994) zugrunde gelegt, müsste mit einer Prävalenz gerechnet werden, nach der 9,6 Prozent der 40 bis 70 Jahre alten Männer »komplett« impotent sind. Das wären in Deutschland gegenwärtig knapp 1,5 Millionen, die natürlich nicht alle behandelt werden wollen und gewiss nicht alle Viagra einnehmen möchten. Würden die 25,2 Prozent der laut Feldman et al. »mittelgradig« Impotenten hinzugerechnet (das sind etwa 3,9 Millionen), ergäben sich knapp 5,4 Millionen; kämen schließlich die 17,2 Prozent »geringgradig« Impotenten hinzu (das sind etwa 2,7 Millionen), umfasste die gewiss wichtigste Patienten- und Konsumentengruppe im Sinne der Prävalenz maximal etwa 8 Millionen Männer.

In den Medien hieß es ferner, die Antibaby-Pille sei *die* Frauen-Pille und Viagra sei *die* Männer-Pille. Die kulturelle Bedeutung der Ovulationshemmer wird in dieser Anschauung gewissermaßen im Vorgriff mit der der Phosphodiesterasehemmer gleichgesetzt. Das ist kühn. Denn immerhin wurde erst mit Hilfe »der« Pille die seit dem Mittelalter vorherrschende naturrechtlich-christliche Auffassung faktisch überwunden, nach der die *Libido carnalis*, das heißt die Fleischeslust, natur- und gottgewollt der *Generatio prolis*, das heißt der Fortpflanzung, zu dienen habe. Während also die Antibaby-Pille eine neuartige Auffassung von Sexualität und Lust lebbar machte, indem sie unsägliches Leid verhinderte, zahlt Viagra dem alten Willen zur Penetration Tribut. Ein Mannheitstraum soll wahr werden: die Gliedversteifung auf Knopfdruck, auf dass sich jeder Mann jederzeit im Glanz seiner Erektion sonnen kann.

Oder haben sich die Pillen-Gleichsetzer und die, die eine durch Viagra ausgelöste sexuelle Revolution beschwören, weiterreichende philosophische Gedanken gemacht, die sie uns bisher verschweigen? Wie mögen sie spekuliert haben? Vielleicht so: Zur bisherigen Essenz der Sexualität (und der Liebe) gehört ihre Unkalkulierbarkeit. Kein Mensch kann die körperlichen Zeichen der sexuellen Exzitation willkürlich hervorrufen. Dass durch unsere Seele ein Riss geht, dass sie aus zwei Welten besteht, die nicht zusammenfallen, erleben Männer besonders plastisch, wenn sie in einer erregenden Situation impotent reagieren: Die eine Welt der Seele will die Erektion, die andere verhindert sie. Insofern umweht den immer potenten Mann etwas Mythisches: Wie ist es möglich, die beiden Welten immer zusammenfallen zu lassen? Die Pille für den Mann, so sagen sie vielleicht, überbrückt den Riss, überwindet den mythischen, antiquierten Charakter der Sexualität und revolutioniert ihn endlich zu einem rationalen und modernen.

Aber auch der impotente Mann berührt immer noch insofern den prämodernen Bereich des Mythischen, als er an das Geheimnis der Drangliebe erinnert und daran, dass der unwillkürlichen Erektion vor einem Anderen die Aura des erotischen Coire, der Vereinigung in erregter Harmonie zukommt, also etwas, was es in einer vernünftigen Welt gar nicht geben kann. Somit drängt sich in philosophischer oder auch nur kulturkritischer Hinsicht die Diagnose auf: dass Viagra die kulturelle Impotenz verstärkt, vielleicht sogar in einem revolutionierenden Ausmaß. Denn ein dank Viagra potenter Mann, dessen Penis sich versteift, hat gleichzeitig die Aura, die Mystik, vor allem aber den Phallus verloren, weil ihn das so genannte Potenzmittel aus der symbolischen Ordnung kippt, in der der Phallus (in Differenz zum Penis) der Signifikant der männlichen Macht ist, nach wie vor.

Lobgesang

Doch genug der Spekulation: In medizinisch-therapeutischer Hinsicht ergibt sich, getrennt wie die Dinge nun einmal sind, ein andersartiges Bild. Wird der einzelne

Patient oder das einzelne Paar mit seinem Problem im Sinne der Kalkül-Medizin ins Zentrum der Bewertung gerückt, lässt sich viel Positives über das neue Arzneimittel sagen: Zunächst einmal ist es erfreulich, dass es endlich ein Präparat gibt, das oral und damit ohne weitere unangenehme Manipulationen wie bei der bisher sehr verbreiteten Schwellkörper-Autoinjektions-Therapie und außerdem diskret eingenommen werden kann, ein Mittel, das tatsächlich recht schnell eine im Experiment und im kontrollierten klinischen Versuch nachgewiesene signifikante erwünschte Wirkung entfaltet, was (wie bei den Ovulationshemmern, »der« Pille) damit zusammenhängen könnte, dass die Substanz auf einem biologisch angelegten Weg ihre Effekte entfaltet. Außerdem wirkt das Präparat bei Erektionsstörungen sehr unterschiedlicher Entwicklung, bei eher körperlich und eher seelisch bedingten, bei denen es offenbar oberflächliche (Versagens-)Ängste zu überspielen vermag. Es zeigt positive Effekte bei schwerer und bei leichter Impotenz, bei jüngeren und bei älteren Patienten und auch noch nach (bisher überblickten) ein bis zehn Behandlungs- und damit Anwendungsjahren. Es wird offenbar selbst dann vertragen, wenn die Patienten wegen ihrer Grunderkrankung einer medikamentösen Therapie gegen Bluthochdruck oder Depression unterliegen. Nicht selten wirkt es, wenn andere Körpertherapien wie die Schwellkörper-Autoinjektions-Therapie, bei der sich der Patient eine die Gefäße erweiternde Substanz selbst in den Penis spritzt, versagt haben. Nach bisherigen Erfahrungen hat Viagra vorübergehende unerwünschte Wirkungen, die offenbar in aller Regel weder gravierend noch lebensgefährlich sind. Besonders wichtig ist, dass unter Berücksichtigung der Anwendungsbeschränkungen und -verbote auch herzkranke Patienten behandelt werden können und dass die Gefahr eines Priapismus, das heißt einer gefährlichen Dauerversteifung des Penis, sehr gering zu sein scheint.

So viel des medizinischen Lobgesangs. Unerfreulich sind demgegenüber die Verbraucheraufpeitschung und der Lobbyismus, derer sich der Hersteller nicht nur in den USA bedient, als ginge es um ein neues Soft-Getränk (vgl. Tiefer 1998). Bedauerlicherweise geben sich fachlich renommierte Forscher gegen üppige Honorare dafür her, empirische Erhebungen so anzulegen, dass bei vielen Männern im Verlaufe des Sexual- und Liebeslebens vorübergehend auftretende Erektionsschwierigkeiten, die als *gesunde* seelische Reaktion anzusehen sind, als Impotenz im medizinischen Sinne verbucht werden mit dem Ziel, diese angemessen seelisch reagierenden und körperlich gesunden Männer in die Arme von Ärzten zu treiben, die möglichst ohne weitere Untersuchungen Viagra verschreiben, übrigens auch, weil sie für eine Psychotherapie in der Regel nicht qualifiziert sind oder keine Zeit haben. Zu kritisieren ist natürlich auch der Preis der Potenzpille, der angesichts der chemischen Struktur der Wirksubstanz und der geschätzten Forschungskosten, die nicht zuletzt auch von der öffentlichen Hand getragen worden sind, maßlos überhöht ist. Wäre der Viagra-Wirkstoff Sildenafil wie geplant als Mittel gegen Angina pectoris auf den Markt gekommen, könnte die Firma nur einen Bruchteil des jetzigen Preises verlangen. In den USA kosten alle Viagra™-Tabletten gleich viel, unabhängig von der Dosis, was beweist, dass die Substanz nicht kostbar ist.

Hürde

Im Verlauf der ganz normalen klinischen Anwendung und der kontrollierten Überprüfung durch skeptische, nicht vom Hersteller Pfizer bezahlte Forscher werden überspannte Erwartungen Zug um Zug einer nüchternen Betrachtung weichen. Es wird dann recht genau bekannt sein, bei wie vielen Männern der Penis nicht nur aus dem Zustand der Schlaffheit (Flakzidität) in den des Angeschwollenseins (Tumeszenz) übergegangen ist, was gegenwärtig oft als ausreichender Erfolg verkauft wird, sondern in den der Steifheit (Rigidität), die eine Einführung (Immissio) erlaubt. Und es werden dann weitere Anwendungsbeschränkungen und -verbote bekannt sein. Und die Ausstiegsrate wird immer größer geworden sein, wie ich am Beispiel der anfänglich maßlos überschätzten Schwellkörper-Autoinjektions-Therapie beschrieben habe (Sigusch 2001d).

Weil Viagra bisher ein Riesengeschäft für die Firma Pfizer war, forcieren die Konkurrenten ihre Anstrengungen. Welche Substanzen seit Jahren im Visier sind, habe ich andernorts im Detail beschrieben (Sigusch 2001d, 2001e). Inzwischen ist das seit längerem beforschte Apomorphin bei uns unter dem Handelsnamen Ixense® auf den Markt gekommen (vgl. Stief et al. 2000). Sicher ist, dass sich die biochemische und pharmakologische Forschung auf die Phosphodiesterasen (PDE) und ihre Hemmstoffe, also auf den Viagra-Wirkungsmechanismus, konzentrieren wird. 1998 waren bereits mehr als 40 Isoformen der PDE-Enzyme bekannt (Stief 1998, Küthe et al. 2000), die sich hinsichtlich ihrer primären Sequenzen, Substrat-Affinitäten, kinetischen Charakteristika, ihrer Sensitivität gegenüber endogenen Aktivatoren und Inhibitoren sowie hinsichtlich der Regulationsmechanismen und des Vorkommens in Geweben unterscheiden. Es werden also noch viele spezifische PDE-Hemmer erforscht werden, die sich je nach den Effekten in bestimmten Organen oder der Beeinflussung bestimmter Gewebe- oder Zellfunktionen zur Behandlung recht differenter Krankheiten eignen könnten. Seit 2003 zugelassen sind die PDE-Hemmer Tadalafil unter dem Namen Cialis® und Vardenafil unter dem Namen Levitra®. Die Experten beobachten jetzt sehr genau, inwiefern sie sich von dem inzwischen schon etwas besser bekannten Viagra-Wirkstoff Sildenafil unterscheiden (vgl. Gresser und Gleiter 2002).

Aber welche prosexuellen Substanzen auch immer in den nächsten Jahrzehnten auf den Markt kommen sollten, eine wesentliche Tatsache ist ohne Zweifel: Keine

Pille kann fehlende Anziehung oder Nähe, kann unbewusste und tieferreichende Konflikte aus der Welt schaffen. Es wäre ja zu schön, um wahr zu sein, wenn wir über Pharmaka oder Rauschdrogen verfügten, die fehlende Liebesbeziehungen ersetzten und gestörte Sexualbeziehungen reparierten.

Normale und perverse Sexualität als Einheit

Nichts wird so schlechtgemacht wie die Perversion. »Pervers« wird als Schimpfwort schlechthin benutzt, wenn das Abscheulichste bezeichnet werden soll. Im 20. Jahrhundert war das in allen deutschen politischen Systemen so. Die Monarchisten und die Republikaner, die Nazis und die Stalinisten, die Demokraten und die Liberalen verfuhren so, und auch heute wird noch so verfahren. Drei Beispiele aus dem Mund besonders reflektierter, aber offenbar normal verwirrter Zeitgenossen: Der Bundespräsident von Weizsäcker nannte die Apartheid eine Perversion. Der politische Stratege Egon Bahr stufte die Neutronenbombe als »Perversion des Denkens« ein. Und der Bundespräsident Herzog meinte, die Vernichtung von Menschen in der NS-Zeit sei »in perverser Perfektion« erfolgt.

Warum sind diese leitenden Herren so verwirrt? Warum leiten sie in diese Irre? Einige Erklärungen, die dem Bewusstsein aus sehr unterschiedlichen Gründen mehr oder weniger entzogen sind, bieten sich sogleich an:

Die Wortwahl stammt aus einer Zeit, in der die Sexualität *die* Metapher der Harmonie, der Selbstverwirklichung und des Glücks war, sodass ihre angebliche Verkehrung ins Gegenteil, die Perversion, mit Chaos, Selbstvernichtung und Unglück schlechthin gleichgesetzt wurde.

Weil das, wenngleich durch den historischen Prozess abgemildert, immer noch so ist, darf nicht in aller Deutlichkeit ins Bewusstsein dringen, dass Liebe und Perversion, dass die so genannte normale und die so genannte abweichende Sexualität zusammengehören. Sie bilden sowohl in psychologischer wie in soziologischer wie überhaupt in logischer Hinsicht eine Einheit. Ohne das Eine kann vom Anderen nicht einmal gesprochen werden. Im Kern ist das normale Sexualleben pervers und das perverse normal. Die partiellen Lüste gehören zum normalen Liebesleben wie dieses zu jenen. Alle Sphären des Sexuellen, von der hohen Liebe bis zum niederen Sexualdelikt, bilden eine Einheit, die der Separation. Psychogenetisch, das heißt entwicklungspsychologisch gesehen, ist der Verliebungsprozess nicht unnatürlicher als die suchtartige Perversion. Soziogenetisch, das heißt normierungssoziologisch gesehen, ist das sexuell Abweichende oder moralisch Verpönte ohne das sexuell Übliche oder moralisch Akzeptierte weder zu denken noch zu verfolgen. Das Hohe Lied der Liebe ist das Niedere der Onanie, das Lob der Ehe ist der Tadel des

Reizes, der Tadel der Ehe ist das Lob der Perversion – und immer umgekehrt, also dem Wortsinne nach »pervers«.

Das Perverse als Grund und Boden

Wie falsch und ungerecht die Pathologisierung und Entmenschlichung des Perversen ist, hat Sigmund Freud, einer der ersten kritischen Sexualforscher, bereits am Beginn des 20. Jahrhunderts erkannt. Seine Sexualtheorie widersprach auf eine bemerkenswert unaufgeregte Weise zentralen Annahmen der herrschenden psychiatrischen Perversions- und Sexuallehre. Seine Einsichten sind bis heute theoretisch und klinisch von größter Bedeutung.

Das isolierte und verteufelte Perverse band Freud zurück an die gesunde Entwicklung des Kindes, indem er bei allen Menschen eine »polymorph-perverse Anlage« postulierte, die sich im Verlauf der libidinösen und sexuellen Entwicklung und Organisierung zum Beispiel als exhibitionistische, voyeuristische, koprophile, masochistische, sadistische oder homosexuelle Tendenz und Lust zu erkennen und zu erleben gäbe. Während Freud in seinen frühen Arbeiten (Partial-)Triebe und Perversionen konstitutionell-naturalistisch als unbearbeitete und nichtverdrängte zusammenfallen ließ, sodass die menschliche Sexualität ihrem Ursprung nach pervers war, betonte er später, dass der so genannte Ödipuskomplex der Kernkomplex beider sei, der Neurose und der Perversion, dass also auch die Perversion das Resultat einer Entwicklung sei, des Konfliktes von Gefühlen des Hasses und der Liebe und seines Ausganges. Noch später interessierte er sich für Mechanismen der Umwandlung und Abwehr, die für Perversionen charakteristisch seien, insbesondere eine Regression auf frühe Fixierungen der Libido sowie der Abwehrvorgang der Verleugnung und die so genannte Ichspaltung im Abwehrvorgang.

Freud entpathologisierte auch insofern, als er, dem Geist und der Praxis seiner Zeit widersprechend, die Perversionen nicht generell als Krankheiten definierte, folglich keine entsprechenden Klassifikationstableaus aufstellte, um die Perversionen als klinische Einheiten aus dem normalen Liebes- und Geschlechtsleben zu verbannen. Es gibt von ihm keine Arbeit mit dem Titel »Der Sadomasochismus« oder »Die Homosexualität«. Die Heterosexualität war ihm eine erklärungsbedürftige Sonderbarkeit, die Homosexualität – zu dieser Zeit in den Augen der Ärzte die Perversion schlechthin – war nach seinem Verständnis als unbewusster Wunsch allen Menschen eigen. Die Berechtigung, Perversionen »als ein krankhaftes Symptom zu beurteilen«, sah er nicht gegeben, wenn die Perversion »*neben* dem Normalen« auftritt, sondern »zu allermeist« nur dann, »wenn sie das Normale unter allen Umständen verdrängt und ersetzt hat«, sodass *»Ausschließlichkeit«* und *»Fixierung«* für die Diagnose entscheidend seien (Freud 1905, S. 60 f.; alle Hervorhebungen von Freud). Geradezu herkulisch und transdiskursiv ist seine Denkleistung, die Perversionen nicht nur nicht als Degenerationen zu betrachten, wie zum Beispiel zu dieser Zeit der tonangebende Psychiater und Sexualforscher Richard Freiherr von Krafft-Ebing, sondern auch dem immer virulenter werdenden eugenischen und sozialhygienischen Meinen zu widerstehen.

Männer-Performance auf dem Christopher Street Day, Köln 2002

Obwohl Freud nicht der erste war, der in den kleinen Kindern sexuelle Wesen sah, kommt ihm doch auch das Verdienst zu, die Kluft zwischen der Sexualität der Erwachsenen und der der Kinder, insbesondere zwischen der vorpubertären und der nachpubertären Sexualität, überbrückt zu haben. Wie enorm auch diese Denkarbeit war, kann in Zeiten einer erneuten Desexualisierung des Kindes im Gefolge von Missbrauchs-Diskursen vielleicht erahnt werden.

Besonders kostbar sind schließlich Bemerkungen Freuds, aus denen sich ergibt, dass er bis zur letzten Konsequenz so genannte normale und so genannte perverse Sexualität zusammengedacht hat: »Die alltägliche Erfahrung hat gezeigt, daß die meisten dieser Überschreitungen (der Perversionen, V.S.), wenigstens die minder argen unter ihnen, einen selten fehlenden Bestandteil des Sexuallebens der Gesunden bilden« (ebd., S. 59). »Bei keinem Gesunden dürfte irgendein pervers zu nennender Zusatz zum normalen Sexualziel fehlen und diese Allgemeinheit genügt für sich allein, um die Unzweckmäßigkeit einer vorwurfsvollen Verwendung des Namens Perversion darzutun. Gerade auf dem Gebiete des Sexuallebens stößt man auf besondere, eigentlich derzeit unlösbare Schwierigkeiten, wenn man eine scharfe

Grenze zwischen bloßer Variation innerhalb der physiologischen Breite und krankhaften Symptomen ziehen will« (ebd., S. 60). Und etwas später heißt es hinreißend: »Die Allgewalt der Liebe zeigt sich vielleicht nirgends stärker als in diesen ihren Verirrungen. Das Höchste und das Niedrigste hängen in der Sexualität überall am innigsten aneinander (›vom Himmel durch die Welt zur Hölle‹)« (ebd., S. 61). Im Zusammenhang dieser letzten Passage ist übrigens nicht von milden, sondern von den »abscheulichsten Perversionen« die Rede. Und Freud stellt heraus, dass der Sexualtrieb bei ihnen »in der Überwindung der Widerstände (Scham, Ekel, Grauen, Schmerz) erstaunliche Leistungen vollführt (Kotlecken, Leichenmißbrauch)« (ebd., S. 60). Das müsse man »anerkennen«. Denn hier sei »ein Stück seelische Arbeit geleistet, dem man trotz seines greulichen Erfolges den Wert der Idealisierung des Triebes nicht absprechen kann« (ebd., S. 61).

Diesen Respekt vor den perversen Sonderlingen, die um ihr Überleben ringen, lassen andere Psychoanalytiker bis heute vermissen (siehe Kapitel »Perversion als Teufelszeug«). Ihnen will nicht in den Kopf, dass die Perversion etwas spezifisch Menschliches ist wie die Liebe, die Abstraktion oder der Mord. Tieren ist all das verschlossen. Deshalb geht es auch an der Realität vorbei, wenn sexuell perverse Menschen wie Jürgen Bartsch, die Kinder getötet haben, als »tierische Bestien« bezeichnet werden. Zu »Bestien« können nur Menschen werden. Einige Psychoanalytiker aber singen uns bis heute ein garstig' Lied, das an ein Gedicht von Herbert Ladendorf denken lässt: »Toter Hund und grünes Gras/ Wer will das schon wissen/ Mord man in der Zeitung las/ Gäule wollen pissen«.

Doch zurück zu unserer Frage, warum »Perversion« in öffentlichen wie privaten Debatten ein Schimpfwort ersten Ranges ist, warum das normale Sexualleben, das, was die Engländer »Vanilla« nennen, partout nichts mit dem perversen zu tun haben darf.

Die Mega-Lust der gesunden Perversion

Niemand hat bisher zu schreiben gewagt: dass die Lust, die aus einer Perversion gezogen werden kann, einzigartig ist. Für den Nichtperversen unerreichbar ist jenes Lava-in-die-Adern-Gießen, jene Erregung, die der sexuell Perverse erlebt, der seine Begierde relativ konfliktfrei in Aktionen umsetzt, also in Person wie Leben integriert hat, gleichwohl aber eine abgetrennte ungewöhnliche sexuelle Szene genießen kann.

Diese kostbare Einzigartigkeit der ich-syntonen, das heißt nicht als fremd und zerstörerisch erlebten Perversion wird generell verschwiegen. Es wäre ja auch zu beschämend und ärgerlich, wenn bewusst würde, wie tumb die Lust ist, die das kantische *Commercium matrimoniale*, die der wechselseitige Gebrauch der Geschlechtswerkzeuge durch die Ehegatten im Allgemeinen produziert. Wird doch einmal von Normalen geahnt, wie intensiv die sexuelle Lust eines Perversen ist, und gesehen, dass der Perverse in der Lage ist, sie zu genießen, dann muss diese Mega-Lust des Teufels sein – wie zum Beispiel, wie wir noch hören werden, bei der Psychoanalytikerin Janine Chasseguet-Smirgel.

Die perverse Lust gehört zu den intensivsten überhaupt. Die Perversion aber wird generell und systematisch schlechtgemacht. Die Lebensfreude, die sie enthält, die extreme Reizhaftigkeit, das höchste Interesse, die garantierte Erregung, der enorme Lustgewinn und die perfekte Ablenkung vom allgemeinen Elend samt Depression und Leere, wenn auch nur für kurze Zeit – alles wird abgewertet, pathologisiert, auch dann, wenn bewusst gelebt wird ohne ein Risiko für sich und andere.

Besonders zeitgemäß und durch nichts anderes ersetzbar ist eine Perversion, wenn sich ihre Inszenierung und damit das schaudernde Entzücken ohne große Umstände, leicht, schnell und ohne Gefahren herstellen lässt. Damit kann, einmal so betrachtet, die sehr viel umständlichere und auch riskantere Heterosexualität nicht konkurrieren. Mit anderen Worten: Im Zeitalter des Rasens der Zeit, der passgenauen, designten sexuellen Befriedigung und der flexiblen Konkurrenz ist dieser intensive Lustgewinn, der jederzeit abrufbar aus einer von der Person weitgehend konfliktfrei praktizierten »großen« Perversion gezogen werden kann, konkurrenzlos, jedenfalls auf sexuellem Gebiet. Ansonsten müsste schon eine auf einzigartige Weise beherrschte (Drogen-)Süchtigkeit ins Spiel kommen, um mit der sozial und psychisch gelungenen Perversion unter dem Aspekt des Rausches konkurrieren zu können.

Wo mein Bilderbuch-Perverser, den Ärzte und Psychotherapeuten *nicht* zu Gesicht bekommen, diese Mega-Lust realisiert? Zu Hause bei Manipulationen an sich selbst, im Internet mit und ohne Kommunikation, in abgetrennten, nur dem perversen Verlangen dienenden Beziehungen, auf dem Straßenstrich und in Bordellen, bei flüchtigen Sexualkontakten irgendwo, in Bedürfnisanstalten und den Krypten anderer öffentlicher Einrichtungen, in Sex-Kinos und Erotik-Centers, auf Spezial-Treffen, in geschlossenen Clubs usw.

Das Geheimnis sexuell lustvoller Dauerbeziehungen

Das wirft die Frage auf, wie es Paare schaffen, über viele Jahre immer wieder erotisch aneinander zu entbrennen; wie es möglich ist, aus normalen sexuellen Begegnungen immer wieder intensive Lust zu ziehen.

Ich denke, ein Hauch von Perversion ist der Garant andauernder normaler Sexualisierung in Paarbeziehungen. Ungewöhnliche, »schmutzige« oder tabuisierte sexuelle Phantasien oder Praktiken, zudem äußerst paarspezifisch, sind die Lava, die in die Adern gegossen werden muss, soll die Erregung immer wieder entflammen – um es lyrisch zu sagen, weil es um eine seelische Verdichtung im Unbewussten und nicht um ein kalkuliertes Manöver geht. Ungewöhnlich oder tabuisiert müssen die Phantasien sein, weil jede Routine die Affekte drosselt. »Schmutzig« müssen die Phantasien sein, weil Reinheit, Sauberkeit, Gewissenhaftigkeit und Rationalität die Gifte sind, die jede Erotik vertreiben; es sei denn, Reinheit selbst wird sexualisiert, Tugend wird als Laster phantastisch vereinnahmt – wie es uns zuerst, allerdings kalkulatorisch, der Marquis de Sade vorexerzierte.

Das Beste, was einem Paar, ob heterosexuell oder homosexuell oder sonst wie eingeordnet, passieren kann, ist also ein beidseitig funktionierender perverser Mechanismus, der das sexuelle Verlangen zu entfesseln vermag, ohne sich zu erschöpfen wie die allzu normale Sexualität allzu oft und ohne die sonstige, nichtsexuelle Beziehung des Paares zu beeinträchtigen oder gar zu reduzieren, indem beispielsweise gefährliche Gefühle des Hasses aktiviert werden, die besser im Orkus der ohnehin beschädigten Seele verschwunden bleiben wie die Wurzel des Mechanismus selbst. Denn das Geheimnis dieser Paare, die über viele Jahre miteinander erotisch und sexuell kommunizieren – so etwas wie eine »kleine Perversion«, eine stabile, von beiden Partnern lustvoll erlebte Fetischisierung, eine spezielle sexuelle Szene – sollte ein Geheimnis bleiben. Fangen die Partner an, es zu zerdenken und zu zerreden, könnte das Geheimnis seine unbewusste Sexualisierungskraft verlieren.

Zu verstehen ist jetzt vielleicht, warum die Mega-Lust der ich-syntonen, das heißt gesunden »großen« Perversion, übrigens begründbar, Neid und Missgunst nach sich zöge und die ebenso grundsätzliche wie letztlich unbestreitbare Normalität der Perversion ein abgrundtiefes Missbehagen erzeugte – gelangten diese Realitäten in aller Schärfe ins Bewusstsein. Der Verdacht, die bewusste Empörung sei umso heftiger, je wahrscheinlicher die Bedeutung ist, die eine verpönte Sexualpraktik für das unbewusste Sexualbegehren dieser Person hat, dieser Verdacht ist begründet. Jenen aber, die die Perversen denunzieren, ist offenbar nicht bewusst, dass sie das wünschen, was sie so laut verleugnen und verfolgen. Sie reagieren so abwertend, weil sie dunkel ahnen, dass sie all das, was die Perversen erleben oder krankhaft tun müssen, vom sexuellen Rausch bis hin zum lebensbedrohlichen Ich-Zerfall, selbst erlebten oder täten, wenn in ihrem bisherigen Leben nur eine Weiche anders gestellt worden wäre.

So aber, nach ihren meistersehnten sexuellen Phantasien gefragt, nennen Männer wie Frauen bewusst das, was inzwischen nicht nur denkbar ist, sondern auch als mehr oder weniger normal kulturell erlaubt ist: Oral-Sex, anonymer Sex, lesbischer Sex, Voyeurismus, Anal-Sex, sadomasochistische Spiele, Gruppen-Sex usw. (vgl. das

Wohltat-Video »Fantasy sex« von 1996). Das ist andererseits so unverblümt nur möglich, weil sich in den letzten zwei bis drei Jahrzehnten die kulturell-normative Grenze und damit auch die individuelle Angstgrenze zwischen normaler Sexualität und ungewöhnlicher Sexualität deutlich verschoben hat. Für Freud war der Mundverkehr noch »pervers«. Heute ist das eine sektiererische Position.

Perversion als Positiv der Normalität

Eine These geht mir seit Jahren immer wieder durch den Kopf, wenn ich Texte von Psychoanalytikern lese, in denen sexuelle Perversionen verteufelt werden und perverse Patienten als Monster erscheinen.

Die These

Die These lautet literarisch: Perverse sind wie wir alle, nur ein bisschen mehr. In der Fachsprache könnte das so formuliert werden: Die Perversion ist das Positiv der Normalität. Sie ist nicht deren Verkehrung und Verdrehung, sondern deren Betonung und Überhöhung. Beim Perversen können Züge, die für den Normalen charakteristisch sind, ins Extreme gesteigert sein.

Unter »Perversion« wird dabei das verstanden, was die bisherigen konventionellen klinischen Lehren in sie hinein gedacht haben. Unter »Normalität« wird das verstanden, was sich zeigt, wenn alltägliche oder massenhafte, scheinbar austariert vernünftige Gefühls-, Reaktions- und Verhaltensweisen kritisch betrachtet werden. Ich nenne das, was dann herauskommt, insgeheim für mich und wahrscheinlich fahrlässig »Normopathie«. Fahrlässig, weil das Wort an das diskreditierte Fachwort »Psychopathie« erinnert und so tut, als könnten gesellschaftliche Prozesse psychologisch oder gar psychiatrisch begriffen werden. Trotzdem kommt mir immer wieder der Ausdruck »Normopathie« in den Kopf, wenn bestimmte Vorgänge in der Zeitung berichtet werden, die manfrau nicht »nachvollziehen« kann. Zum Beispiel: Das FBI der USA, berichtete die »New York Times« im August 1994, hat den weltberühmten Dirigenten und Komponisten Leonhard Bernstein 30 Jahre lang überwacht und ausspioniert. Offenbar hielten ihn die Staatsdiener für sexuell pervers (»bisexuell«) und politisch deviant (»Kontakte zu Kommunisten«). Herausgekommen ist nach zugänglicher Aktenlage des Jahres 2003 nichts von Belang.

Und was heißt »Positiv« der Normalität oder Normopathie? Bekanntlich verstand Freud (1905, S. 65) die Perversion als Positiv der Neurose, weil sich bei ihr das, was bei der Neurose verdrängt wird, »direkt in Phantasievorsätzen und Taten«

äußere: »Die Symptome bilden sich also zum Teil auf Kosten abnormer Sexualität; die Neurose ist sozusagen das Negativ der Perversion«. In Analogie könnten wir sagen: Vom Perversen werden sexuelle Wünsche in Handlungen umgesetzt, die der Normale nur phantasiert oder gar nicht ins Bewusstsein dringen lässt. Die Normalsexualität ist also das Negativ der Perversion. Was bei der Perversion offen zu Tage tritt, gewissermaßen ans Licht kommt (wie bei einem entwickelten Negativ eines Films), bleibt bei der Normalsexualität im Dunkel, ist gar nicht oder nur schemenhaft zu erkennen, kann aber im Prinzip »entwickelt« werden. Das heißt, das »Negative« kann sich zu einer manifesten Perversion entfalten mit entsprechenden Externalisierungen der zensierten Wünsche als konkrete Handlungen, was auch nach klinischer Erfahrung bei Lebenskrisen immer wieder geschieht: Ein bisher sexuell vollkommen unauffälliger Mann engagiert sich auf einmal in der gummifetischistischen Szene oder attackiert kleine Mädchen sexuell.

Um meine These überprüfen und verstehen zu können, müssen die gängigen Perversionslehren erinnert werden. Was wird über die Perversionen von den so genannten Experten und Expertinnen gesagt? Was wird gegen sie ins Feld geführt? Mit welchen charakteristischen Merkmalen sollen sie als etwas Degeneriertes, Minderes, Defizitäres, Gescheitertes, Surrogatives, Feindseliges, Beziehungsloses, Unmenschliches, ja Teuflisches entlarvt werden?

Die Begründung

Beginnen wir mit der Aussage, Perverse seien so fixiert, so verrückt nach einer Sache, so eingeengt. Doch sind wir das nicht alle? Die einen lesen und glauben nur das, was Psychoanalytiker geschrieben haben, die einer bestimmten Vereinigung angehören. Die anderen verkehren privat ausschließlich mit Sozialdemokraten. Die einen könnten nicht überleben, ohne Romane zu lesen, die anderen nicht, wenn sie immer lesen und schreiben müssten. Die einen reisen regelmäßig an den Aa-See, die anderen sind noch nie gereist und leben in verdunkelten Räumen. Die einen hassen Unterhaltungssendungen, die anderen lieben sie, identifizieren sich mit Akteuren und lernen deren Texte auswendig. Die einen reagieren kreideweiß phobisch auf Zigarettenrauch, die anderen kommen darin bewusst genussvoll um. Die einen durchlöchern sich die Brustwarzen, für die anderen wäre das Folter. Die einen färben sich die Haare mal grün, mal violett oder rasieren sie ab, die anderen tragen seit ihrer Pubertät die gleiche Frisur. Die einen genießen Abend für Abend ihr Haschischpfeifchen, die anderen fürchten sich vor Rauschdrogen wie vor einer Psychose. Die einen blicken nur noch digital in die Welt, die anderen sektenverdächtig analog. Kurzum: wir haben alle Scheuklappen, Vorlieben, Obsessionen, die nur dann vorgerechnet werden, wenn sie zu einem Lebensbereich gehören, der allgemein tabuiert ist, beobachtet wird oder einer, wenngleich heute informellen Normierung unterliegt.

Wird dagegen eine Fixierung, eine Einengung, eine Verrücktigkeit, ein röhrenförmiger Blick auf die Welt positiv sanktioniert oder ist gang und gäbe, wird nicht bestraft und verpönt, sondern belohnt und bewundert. Ein großer Physiker darf in allen anderen Lebensbereichen so naiv bleiben wie ein Kind, er wird trotzdem verehrt. Ein Mensch mit einer besonderen, publikumswirksamen Begabung, beispielsweise auf dem Gebiet der Musik, gilt nicht als eingeengt oder unvollkommen, selbst dann nicht, wenn er ansonsten lebensunfähig ist. Oder ein Professor mit riesigen Scheuklappen nach links und rechts, der dem allgemeinen magoiden Denken, der der allgemeinen illusionären Verkennung des Wirtschaftsprozesses besonders intensiv und umfassend erlegen ist, wird durch den Nobelpreis geadelt: Er dreht einfach alles um, verkehrt es in sein Gegenteil – wie es dem Perversen vorgehalten wird, auf dass das, was spezifisch und akut gesellschaftlich ist, als allgemein und chronisch selbstverständlich, unrevidierbar und unüberbietbar erscheint, um nicht zu sagen: natürlich-gottgewollt.

Übereinstimmend wird ferner der Mechanismus der Fetischisierung gegen die Perversen ins Feld geführt. Tatsächlich bündelt der Fetisch des Perversen die sinnlichen Erfahrungen der Kindheit, während beim Normosexuellen eine zerstreute, mehr oder weniger milde Fetischisierung mehrerer Körperteile und Eigenheiten des so genannten Sexualobjekts vorliegt, ohne die allerdings das normale Sexualbegehren gar nicht vorstellbar ist. Alle Menschen sind auf der Suche nach ihren Fetischen. Für viele ist das Geld zum Mega-Fetisch geworden. Außerdem haben wir ausführlich begründet (siehe »Liebe, Fetischcharakter der« in *Mundus sexualis*), warum die normale Liebe einen Fetischcharakter hat. Es geht also wieder nur um Isolierung, Konzentration und Überschätzung.

Bei der Perversion scheint die Sexualität selbst zu sprechen, sich auszudrücken, sich unmittelbar, unter Ausschaltung des Ichs, mit den Dingen in Verbindung zu setzen, so als hätte die Person nichts zu bestimmen, wie es bei den Sexualformen der Fall ist. Dabei scheint das Ich nicht willentlich zurückzutreten, sondern wird offenbar wie von einem Zwangsgeschehen zurückgetreten; es registriert sehr wohl, was geschieht, weil der Perverse nicht verrückt, vielmehr »orientiert« ist nach Person, Zeit und Raum, wie es die Schulpsychiatrie abfragt auf der Suche nach dem Psychotischen. Die scheinbare Unmittelbarkeit lässt den perversen Akt als das scheinbar Lebendige und Lustvolle schlechthin erscheinen, der unwillkürlichen Organlust und dem animalischen Lustreflex verwandt. Auffällig ist aber nicht nur die Nähe zum körperlich-reflektorischen Geschehen, sondern auch zum poetisch-verdichtenden. Die Überraschung: Der perverse Akt ist mit dem des Gedichteschreibens vergleichbar; manfrau vergleiche zum Beispiel, was die dänische Lyrikerin Inger Christensen in der Zeitschrift »manuskripte« (Nr. 115/1992) dazu gesagt hat.

Sodann heißt es, Perverse seien in sich selbst verliebt, hätten, weil sich eine bestimmte Matrix oder ein bestimmter Mechanismus, genannt Szene, Skript oder Trigger, verselbstständigt habe, zur sexuellen Erregung alles in sich selbst. Zu personalen Beziehungen seien sie nicht fähig; eventuelle Bezugspersonen würden behandelt wie ein toter Stoff; ihre Beziehungen zu Menschen seien dinghaft. Demgegenüber hätten die Normalen lebendige altruistisch-selbstlose Beziehungen zu anderen Menschen. Verschwiegen wird bei dieser Diagnostik, dass sich in unserer Kultur alle Gesellschaftsmitglieder narzisstisch und egoistisch selbst am nächsten sind nach dem Motto: Me-Myself-and-I. Nach Horkheimers (1936, S. 216) Analyse steht der Egoismus in einer »Anthropologie des bürgerlichen Zeitalters« zentral: »Jeder bildet selbst den Mittelpunkt der Welt, und jeder andere ist ›draußen‹«. Der Umstand, »daß in dieser Welt jeder dem anderen zum Konkurrenten wird und selbst bei steigendem gesellschaftlichen Reichtum es der Menschen in steigendem Maß zuviele gibt, verleiht dem typischen Individuum der Epoche jenen Charakter der Kälte und Gleichgültigkeit, der sich angesichts der ungeheuerlichsten Taten, wenn sie nur seinem Interesse entsprechen, mit der erbärmlichsten Rationalisierung zufrieden gibt.«

Ein Präsident eines Oberlandesgerichts, ein ordentlicher Professor der Psychiatrie oder ein General der Wehrmacht, der, um keine Unannehmlichkeiten zu bekommen, den Nazis wider Recht und Moral dabei behilflich war, Juden zu schikanieren, Behinderte zu töten oder benachbarte Völker zu überfallen, gilt alles in allem als pflichtbewusster Staatsdiener. Ein Chirurg, der sich von einem offenbar perversen, man sagt apotemnophilen Patienten dazu bringen lässt, ihm ein Bein zu amputieren, weil der Patient davon überzeugt ist, nur ohne dieses Bein weiterleben zu können, dieser Chirurg gilt als pflichtvergessener, gefährlicher Scharlatan. Ein berühmter Schauspieler wie Heinrich George, der, um weiterhin vom Applaus leben zu können, vor Nazigrößen seine Kniefälle machte, gilt als brillant und normal. Ein Fetischist, der sexuell auf den Geruch eines bestimmten Klitorismützen- oder Scheidensekrets fixiert ist, gilt als abstoßend und abnorm.

Heute durchzieht der Egoismus in ebenso raffinierter wie generalisierter Form alle Lebensweisen, wenn er nicht mit ihnen zusammenfällt. Er reklamiert höchst individuell Rekreation, Wohlbefinden und Kreativität für sich, an denen auch dem Partner gelegen sein muss. Seine gesellschaftliche Seite aber bezeichnen die Stichworte Selbstdisziplinierung, Selbstpreisgabe, Selbstoptimierung und Selbstverstofflichung. Wird der allgemeine Zwang zu Selbstliebe, Selbstgenuss, Selbsterfindung und Selbstzerstörung nicht mitgedacht, erscheinen die Liberalisierungen und Kreationen auf sexuellem Gebiet als allzu harmlos und zwanglos. Der Egoismus, zugleich ein Schutzmechanismus vor der gesellschaftlichen Kälte und der Hitze exklusiver Intimbeziehungen, breitet sich aus, weil immer weitere Bereiche der Konkurrenz und damit dem Markt unterworfen werden, jenem Markt, »der nur unter ungeheurem Verlust an Menschenleben und Gütern die Reproduktion der Gesellschaft vermittelt und mit der Fortentwicklung der kapitalistischen Wirtschaft die Menschheit trotz ihres wachsenden Reichtums nicht vor dem Rückfall in die Barbarei bewahren kann« (ebd., S. 215).

So diversifizieren sich alle auf eigene Faust, und die Deregulierung resultiert ebenso aus dem gesellschaftlichen Zwang zur Vervielfältigung und Ungezwungenheit wie aus dem individuellen Etwas-daraus-Machen: weil die demokratisch drapierten Objektive so anziehend und bindend sind wie Leimruten, so effektiv, offen und moralisch gleich-gültig. Entsprechend habe ich das mit den Objektiven durchaus konforme Resultat der neosexuellen Revolution (unter Anspielung auf die postfordistischen Strategien des Lean management und der Lean production) als *Lean sexuality* bezeichnet. Da im Zentrum dieser Sexualform Selbstdisziplinierung und Selbstoptimierung stehen, könnte sie (unter Anspielung auf den vorgängigen Egoismus) auch als *Selfsex* bezeichnet werden, ein Wort, das an Self-service, Self-control oder Self-help denken lässt. Seit zwei Jahrzehnten löst diese seit mindestens zwei Jahrhunderten präformierte Sexualform offensichtlich immer einschneidender den Revolutionären Eros der zweiten sexuellen Revolution als Modell ab. Da liegt es auf der Hand, Selbstliebe und Selbstsucht auf Randgruppen zu projizieren, die nicht in der Lage sind, ihre innere Leere durch öffentliche Massenentblößungen aufzufüllen. Schließlich wäre an dieser Stelle auch noch ins Feld zu führen, dass der Mechanismus des Totstellens von Lebendigem und des Verlebendigens von Totem, wie es bei der Fetischisierung der Fall ist, dass dieser Mechanismus in unserer Kultur nach meinem Eindruck zu einem allgemeinen geworden ist. Ich nenne den Vorgang Hylomatie (siehe Sigusch 1997).

Apropos innere Leere. Sie wird besonders gern bei Perversen diagnostiziert. Doch es gibt Perverse, deren seelische Leere geringer und vorübergehender ist als die mancher Nichtperverser. Eigentlich genügte es, sich den Sucht- oder Leerecharakter des üblichen Alltagslebens anzuschauen: Nutz- und sinnlose Arbeit oder Arbeitslosigkeit, Konsum von *Bild*, TV-Serien, Alkohol, Medikamenten usw., Angstzustände und Verstimmungen, Fress- und Aggressionsattacken, Selbstverstümmelungen usw. Reicht das nicht, behandlungsbedürftige seelische Erkrankungen zu verhindern, müssen andere und weitere Mechanismen her: Religiosität, Sektengläubigkeit, Arbeitswut, lebensgefährliche Aktivitäten, Drogen-, Sex- oder Selbst-Sucht. Die psychopathologische Diagnose »innere Leere«, die vorrangig den Perversen trifft, scheint also zu einem nicht unerheblichen Teil auch ein abwehrendes moralisches Werturteil zu sein.

Ferner heißt es, die Sexualität des Perversen sei schematisch, monoton, uniform. Dazu ist zu sagen: Alle Äußerungen des Liebes- und Sexuallebens, flüchtige wie beständige, tendieren zur Monotonie, Uniformität, Zwanghaftigkeit, weil entweder der Reiz des Neuen fehlt oder die Liebesschwüre zur Litanei werden, weil immer der Fetischcharakter uniformiert, weil immer die Vorlieben spezifisch sind, weil die Erwachsenen nicht mehr polymorph-pervers sind, jedenfalls, soweit wir wissen, sehr selten. Bekannt ist das nur von Künstlern und besonders kreativen Personen. Auch deshalb ist das normale Sexualleben oft banal: Coitus simplex teutonicus. Großartig, megasinnlich, immer erregend geht es in der Phantasie zu und daher vor allem in der Kunst, wie Flaubert auch schon wusste und die Bovary sagen lässt.

Außerdem gilt: Alle Sexualität ist Verarmung. Die Betonung liegt dabei auf dem Suffix, das bereits eine Verkrustung anzeigt. Logisch sieht es so aus: Der Heterosexualität fehlt zunächst die Homosexualität, der Zissexualität fehlt die Transsexualität, der Bisexualität fehlt die Trisexualität, der Trisexualität fehlt die Tetrasexualität, der Jugendsexualität die Alterssexualität, der bukolischen die perverse, der weichen die harte, der weißen die schwarze – und umgekehrt, und endlos so weiter konfrontiert. Die Sexualformen, die wir haben, sind unästhetisch. Bezeichnend für die Lage des Sexuellen in dieser Kultur ist, dass sich eine Ars erotica öffentlich allenfalls in Werbung und Soft Pornography andeutet. Im Alltag dagegen, jenseits von Flirt und Verliebtheit, sind die Sexualformen hässlich.

Kein Wunder, dass Freud zum Schluss gekommen war, erwachsene Männer und Frauen könnten im Allgemeinen keine sexuelle Befriedigung erreichen. Bei ihnen sei »psychische Impotenz« weit verbreitet, und sexuelle Lust werde durch verschiedene Versagungen und Verbote verhindert. Heute sind die Versagungen und Verbote, die Freud im Auge hatte, zwar partiell gelockert, keineswegs aber beseitigt. Nach wie vor treffend finde ich die zentrale These seines luziden Aufsatzes über »die allgemeinste Erniedrigung des Liebeslebens«: dass nämlich weder beim »kulturellen Weib« noch beim Mann die zärtliche und die sinnliche Strömung »gehörig miteinander verschmolzen« seien (1912, S. 85). Das heißt für Freud, die notwendige »Kultivierung« des Geschlechtstriebes ist nicht gelungen; er ist noch zur Hälfte animalisch. Seine Kulturdiagnose ist erschütternd: »Wo sie lieben, begehren sie nicht, und wo sie begehren, können sie nicht lieben« (ebd., S. 82). Trieb und Liebe der »Kulturmenschen« fallen auseinander. Doch eingedroschen wird auf die perversen Säue, die ohnehin keine volle Befriedigung erreichen können. Kein Trost, dass es nach Freud bei den Normalen auch nur um Surrogate und Ersatzobjekte geht: Bei ihnen bleibe die volle Befriedigung aus, weil das endgültige Sexualobjekt »nur ein Surrogat« sei infolge des zweimaligen Ansatzes zur Objektwahl »mit Dazwischenkunft der Inzestschranke«; die Folge sei »eine unendliche Reihe von Ersatzobjekten«, von denen »doch keines voll genügt« (ebd., S. 90). Triebliebe zur Mutter, bittersüß. Die sinnliche Regung werde entschärft, indem einige Komponenten des frühen Sexualtriebes »unterdrückt und anders verwendet werden müssen« (ebd.). Das Resultat sei die erwähnte psychische Impotenz bei unstillbarem Reizhunger, von dem Freud mit dem Sexualwissenschaftler Iwan Bloch auch schon gesprochen hat.

Bedarf es jetzt noch der Gegenüberstellung, dass Perverse der Entwertung ihrer Partner geziehen werden, während alle zusammen Kinder, Jugendliche, Frauen, Weiblichkeit und Arbeitskraft systematisch entwerten; dass Perversen Gier zugeschrieben wird, während Gier und Neugier tatsächlich seit einigen Jahrhunderten bei uns allgemeine Kultur-Imperative sind; dass die Perversion wegen ihres Fragmentcharakters als minderwertig und entmenschlicht gilt, obgleich ein Fetisch als humanspezifisch und als einzigartige Einheit von Gefühl und Symbol, von Organischem und Anorganischem angesehen werden könnte; dass die Perversion als insuffizient herabgesetzt wird, weil sie keine anhaltende, sättigende Befriedigung erreiche, während in der Warenwelt, in der wir leben, nichts wichtiger ist, als funktionale Produkte immer wieder zu entwerten, als die Gier ständig am Kochen, das heißt am Markt zu halten, als nur ergänzungsbedürftige Fragmente zu liefern und vor allem: keine sättigende, volle Befriedigung zuzulassen, weil sonst das Kartenhaus zusammenklappte? Bedarf es jetzt noch des Hinweises, dass Perverse wie Normale unter bestimmten Umständen die Geschlechter- und Generationengrenzen verwischen; dass sie Hass, Aggression und Gewalt sexualisieren, wie Stoller (1975/2001) für perverse, Kaplan (1991) für normale Männer behauptet, die zum Beispiel ihre Partnerinnen schlagen; dass Desexualisierungen und Partialisierungen bei beiden vorkommen, wenn nur an die veröffentlichte Sexualität gedacht wird; dass dem analsadistischen Universum der Perversen mit dem Glanz vergoldeter Scheiße, das einige Analytiker so gerne präsentieren, die tödlichen Exkremente gegenüberstehen, mit denen die Normalen und Gesunden die Welt übergossen haben, auf dass sie ersticke an den Emanationen: von Plastiktüten über Tretminen und Ozonkiller bis hin zum Plutonium? Auch bedarf es wohl keines Beweises mehr, dass beide, Perversion wie Normosexualität, Sexualität zur seelischen Abwehr benutzen. Geht es bei Normalen vor allem darum, Angst zu libidinisieren, sexualisieren Perverse die Angst vor der Kastration (Freud), vor der drohenden Vernichtung (Masud R. Khan), vor der Desillusionierung (Chasseguet-Smirgel) oder vor der Entleerung des Selbst (Morgenthaler). Folglich könnte auch die Heterosexualität als libidinisierte Abwehr von Versagungen, Erniedrigungen und Ängstigungen verstanden werden.

Der Schluss

Fassen wir zusammen: Der Normopath und sein Monster, der Perverse, erscheinen beide als normalpervers, werden die eingeschliffenen Bahnen der offiziösen Perversionslehren verlassen und die Gemeinsamkeiten mit dem Ziel betont, das seit Jahrhunderten gezeichnete »Schreckbild« (Horkheimer) ein wenig der Realität anzupassen. Denn es geht immer und bei allen um Gefühle der Liebe und des Hasses, der Geborgenheit und der Angst und, so wie wir die Dinge heute sehen, um narzisstische Lücken im Selbst, die mehr oder weniger groß sind und mehr oder weniger verträglich und unauffällig geschlossen werden mit Hilfe mehr oder weniger menschenfreundlicher Prozeduren. Dabei ist es eine Frage der Wertung, ob ein normaler Neurotiker, der sich in sein Schicksal fügt und sich gewissermaßen seiner Vernichtungsangst unterwirft, über einen normalen Perversen gestellt wird, der ein ähnliches Schicksal verleugnet und über das, was ihn zu Tode geängstigt hat, in Gestalt seiner sexuellen Inszenierung triumphiert, wie es vor allem Stoller beschrieben hat. Gesund wäre vielleicht, beide Wege hinter sich zu lassen, was es jedoch in einer seelischen und sozialen Welt des Oben und Unten, der perennierenden Dümpelung und des Triumphgeschreis der Sieger nicht geben kann.

Die Antwort auf die Frage, wer oder was normal, wer oder was pervers sei, kommt nicht mehr leicht über die Lippen. Der Abstinente oder der Sexsüchtige, der Pornohersteller oder der Pornokonsument, die Hure oder der Freier? Ist es normal, für Kriegsvorbereitungen jährlich zehntausend Milliarden US-Dollar auszugeben? Ist es normal, unter Totschlägern und Mördern aufzuwachsen, die erst fünfzig Jahre später gestehen, dass sie in Russland oder anderswo auch aus ganz niederen Beweggründen wie solchen der Rache wildfremde Menschen getötet haben? Ist es normal, wenn bei uns eine tote Frau unter Verwendung hochqualifizierten Personals und kostspieliger Hochtechnologie dazu dienen soll, einen Feten heranwachsen zu lassen, der damit leben müsste, aus einer Leiche gekommen zu sein, während zur selben Zeit bereits geborene Kinder verhungern, verdursten, an heilbaren Krankheiten versterben, wie lästige Fliegen totgeschlagen werden, ohne dass sich bei uns etwas Allgemeines rührt? »Seid ihr Ärzte pervers?«, fragte *Bild* die Erlanger Mediziner, die das Kind in der toten Frau wachsen ließen. Ja, wir sind alle pervers: im Sinne des Gemeinplatzes.

»Hybris« (Chasseguet-Schmirgel), »Feindseligkeit« (Stoller) und »Entfremdung« (Masud R. Kahn) kennzeichnen das normale Leben in der Ersten Welt. Psychoanalytiker aber, die sich zu Verteidigern einer Persönlichkeitsstruktur, Entwicklungsreife und Moralität berufen fühlen, die sie für normal halten, die es aber im wirklichen Leben nicht gibt, projizieren all das auf die sexuelle Perversion, ganz so, wie im allgemeinen Sprachgebrauch alles total Verpönte und Unverständliche als »pervers« bezeichnet wird. Indem sie das, stellvertretend für die schweigende Mehrheit der Normopathen, tun, können sie sich weiterhin in der Illusion wiegen, das nichtperverse Seelenleben sei von Gefühlen der Nähe, der Freude, der Zärtlichkeit, der Erregung, des Stolzes, der Lust, der Zuneigung und des Wohlseins bestimmt und nicht von Gefühlen der Leere, des Hasses, der Wut, des Neides, der Bitterkeit, der Rache, der Angst und der Furcht. Schön wäre es. Tatsächlich aber ist das perverse

Seelenleben im Vergleich mit den normopathischen Gräueln bis auf äußerst seltene Ausnahmen wie den Kindermörder Jürgen Bartsch durch und durch harmlos. Während jedoch diese perversen Ausnahmen exzessiv bekannt gemacht, ausgiebig analysiert und dokumentiert werden, während die wenigen »Lustmörder« millionenfach gehasst und verachtet worden sind, verbleiben die Millionen Totschießer, Brandstifter, Vergifter, Terroristen, Meuchelmörder und Vergewaltiger im Staatsdienst unanalysiert im Dunkel – bis auf ihre Anführer, die ausgezeichnet und verehrt werden. Verdrehter kann es gar nicht mehr zugehen. Wer schwangeren Frauen im Krieg den Bauch mit dem Bajonett aufschlitzt und sich dabei fotografieren lässt, ist normal idiotisch. Wer in einer besetzten Stadt als Soldat in die Menge schießt und dabei drei Menschen tötet, ist vollkommen gesund und normal. Wer nur dann sexuell erregt ist, wenn er Fotos ansieht, auf denen kleine Mädchen die Beine spreizen, ist krank, gemeingefährlich und moralisch ein Lump. Auf diese verdrehte Weise wird die Welt in Gut und Böse gespalten. Vom Abwehrvorgang der Spaltung ist aber selbstredend nur bei Perversionen die Rede. La-bàs.

Perversion als Teufelszeug

Oft haben die Menschen mit den drängenden partiellen Lüsten die Maske des falschen Glücks gar nicht aufgesetzt. Hilf- und ratlos stehen sie dem verknöcherten Schein der Einheit des Konfektionierten gegenüber. In der Distanz zu den Zwecken sind sie dem Traum von der Freiheit dann so nahe, wie es das gesunde Volksempfinden befürchtet und ersehnt. Dem Schein der natürlichen Konvention widerspricht der Einbruch perverser Strebungen durch größere Unmittelbarkeit und Leibnähe. Er stellt sich verheißungslos vom Tauschwert frei und wird dadurch problematisch. Das holt die Wut jener hervor, die sich ihren Sexual- und Seelenfrieden durchs affektive Besetzen des Tauschwerts erkauft haben. Sie wollen unbehelligt durchs Leben gehen, ahnen aber im abgedunkelten Unbewussten, dass nur lebt, wer behelligt und behelligt wird.

Die Fremdartigkeit des Perversen widerspricht der falschen Eigenartigkeit des Normalen, hat aber keine Kraft mehr, sobald sie sich manifestiert. Gerade durch ihren psychischen Sucht- und Zwangscharakter sind die behandlungsbedürftigen Perversionen starr und schematisch. Lustfeindschaft in der Lust herrscht hier wie ansonsten auch, kommt nur durch ein anderes seelisches Kommando zustande. Das perverse Ritual und die alltägliche Liebe sind prinzipiell gleich fern und nah, fremd und eigen.

Sachliche Leere

Dass die Sphären des Sexuellen eine Einheit in der Separation bilden, dass es keine in sich harmonische Möglichkeit des Sexuellen gibt, dass die große Liebe so zwieschlächtig ist wie die Perversion, geht manchem Psychoanalytiker nicht in den Kopf.

So teilte beispielsweise der zeitweilig sehr angesehene Londoner Analytiker M. Masud R. Khan (1983) folgende Perversionsformel mit: Dissoziierte Primärobjekt-Introjekte, mütterlich, väterlich oder beides, werden unter Libidinisierung der Angst vor Desillusionierung oder drohender Vernichtung zum inneren Objekt montiert

(»collated internal object«), das (sexualisiert) als perverser Fetisch funktioniert, wegen der (im Vergleich zu Psychosomatosen beispielsweise) mangelhaften Angstbindung immer wieder als vorhanden bestätigt, wegen seines Fremdkörper- und Fabrikatcharakters immer wieder erbrochen und wegen der Lustspende immer wieder benutzt werden muss als Seilakt zwischen Realität und Illusion, der durch Performance die ursprüngliche Desillusionierung niederhalten, überblenden soll. Der Perverse schiebe ein unpersönliches Objekt zwischen sein Verlangen und seinen »Komplizen«. Dieses Objekt, eine stereotype Phantasie, ein Fetisch, eine pornografische Darstellung, entfremde ihn sowohl von sich selbst als auch vom Objekt seines Verlangens.

Die Perversen müssen also ihr enteignetes, apparatives Verlangen wie nach äußeren Gesetzen der Mechanik in Anschlag bringen und, sofern die Konstruktion stimmt und Kimme und Korn austariert sind, führt das auch zum kurzlebigen Erfolg. Von Übertragungen und Gegenübertragungen oder von der Psychogenese des montierten Objekts ist logischerweise in dieser Art von Psychoanalyse nicht die Rede, weil die Perversionen doch nur Handlungsreflexe auf ein triebloses Sachgeschehen sind. Am Ende der Behandlung stehen Glanzlosigkeit, Leere, Kastration. Dabei hat der Leser noch Glück, wenn der Behandlungsbericht des Psychoanalytikers nicht frei erfunden ist, eine Unsitte, über die in Fachkreisen immer wieder gemunkelt wird. Dass viele Falldarstellungen »montiert« sind, um einen Erfolg, brillante Deutungen oder metapsychologische Kreativität vorzugaukeln, darf ungetrost unterstellt werden.

Hätte Masud Khan die Perversion als Spitze des Eisbergs genommen und sie nicht aus dem Reich der lebendigen Widersprüche herausgedrängt, hätte er den Mechanismus der Perversion als Ausdehnung des Reiches der Stereotypisierungen bis in sein angebliches Gegenteil hinein, Triebchaos und Triebdurchbruch, verstanden, hätte er einen pathognomonischen Beitrag zur Lage des Sexuellen geliefert. Die Apparativität und Ichlosigkeit, die er der Perversion zudiktiert, ist, vielleicht in weniger auffälliger oder anderer Form, gang und gäbe: der Collagecharakter des Bildes von der Welt, das Nehmen der warenfetischistischen Verheißungen als bare Münze, die innere Bindungsschwäche, die äußere Treulosigkeit bei eingebildeter innerer Treue, die Mechanismen der Angstbewältigung, die dinghafte Einengung des Sexuellen, seine Automatisierung, das Streben nach Autonomie um jeden Preis, die Suche nach einem dritten Weg zwischen Realität und Illusion in effektiver Erregung.

So aber muss man wieder einmal perversionstheoretisch und überhaupt durch eine »Entfremdung«, durch eine »Alienation in Psychoanalysis« hindurch, die eine beinahe behavioristische, jedenfalls tegumentale Transferation der tatsächlichen Entfremdung ist und der gedachten, einer Entfremdung, die längst zur Verstofflichung geworden ist.

Luziferische Verteufelung

Doch Masud Khan ist noch sehr zurückhaltend und verständnisvoll, wenn wir an Auffassungen wie die der ebenfalls angesehenen Pariser Analytikerin Janine Chasseguet-Smirgel (1986, 1989) denken, die in den Präsidien der nationalen und internationalen Vereinigungen Jahrzehnte lang Weichen stellte. Mit ihren Büchern über sexuelle Perversionen schreckt sie bis heute die in der Regel in Sachen Perversion recht unerfahrenen und ohnehin therapeutisch ängstlich zurückweichenden, lieber an Sexualwissenschaftler verweisenden Psychoanalytiker noch zusätzlich ab.

Was denkt sich Chasseguet-Smirgel? Sehr wenig. Denn sie ist auf wundersame, nein: auf monotheistisch-väterlich-reife Weise im Besitz der »Wahrheit«. Sie weiß, was »Gott der Vater auf dem Thron« und was »die Natur« will. Sie kennt den »Schöpfungsplan«, »das Gesetz« und »die Realität«. Alle sehen eine saubere, eindeutige, patriarchale Trennung und Unterscheidung der Geschlechter und der Generationen vor wie »in der jüdischen Religion« (1989, S. 177). Das alles weiß sie mit letzter Gewissheit, in der sie Bibelworte bestärken, die sie ihren Kapiteln voranstellt: »So spricht der Herr ...« (ebd., S. 221). Doch der Hybris, dem Hochmut sind die Perversen verfallen.

Begriffe und Annahmen, die spätestens seit den sechziger Jahren ums Ganze dekonstruiert und diskreditiert worden sind und von einigermaßen kritischen und der Zeit zugewandten Wissenschaftlern nicht mehr normativ-positiv benutzt werden wie die Schöpfung, das Patriarchat, »die« Natur, »das« Gesetz, »das« Maß, »die« Wissenschaft, Sauberkeit, Artenreinheit, Reife usw. – diesen ganzen ontologisch-ideologischen Megaloquatsch, mit dem schon ein unermessliches Unheil angerichtet worden ist, all das scheint sie zu glauben, richtet sie als *Pompe funèbre* gegen ihre perversen Patienten, die so gottlos, widernatürlich, hybrid, teuflisch, atavistisch, unreif, gesetzlos, maßlos, denkgestört, verneinend, negativ und umstürzlerisch sind wie Satansanbeter, Thoraverächter, Moralzersetzer, Menschenschinder, Folterer, Revoluzzer. Da hilft es nichts mehr, wenn die Dame, deren Maßstab die Bibel ist und die die Faszination, die von Perversen ausgeht, nicht begreift, nach Hunderten von Seiten plötzlich eine Wende vollzieht und den Perversen bescheinigt, »ein unleugbares Ferment der Zivilisation« zu sein, weil sie nach dem »Unmöglichen« strebten und »neue Wege« beschritten (ebd., S. 266), was übrigens auch zu bezweifeln ist.

Im engeren Sinne psychoanalytisch argumentiert Chasseguet-Smirgel so: Die »mütterliche Verführung (hat) den Perversen zur Wahl von Lösungen getrieben«, die die »menschliche Reifung vermeiden« (S. 251). Diese »mütterliche Verführung« dringt in das Kind ein, traumatisiert es und führt zur Bildung einer besonders gefährlichen phallischen Mutterimago. »Ziel des Perversen ist, die (genitalen) Kräfte des Vaters zu verneinen und durch das Eintauchen in die analsadistische Dimension der Undifferenziertheit eine (magische) Verwandlung der Realität herbeizuführen« (S. 222). Durch diese »magische Operation«, durch diese »Hybris« triumphiere der Perverse über den »Schöpfervater« (S. 189). Gleichzeitig bestehe gegenüber der Mutter »immer« eine »Feindseligkeit« (S. 181). Das Resultat sei Aufhebung aller Trennungen, Einlauf ins »analsadistische Universum«, Metanoia, Umkehrung der Werte, Karikatur der Gesetze, »Denkstörung«, Realitätsverlust, insbesondere hinsichtlich der Geschlechter- und Generationen-Unterschiede. Erreicht werde dieses perverse »Chaos« mit Hilfe der Hauptmechanismen Vermischung, Verleugnung, Verneinung, Übertretung und Täuschung. Das Maß, mit dem gemessen wird, sind wie gesagt Gott und die Natur, die von dem (biblisch-väterlichen) Gesetz, von den Eltern und der Realität repräsentiert werden. Da die Perversen maßlos sind, sind sie eine teuflische Versuchung des Geistes, aber auch eine gottähnliche.

Als sei alles ein analsadistischer Brei wendet Chasseguet-Smirgel ihre psychoanalytischen Begriffe und metapsychologischen Annahmen eins zu eins auf historische Prozesse und politische Ereignisse an. Wie in den entpolitisierenden, verwirrenden öffentlichen Reden von Politikern, die wir bereits zitiert haben, stellt sie einen – in ihrem Fall genetischen und nicht nur semantischen – Zusammenhang zwischen Perversion und Diktatur, speziell dem Nationalsozialismus her: Wie der Untergang des Römischen Reiches mit dem Verfall der Sitten, die Französische Revolution mit den perversen Pamphleten des Marquis de Sade zusammengehe, so sei »das Aufkommen des Nazismus mit den Transvestitenkabaretts in Verbindung zu bringen, deren Zahl sich damals in Deutschland vervielfachte« (ebd., S. 267; vgl. auch S. 149, 153, 219). Beweis: »Mindestens drei Filme haben sich mit diesem Thema beschäftigt (*Cabaret*, *Das Schlangenei* und *Die Verdammten*)« (ebd.). Kommentar: keiner.

Skandalös ist nicht, dass diese Analytikerin ein antagonistisches Bild von der Welt hat, das sie für ödipal, jüdisch, hell, aufgeklärt und reif hält, obgleich es heidnisch ist. Skandalös ist, dass ihre Ansichten, wie Angela Moré (2001) eingehend dargelegt hat, so überaus positiv aufgenommen wurden, Ansichten, die zum Himmel schreien: Binaristisch-wahnwitzig schmeißt sie alles, was ihr nicht behagt, in einen Sumpftopf der luziferischen Destruktion: Marxismus und Nationalsozialismus, Christentum und Perversion, Mutterimago und Studentenrevolte. Den Studenten, die im Mai 1968 in Paris rebellierten, hat sie laut Moré zusammen mit ihrem Ehemann Béla Grunberger unter Pseudonym, also, das sage ich, unter täuschender, »perverser« Maske, öffentlich eine perverse psychische Struktur bescheinigt.

Nicht unerwähnt lassen möchte ich, wie die Autorin mit dem Werk Freuds umgeht. Sie zitiert, was ihr in den satanischen Kram passt. Beispielsweise aus einem privaten Brief an Fliess aus dem Jahr 1897, also vor der Formulierung seiner keineswegs biblisch-physikalischen Sexualtheorie. In diesem Brief bezeichnet Freud zwar die Perversion nicht als »Äquivalent« (ebd., S. 170) einer Teufelsreligion wie

Chasseguet behauptet, überlegt aber, und das passt in den Kram, ob es sich bei ihr um Reste einer uralten Teufelsreligion handele.

Negativ der Normalität

Alles in allem sieht Chasseguet-Smirgel die Perversion als Negativ der Normalität, als eine individuell krankhafte, aber auch in allen Menschen und Gesellschaftssystemen bereitliegende Kraft des Umsturzes der Realität, der Zersetzung des Geistes, der Zerstörung der Wahrheit. Der Perverse schaffe Chaos statt Form, Unnatürliches statt Natur, Falsches statt Echtem, Schmutz statt Reinheit, Illusion statt Realität, Finsternis statt Licht. Sie kann nicht erkennen, dass sie mit ihren generalisierenden Denunziationen die Schattenseiten des so genannten Prozesses der Zivilisation den keineswegs formlosen, unnatürlichen, unechten Perversen in die Schuhe schiebt: selbstherrliches Subjekt anstelle Gottes, dritte »unnatürliche« Natur statt erster, Magie der Sachzwänge und des Fetischcharakters der gesellschaftlichen Charaktere der Wissenschaften statt eindimensionaler Wahrheit.

Doch die strenge Herrin bricht auf der finsteren Lichtseite Lanzen für saubere Forschung, klare Sexuierung und Geschlechter-Trennung, für phallischen Monismus, reife Koitus-Sexualität und so weiter. Offenbar lebt sie in einem genitalsadistischen Universum, das es heute noch weniger gibt als vor fünfzig Jahren. Sie zitiert aus einem Werk des Marquis de Sade, um zu zeigen, womit sich seine Protagonisten brüsten, wie pervers es bei ihm zugeht: Vatermord, Inzest, Prostitution, Kindsmissbrauch, Sodomie, Ehebruch, Unreinheit, Ausschweifung, Gottlosigkeit – und übersieht, dass die meisten dieser Verbrechen oder Aktivitäten mittlerweile gang und gäbe sind, plus, o Grauen, Feminismus, Schwulen-Ehe, Bisexualität, Sexkinos, Pornoläden, Internetperversionen en masse, gesetzlich anerkanntem Geschlechtswechsel usw.: für Chasseguet-Smirgel alles durch und durch »pervers«, weil die universellen, bibelanalytischen Geschlechtergrenzen überschritten werden. Ihre Verteufelung der Perversion läuft also auch kulturell zunehmend ins Leere.

Lassen wir sie also in ihrem schauderlich normopathischen Universum zurück, das sie selbst, präsentierte es ihr ein Patient, »pervers« und »hybrid« nennen müsste: Magie der Keimbahn, Diktatur des Väterlichen, Verneinung des Mütterlichen, Unterordnung des weiblichen Geschlechts, Mystifikation der Normalität, Fetischisierung der Reife, maßlose Überschätzung eines einzelnen Persönlichkeitszuges, Erstickung der Erotik durch Reinheit und Gehorsam.

Vom kulturellen Ende der alten Perversionen

Alles, was einmal konstruiert worden ist, kann auch dekonstruiert werden. Da unsere Perversionen vor gar nicht so langer Zeit kulturell erfunden worden sind, können sie auch wieder verschwinden.

Bei der theoretischen, klinischen und forensischen Konstruktion der klassischen Perversionen im Verlauf des 19. Jahrhunderts taten sich besonders deutsche, französische und russische Mediziner hervor (z.B. Moreau 1880, Magnan 1885, Krafft-Ebing 1886, Tarnowski 1886). So denken und handeln konnten sie nur, weil inzwischen *unsere* Sexualität als gesellschaftliche Form, als Begriff und Gefühl erfunden worden war. Vordem gab es kein *allgemeines* Gefühl der Sexualität *als solcher*, war Sexualität kein allgemeines theoretisches, moralisches oder ästhetisches Problem, das *als solches* hätte behandelt und gelöst werden müssen. Im Zuge der totalen Partialisierung, die mit dem Prozess der identifizierenden Vergesellschaftung bis heute verschränkt ist, wurde die Sexualität nach allen Regeln der herrschenden Episteme zerlegt. Die Raster, nach denen zergliedert, isoliert und fetischisiert wurde, waren vor allem: Mann/Frau, Erwachsener/Kind, gut/böse, schuldig/unschuldig, nomisch/anomisch, normal/unnormal, gesund/krank, zentral/peripher.

In diesem Prozess wurden *unsere* Perversionen als periphere, männliche, erwachsene, böse, schuldige, unnormale und pathologische Sexualitäten abgegrenzt und aufgelistet, aus dem buntscheckigen Mundus sexualis herausgeschnitten – epistemologisch, phänomenologisch und blutig real. Die Dialektik dieser Klärung ist: Ein Mensch, der vorher nichts als »infam« war, um mit Foucault zu reden, erhielt jetzt als infames *Sub-iectum* eine Stimme – und erhob sie selbst, seine Sonderbarkeit war nicht mehr namenlos. Da sie aber bei einem bestimmten, überaus abträglichen Namen gerufen und dingfest gemacht werden konnte, hatten die Vollstrecker der Parole der Ausrottung und Vernichtung alles Abweichenden festen Boden unter ihren Stiefeln. Tatsächlich wurden vor allem in der ersten Hälfte des 20. Jahrhunderts und vor allem unter der Herrschaft der Nazis Tausende getötet oder in den Tod getrieben, sexuelle Männer, die von den Normen abwichen oder denen dies unterstellt wurde.

Andererseits lief ebenfalls im 20. Jahrhundert ein Prozess der Dekonstruktion ab, in dessen Verlauf immer mehr vordem undenkbare sexuelle Vorlieben nicht mehr als krankhaft oder moralisch verwerflich angesehen wurden. Die Grenze zwischen Normalität und Perversion wurde immer durchlässiger, verwischte sich immer mehr, wurde seit den sechziger Jahren immer mehr als gesellschaftsfetischistisches Artefakt erkennbar. Um das vor allem in seiner verdeckt verdrehten Doppelbödigkeit anzudeuten, habe ich vor mehr als zwei Jahrzehnten ein kleines Stück mit dem Titel »Vom Ende der Perversion« veröffentlicht (vgl. Sigusch 1982), in dem es unter anderem sinngemäß hieß:

Gleichgeschaltet ist beispielsweise der Notzüchter, behandelt er doch Menschen wie Dinge, die man ohne Schuld und Schande benutzen kann. In den USA hat er sich schon vor Jahrzehnten zu den konformen Verbrauchern gesellt, also seinen einstigen Status eines Individualpathologen mit vereinzeltem Seelenschicksal abgelegt. Dort haben sich Frauen nicht nur bei Nacht und in zweifelhaften Gegenden in Acht zu nehmen. Und selbst das für Lehrbuchgläubige Unvorstellbare wird dort beobachtet: Frauen vergewaltigen Männer, was technisch etwas komplizierter ist.

Das Skandalöse am Notzüchter ist, dass er etwas wahr macht, was niemand wahrhaben will. Er nimmt andere Menschen als so belanglos, willenlos, bereits abgestorben und zu Stoff geworden, wie es zwar im objektiven Zug liegt, im Alltagsbewusstsein aber maskiert bleibt. Indem der Vergewaltiger die Devise wahr macht, nach der der Mensch nur dann zählt und nur so viel, sofern und inwieweit er benutzbar ist, variiert er das Generalmotto: Nach uns die Sintflut. Die Aufklärer müssen tief in die Fetischkiste greifen, um den Betroffenen weiszumachen, das alles habe nichts mit der allgemeinen Verstofflichung zu tun. Warum der kleine, bisher ebenso graue wie unbescholtene Angestellte rudelhaft zum Vergewaltigen übergegangen ist, wird dabei so klar beantwortet werden, wie es eine Kloßbrühe ist.

Gleichgeschaltet ist auch der Pädophile. Er macht augenblicklich auf penetrante Weise deutlich, dass nichts und niemand der Benutzung entgeht. Ein Schonraum für Kinder wäre ja auch ebenso anachronistisch wie das Tabu, das auf deren Sexualität liegt. Doch das Skandalöse am Pädophilen ist, dass er den Kindern jene Liebe geben will, die generell versprochen, aber kaum vermocht wird. Er pflegt nicht auf den Fetisch Auto »Ein Herz für Kinder« zu kleben, nachdem es ihnen auf ganz normale Weise herausgerissen worden ist. Er nimmt seinen Fetisch, das Kind, so ernst, wie es ein Fernsehapparat nicht fertig bringt. Das erzeugt ein Unbehagen und macht aggressiv.

Sind die Pädophilen noch davon entfernt, als soziale Minderheit anerkannt zu werden, stehen die Transsexuellen kurz vor dem Ziel. Sie haben inzwischen das getan, was zuvor nur Homosexuelle richtig fertig gebracht hatten: auf die Straße gehen, die Medien benutzen, sich organisieren, als Gruppe gegen Gesetze kämpfen. Wie die Homosexuellen werden sie zunehmend nicht mehr als individuell grotesk, vielmehr als biopsychische Minorität angesehen. Das variiert auch Diskriminierung und Verfolgung. Im Jahr 2003 musste der Vatikan zum Äußersten greifen: die so genannte Homo-Ehe sei das Böse, sei des Teufels. Glauben wollen das aber nur noch christliche Fundamentalisten, die sich im Zeitalter der Gleichschaltung ihrerseits unwillkürlich mit den Fundamentalisten anderer Provenienz in der Verachtung von Gottes Geschöpfen und im menschlichen Willen zur Vernichtung vereinigen.

Ins Komische abgedrängt und total überholt sind der Exhibitionist und der Voyeur. Im Zeitalter des Zur-Schau-Stellens und der Sexografie sind sie um das Schockierende ihrer Existenz gebracht. Nicht nur in Dänemark hatten die Normalen sehr schnell nur noch ein müdes Lächeln für die Gliedvorzeiger übrig, nachdem in Kino, Fernsehen und Schaufenstern Geschlechtswerkzeuge in ausreichender Menge und Variation ihren Auftritt gehabt hatten, die Stupidität ihrer bloßen Erscheinung verratend. Von nun an waren die Exhibitionisten auf ein Weiteres genötigt, um Bestrafung und das Entsetzen der anderen zu kämpfen. Richter, ja selbst polizeiliche und psychiatrische Ermittler sind zu milde geworden. Liebevoll vernichtend nennen sie sie ihre »Exis«. Obgleich überlebt und existenziell bedroht, tanzen Exhibitionisten und Voyeure weiterhin aus der Reihe. Wollen die einen das globale System des Grauens und der Gräuel mit einem steifen Glied schockierend unterbrechen, betreiben die anderen etwas heimlich und verschämt, was ansonsten öffentlich ist und ohne jede Scham.

Dabei müssen sie in Kauf nehmen, von den Normalen ihrerseits geschockt zu werden. Die Mechanismen einer »richtigen« Perversion verkennend, haben Frauen inzwischen versucht, die offensichtliche Offerte der ihr bestes Stück präsentierenden Exhibitionisten anzunehmen, was bei diesen blankes Entsetzen auslöste. Oder beim Koitieren von einem Mann beobachtete Paare haben sich bemüht, den verklemmten Voyeurismus des Mannes nach dem Motto »Es lebe die neosexuelle Revolution!« in eine flotte Triole umzuwandeln. Dieses Gebaren wirft außerdem die Frage auf, ob das bisher normale Begehren die Enttabuisierung des sexuell Perversen und Schmutzigen überstehen wird. Denn es könnte auch an Überreizung versiegen, wenn an jeder Ecke Neosexuelle lauern, die exhibitiosadomasourokoprophile Praktiken offerieren und noch mehr: Zipper Sex und Tantra, Queening und Shrimping, Mysophilie, Autofellatio, Klismaphilie, Sitophilie usw. – was immer das sein soll. Noch befinden wir uns in einer Phase des erprobenden Zulassens nach einer Phase der Verbote. Das heißt, noch wird Erregung freigesetzt. Aber danach?

Für eine früher stark beachtete Perversion scheint das kulturelle Ende bereits beschlossene Sache zu sein. Denn schon seit Jahrzehnten beinahe ausgerottet im Leben wie im Gesetz- und Fachbuch ist der Sodomit. Man muss zu den Werken der ersten Sexualpathologen-Generation greifen, wenn man erahnen will, wie besonders der Kaninchenliebhaber einst war. Und man musste hierzulande als akkreditierter Sexualforscher warten, bis die DDR unterging, um aus dem für seine Perversionen seit Jahrhunderten berühmten Anhaltinischen endlich einen real existierenden

Sodomiten in Gestalt eines Schweineliebhabers zur Untersuchung überwiesen zu bekommen.

Im Westen machten solchen Sonderlingen die postmodernen Sodomiten schon vor Jahrzehnten den Garaus. In einer Intensität, Ernst- und Dauerhaftigkeit haben sie sich massenhaft mit ihren Lieblingen häuslich, sklavisch und steuerzahlend eingerichtet, dass von einer psychosozialen Neoallianz zu sprechen nicht übertrieben ist. Gäbe es die alten Sodomiten noch in nennenswerter Zahl, erinnerten sie womöglich auf beschämende Weise daran, dass nicht wenige neue Sodomiten, einsam und verlassen, ohne ihre Haustiere überhaupt keine Gefühle mehr unterbringen könnten, überhaupt keinen sinnlichen Verkehr mehr hätten. So aber ist der alte Sodomit weitgehend in der Normalität aufgegangen. Er wurde durchs Elend der normalen Liebe wegrationalisiert. Ohne ihre Hunde und Katzen würden heute Millionen Menschen verzweifeln. Eine andere Liebe fanden sie nicht.

Natürlich (und das meint immer: gesellschaftlich) werden nicht nur Exhibitionisten und Voyeure, Sodomiten und Fetischisten aufgerieben. Auch die guten alten Transvestiten und gewisse, lange schon sirrende Homosexuelle gelangen ans Ende ihrer kulturellen Tage. Hat den einmaligen Damenimitator längst der allgemeine Mick-Jagger-Transgestismus, die transvestitische Massenshow und der theoretisch-politische Transgenderismus geschluckt, müssen diese Homosexuellen dem Gemeinwohl dienen, indem sie in der Sphäre der Zirkulation mit der Strumpfhose ein Stück von sich selbst charmant veräußern. Das ist Ausrottung durch Verramschung. Die Vereinheitlichung der Sinnlichkeit in der Form der ästhetischen Abstraktion liefert dazu das Modell.

Lassen sich die einen jetzt die Geschlechtsorgane herausschneiden, tun die anderen oft so als ob. Wer noch vor einer Generation blande effeminiert war oder ein Kleiderfetischist, muss heute das Geschlecht wechseln. Wer ephebophil war, soll heute gefälligst kleine Kinder begehren und sich in armen Ländern kaufen. Wer einfach homophil empfand, wird heute nicht selten von Leder, Muskeln, Schweiß, Uniformen oder allerlei Torturen angezogen. In solchen Stufenleitern lösen sich die klassischen Abweichungen und Perversionen auf.

Ziemlich erfolgreich transformiert ist inzwischen der alte Sadomasochismus samt benachbartem Fetischismus, dem von Soziologen eine kleine algophile Lebenswelt attestiert wird (vgl. z.B. Hitzler 1993). Er hat als Sexualform die kulturelle Übernahme seiner Fetische und Parafetische und damit eine nicht unwesentliche Ausblutung überstanden. Leder, Lack und Latex bezeichnen nicht mehr eine vorauseilende Mode oder ein bizarres Outfit; sie werden längst in ordinären Kaufhäusern angeboten. Folterstühle und Streckbänke sind vielleicht noch etwas unbekannt, Nietenhalsbänder, Peitschen, Penisringe, Brustwarzengewichte oder Piercings in allen Körperregionen dagegen kaum noch. Als Tomi Ungerer (1986) die »Stiefelfrauen« der Hamburger Reeperbahn aufsuchte und bei ihnen wohnte, war das, was er danach zu sagen und zu zeichnen hatte, noch für viele fremd und befremdend. Heute aber wird das Lob der Peitsche unbehelligt und öffentlich gesungen und erörtert, wie die Prozeduren hygienisch ohne bleibende Verletzungen über die Bühne gebracht werden können.

Gesellschaftlich ist der Wechsel der Sadomasochisten vom Organischen zum Anorganischen insofern längst unspektakulär, als Metamorphosen von Lebendigem und Totem in der hiesigen Kultur geradezu normognomonisch sind, also gang und gäbe (vgl. mein Theorem der Hylomatie in Sigusch 1997). Außerdem sind die postmodernen Sadomasochisten vielleicht insofern Vorreiter der kulturellen Transformation der Sexualität, als das Sexuelle im alten Sinn zumindest in ihren körperlichen und leibhaften Erregungen und überhaupt Sensationen bereits von untergeordneter Präsenz und Bedeutung ist. Und schließlich imponiert das einst skandalöse sadomasochistische Begehren heute unterm Aspekt von Gefahr und Verbrechen und Katastrophe angesichts der wirklichen Lage ebenso altmodisch wie harmlos. Aus allgemeinem Grund muss diesen Neosexuellen jede Erniedrigung ins Menschenfreundliche, jedes Auspeitschen ins Gemütliche missraten. Der altperverse Sadomasochist spielt Herr und Knecht, und die Welt ist so. Er phantasiert die kleine Vernichtung, und die große ist real. Das macht seine Vorlieben objektiv makaber. Dabei wäre es vielleicht immer noch so süß, beides zu sein, einmal der Henker, andermal der Hingerichtete – und doch moralisch bei sich.

Um keinen Trugschluss zu befördern, der zur damaligen Zeit leicht vorstellbar war, hieß es in dem erwähnten kleinen Stück »Vom Ende der Perversion« einleitend und sinngemäß auch:

Eine in sich harmonische Möglichkeit des Sexuellen ist nicht zu erkennen. In der Form der Perversion produzieren die partiellen Lüste keine andere Einheit als die verstofflichte. Läuft das Perverse zwanghaft in sich selbst, wird es von der spezifischen Verstofflichung erfasst, ist es so widerstandslos wie die gemeine Verliebtheit sowieso. Weil die sexuellen Sphären eine Einheit der feindseligen Trennung bilden, sind beide, Liebe wie Perversion, angepasst und unangepasst zugleich, beklagen beide, jede Sphäre für sich, in lustvoller Lustfeindschaft und der Maske des falschen Glücks eben dieselben.

Von der Perversion zur Neosexualität

Im Verlauf der letzten zwei bis drei Jahrzehnte sind beinahe alle alten Perversionen medial aufbereitet und partiell entdämonisiert worden, nicht nur im Internet, sondern auch in den traditionellen Massenmedien. Jeder Talkmaster suchte sich etwas Passendes aus, Biolek den Genitalschmuck mit Demonstration, Meiser den Gummifetischismus, Heyland den Sadomasochismus samt Regieanweisungen, Maier den Telefonsex, Weier die Sexsucht, Dreier die spezialisierte Prostitution usw.

Vom Geheimen zum Öffentlichen

Heute kann das Publikum scheinbar sogar Metamorphosen vom Zwang zur Vorliebe miterleben. Ein ehemals süchtiger Exhibitionist zum Beispiel zeigt sich jetzt vorbeigelockten Touristen nackt an seinem Fenster. Er schäme sich nicht mehr, wünsche sich aber die Bewunderung der Vorbeiziehenden. Das Exhibieren sei nur ein Teil von ihm, davor und daneben habe er viele andere Interessen. Die alte Scham und die alte Belastung seien sekundär erzeugt worden durch die Reaktion der Familie, der Nachbarn, des Arbeitgebers, der Polizei. Der Reiz komme eigentlich aus dem Verbot, der Paragraf stachele an. Der überwältigende, sprachlos machende Rausch sei vergleichbar dem eines 16-Jährigen, dem eine nackte Frau mit offenem Morgenrock die Tür öffne. Inzwischen werde das Problem differenziert. Wichtig sei die Unterscheidung: Exhibitionismus ohne Berührung (»Bellende Hunde beißen nicht«) einerseits, Vergewaltiger andererseits. Immer weniger Frauen zeigten einen Exhibitionisten an. Außerdem gäbe es mittlerweile auch Selbsthilfegruppen ...

Dadurch, dass inzwischen Vorlieben und Sonderbarkeiten, die früher als unaussprechlich und pervers galten, öffentlich nachhaltig verhandelt worden sind, hat sich die Grenze zwischen Normalität und Anormalität, zwischen Privatheit und Öffentlichkeit beträchtlich verschoben. Die erste so genannte Sexwelle in den Massenmedien, die ein wesentlicher Bestandteil der sexuellen Revolution der sechziger Jahre war, publizierte im Wesentlichen die normale Sexualität. Im Zentrum standen

Nacktheit, Paarbeziehungen, Koitus, Kontrazeption, Pubertät usw. Es ging also um »große« Themen, die viele Menschen interessierten. Die Sexwelle, die wir gegenwärtig erleben, geht dagegen weit über das bisher als normal Angesehene hinaus und behandelt recht isoliert immer »kleinere« Sujets.

Vom Kranken zum Vorreiter

Kaum noch vorstellbar, dass die Selbstbefriedigung zwei Jahrhunderte lang als die Sexualkrankheit schlechthin für alle nur erdenklichen Schwächen und Katastrophen bis hin zum Tod verantwortlich gemacht worden ist. Heute sonnt sie sich im Glanz der Dignität einer eigenständigen Sexualform. Kaum noch vorstellbar, dass die Homosexualität vor einem Jahrhundert für die Medizin die sexuelle Perversion schlechthin war, dass vor einigen Jahrzehnten homosexuelle Männer von normalen Deutschen wegen ihrer Homosexualität umgebracht worden sind. Danach standen bewegte Homosexuelle, die zu Schwulen mutierten, an der Spitze der sexuellen Liberalisierungs- und der neosexuellen Transformationsfront. Sie waren Vorreiter und Bahnbrecher, als es darum ging, den Körper warenästhetisch zu erschließen oder dem bisherigen, tumben Sexualleben jenen Hauch von Perversion einzublasen, von dem bereits die Rede war. Heute muss ein Minister seinen Hut nehmen, wenn er versucht, seinen keineswegs schwulen, vielleicht sogar nur homophilen Regierungschef mit dessen Homosexualität zu erpressen.

Und die Normalisierung geht weiter. Wenn manfrau jetzt im Fernsehen erfährt, dass es einen Reparaturbetrieb für Dildi gibt und auch ein ordentliches Dienstleistungsgewerbe, das gerufen werden kann, wenn der Sadist die Kette oder den Käfig nicht mehr zu öffnen vermag; ja dass es Möbel für Sadomasochisten gibt, die so geschickt in das kleinbürgerliche Wohnzimmer integriert werden können, dass es die Oma nicht merkt, wenn sie zu Besuch kommt – dann kann doch, so die Botschaft, all das nicht so absonderlich und gefährlich sein wie früher behauptet worden ist.

Nachdem auch entlegene Sexualia – in der Regel mit einer von den Zuschauern als geheuchelt durchschauten Empörung – öffentlich am laufenden Band vorgeführt worden sind, muss schon etwas besonders Bizarres, wie die Engländer sagen, aufgetischt werden, um noch skandalisieren zu können. Beispielsweise ein Politiker, der tot in seinem Haus gefunden wird, nackt bis auf Damenstrümpfe, mit einer Plastiktüte über dem Kopf – das ist ein gesundes Fressen für jene Presse, die weder die Würde des Todes noch die Würde der privaten sexuellen Vorliebe und schon gar nicht die Würde einer Perversion respektiert. In einem konkreten Fall der neunziger Jahre nannte ein Premierminister diesen beim »Sexspiel« erstickten Politiker »traurig und unglücklich«. Dem widersprachen dessen Verwandte vehement: Das Gegenteil sei richtig gewesen. Und eine deutsche Zeitung schrieb, »kein normaler Mensch« könne sich vorstellen, aus der Selbststrangulierung und dem Erstickungsgefühl Lust zu ziehen. Auch weit gefehlt: Die normalen Menschen können sich das alles vorstellen und tun es auch, wie wir bereits gehört haben.

Internetsexualität 2005

Um von den Medien beachtet zu werden, um heute noch schockieren zu können, muss die Stufenleiter bis zum Ende heruntergestiegen werden – wie hierzulande gerade geschehen: einem übers Internet gefundenen Mann mit dessen Einverständnis den Penis abschneiden und mit ihm zusammen aufessen, ihn danach töten und wie ein erlegtes Wildschwein behandeln, das heißt zerlegen, einfrieren, auftauen und nach und nach verzehren. Die Fälle, die noch Verwunderung, wenn schon weder Bestürzung noch Wut auslösen, sind so rar, dass sie selbst der exzessive Sammler Richard von Krafft-Ebing (1886) in sein einzigartiges Gruselkabinett aufgenommen hätte.

Von der Perversion zu Spezialitäten und Neosexualitäten

Die angedeuteten kulturellen Prozesse der Normalisierung durch Entmystifizierung, Enttabuisierung und Kommerzialisierung, kurzum die Banalisierung sexueller Vorlieben und Praktiken, die vordem als widernatürlich, gottlos, pervers und unmenschlich gegolten haben, integrieren die vordem isolierten partiellen Lüste auf verschiedene Weise.

Einerseits schalten sie sie wie bereits vorstehend angedeutet auf abstrakte Weise konkret gleich, wobei die Affekte der Wut und des Hasses in einigen Fällen (Beispiel: Transvestitismus) kollektiv abgeschwächt, in anderen Fällen (Beispiel: sexueller Missbrauch von Kindern) verstärkt werden.

Perversion als Neosexualität: Fesselspiele 2004

Andererseits werden partielle Lüste zu Spezialitäten deklariert, die das normale Sexualleben bereichern. In einem Buch der Gegenwart, das nach Aufbau und Intention »Das Buch vom Sex« schlechthin sein soll, nennt die Autorin Suzi Godson (2003) nach den stinknormalen Praktiken Solosex, Vaginal-, Anal- und Dildo-Koitus, Oralsex, Afterlecken, G-Punkt- oder Prostatastimulation usw. als »andere Sexwelten« Pornografie, Sex für Geld, Fetische, BD, SM mit Sub/Dom, Flagellation, Gruppensex und Swinging sowie »Extremsport«, worunter sie »Sexspiele« mit Kot, Urin, Muttermilch (»Laktaphilie«) und Erbrochenem (»Emetophilie«), »Infantilismus« (z.B. Inszenierungen mit kindlichen Utensilien wie Windeln oder Nuckelflaschen) sowie Zoophilie als Nachfolger der alten Sodomie subsummiert, zum Beispiel in Gestalt der »Zoolinktion«, bei der ein Tier durch das Aufstreichen von Leckereien auf die Genitalien dazu gebracht wird, die Genitalien der Person »aus der anderen Sexwelt« zu lecken. »Alles andere« listet Godson dann als Spezialität von A bis Z: z.B. Akrotomophilie (Erregung durch Amputierte), Autoasphyxie (Erregung durch selbst herbeigeführte Erstickungsgefühle), Candaulismus (zwei Personen beim Sex zuschauen), Dogging (Paare beim Sex im Auto beobachten), Felching (Heraussaugen von Samen aus Scheide oder Darm, z.B. mit einem Strohhalm), Mukophagie (Verzehr von Nasenschleim), Osmolagnie (Erregung durch

Gerüche), Sakrofrikose (heimliches Onanieren in der Öffentlichkeit durch ein Loch in der Hosentasche), Sitophilie (Sexspiele mit Nahrungsmitteln wie Gurken, Honig oder gekochten Eiern, die in den Anus geschoben werden), Trichophilie (Erregung durch Inszenierungen mit Haaren, die z.B. heimlich abgeschnitten werden), Zipper Sex (schnelle sexuelle Aktion, bei der die Partner gar nicht zum Ausziehen kommen) usw.

Das ist die kulturelle Konversion der alten psychiatrischen Geheim- und Gruselkabinette monströser Perversionen in weltweit publizierte, mehr oder weniger skurrile, aber keineswegs krankhafte oder moralisch zweifelhafte individuelle Vorlieben. Eindrucksvoll ist dabei: dass alle alten Perversionen in der einen oder anderen Form zu überleben scheinen trotz aller Umbrüche und Umformierungen. Selbst der Zopfabschneider, der einst Furore machte und den zuletzt Schorsch (1975) wenigstens erwähnt hat, taucht in Gestalt des Trichophilen wieder auf. Nichts Perverses geht also verloren.

Das bringt mich endlich dazu, von den Formen zu sprechen, die ich Neosexualitäten nenne. Denn Gleichschaltung hin, Gleichschaltung her, Normalisierung hin, Normalisierung her – so leicht sind Perversionen natürlich nicht ganz und gar als Eigenheiten aus der Welt zu schaffen. Selbst die von den Normalen beinahe ausgelutschten und aufgesaugten wie die dranghafte Liebe zu Tieren, der Voyeurismus, der Exhibitionismus, bestimmte Formen des Fetischismus oder milde Formen des Transgestismus existieren in den Krypten der Gesellschaft weiter. Andere sind im Zug einer breiten Transformation der Geschlechts-, Sexual- und Beziehungsformen im Verlauf der letzten Jahrzehnte, die ich als »neosexuelle Revolution" beschrieben habe, zu mehr oder weniger eigenständigen, mehr oder weniger kulturell anerkannten, jedenfalls zu kulturell denkbaren, nicht mehr generell verpönten Sexual- oder Geschlechtsformen gewissermaßen aufgestiegen. Ließ früher die hohe Sphäre eher in äußerer Stille, die niedere eher mit den Mitteln des Schocks andere Möglichkeiten als die verordneten erahnen, etablieren sich seit den siebziger Jahren – ich spreche immer über die reichen westlichen Länder, nicht über Nigeria oder China – ziemlich lautlos allerlei sexuelle Vorlieben und geschlechtliche Eigenheiten als selbstständige Neosexualitäten (siehe auch Sigusch 1998b, 2001b). Das ist nur möglich, weil das sexuell Perverse für die Normalsexualität konstitutiv ist, sodass nichts aus dem Rahmen fällt, erscheine es noch so bizarr.

In dem angedeuteten Prozess werden die »großen« alten Perversionen diskursiv aufgelöst und als normalisierte Lüste neu installiert. Dabei verwischt sich die alte Aufteilung Perversion/Homosexualität/Heterosexualität in Richtung Normalsexualitäten (inklusive Mann-Mann- und Frau-Frau-Beziehungen)/Neosexualitäten/krankhafte, behandlungsbedürftige Perversion (international auch Paraphilie genannt). Damit ist bereits gesagt, dass die Vervielfältigung der sozial akzeptierten Beziehungs- und Lebensformen auch zu einer Differenzierung der alten Hetero-

und Homosexualität geführt hat. Deren vordem eintönig-steinerne Strukturen erweisen sich damit auch empirisch-lebensweltlich als Schein, weil sie ganz offensichtlich kulturell produziert worden sind.

Umso bornierter ist es, wenn Psychoanalytiker nach wie vor alle individuellen Differenzen und kulturellen Differenzierungen ignorieren und die der herrschenden Normopathie geschuldete Frage erörtern, ob »die« Homosexualität katexochen eine Krankheit sei, was differenzialtherapeutisch etwa so sinnvoll ist wie die Annahme, »die« Heterosexualität falle mit Gesundheit zusammen. »Homosexueller« ist für diese Analytiker offenbar nach wie vor eine Diagnose, während »›Heterosexueller‹ niemals als Diagnose verwendet wird« und auch nicht verwendet werden kann, weil es »keinen Sinn macht« (Reiche 1997, S. 953).

Gleichzeitig wollen immer mehr Gesellschaftsindividuen, vor allem jüngere Frauen, immer weniger mit der von Anfang an androzentrischen und später von vergilbten Fragebogen abgezogenen Einteilung in entweder heterosexuell oder homosexuell zu tun haben (Düring 1994, Kinnish et al. 2004). Indem sie sich mal so und dann wieder ganz anders erleben und verhalten, problematisieren sie die psychoanalytische Lehre, nach der die Weichen in der frühen Kindheit endgültig gestellt werden. Bekanntlich nahm Freud an, in unserer Kultur entwickele sich die erwachsene Sexualität durch Einschränkung nach der einen oder anderen Seite. Die eine Seite war für ihn die Heterosexualität, die andere die Homosexualität, und die Abirrungen waren die Perversionen. Das gilt in klinischen und therapeutischen Zusammenhängen zwar im Wesentlichen nach wie vor. Kulturell und sozial aber hat die heilig-unheilige Trias der bisher kulturell lizenzierten Sexualformen an symbolischer Durchschlagskraft verloren, weil die Grenzen durchlässiger und die Identitäten brüchiger geworden sind. Heute werden die Großen Drei nicht mehr so strikt voneinander getrennt. Sexuelle und geschlechtliche Empfindungsweisen, die früher klinisch und nichtklinisch der Heterosexualität, der Homosexualität oder der Perversion zugeschlagen worden sind, weil keine anderen Raster zur Verfügung standen, treten aus deren Bannkreis heraus, definieren und pluralisieren sich selbst als Lebensweisen. Generell kann gesagt werden, dass alle klassischen Sexualformen problematisiert und differenziert werden, selbst die Heterosexualität, die jetzt nicht nur theoretisch keine Selbstverständlichkeit mehr ist, wie Freud hellsichtig erkannte, sondern erstmalig auch kulturell.

Diese Transformationen geben der Bisexualität zum ersten Mal eine reale Chance, zur Sexual- und Geschlechtspraktik *sui generis* zu werden. Am Reißbrett entworfen wurde sie von der Wissenschaft schon vor einhundert Jahren, natürlich mehr als Risiko denn als Chance, mehr als abstrakte Anlage oder unbewusstes Vermögen denn als ein konkretes, manifestes und stabiles Begehren und Verhalten im bewussten Leben. Dem widersprechen seit einigen Jahrzehnten immer mehr Männer und vor allem Frauen. Zur Zeit der antiautoritären Bewegung der sechziger

Jahre wurde der Bisexualität erstmalig eine emanzipatorische Kraft zugesprochen. Die männliche Sexualität war aber damals allgemein noch zu fest und die weibliche zu flüssig, als dass sie sich auf dieses Experiment hätten einlassen können. Und so suchte ich sie zusammen mit Herbert Marcuse am Ende der sexuellen Revolution vergeblich, nicht als Verhalten, jedoch als eigensinnige Form. Vielleicht aber war sie schon da, und wir konnten sie nur nicht sehen, weil auch in unseren Köpfen die Trias dominierte. Ist das der Fall, steht alles Bisexuelle im Verdacht, nichts als ein infantiler Größenwahn, eine abgewehrte Homosexualität, eine narzisstische Störung oder eine andere psychosoziale Notlösung zu sein. Jetzt aber treten Bisexuelle, wenngleich noch bleich und eitel, aus dem Bannstrahl von Heterosexualität und Feminismus, von Homosexualität und Schwulenbewegung allmählich heraus. Sie organisieren sich, veranstalten eigene Kongresse, werden von den Medien entdeckt oder fabriziert, zeigen öffentlich ein Gesicht. TV-Serien wie »Roseanne« und Filme wie »Threesome« haben ein neues Sujet, und 1995 widmete endlich »Newsweek« der Bisexualität eine Titelgeschichte: »Not Gay. Not Straigth. A New Sexual Identity Emerges«. Das Magazin notierte 1.400 Bisexuellen-Gruppen in den USA, einschließlich »Bi Star Trekkies« und »Bi Adult Children of Alcoholics«. Andere Blätter ließen es sich angelegen sein, Heroinen der Liebe wie Marlene Dietrich und Billie Holiday und Kerle wie Cary Grant und James Dean als das zu entlarven, was sie im wirklichen Leben gewesen seien: Sie hätten mit beiden Geschlechtern verkehrt. Bisexuelle, die sich inzwischen auch schon diversifizieren, ordneten die Mega-Stars den gegenwärtigen Subgruppen zu: Bi-straight, Bi-bi oder Bi-gay, je nach dem, was offensichtlich überwog.

Nicht zuletzt durch den Einbruch der Krankheit AIDS mussten sich viele Verhaltens-Bisexuelle bekennen. Als »Transmissionsriemen« zwischen infizierten Homosexuellen und nichtinfizierten Heterosexuellen unter präventive Beobachtung gestellt, wurden sie zum Gegenstand von Regierungskampagnen und AIDS-Hilfe-Faltblättern. Auch die Sexualforscher nahmen sich jetzt ihrer an. Sie hielten ebenfalls Kongresse ab, studierten das Phänomen empirisch und versuchten, den Prozentsatz der Bisexuellen zu bestimmen. Das ist gar nicht so einfach, weil für diese Neosexuellen charakteristisch ist: das sie sich den alten Festlegungen verweigern, dass sie die alten Identitäten überwinden wollen. Schließlich besteht die »Identität« der Bisexuellen darin, keine Identität alter Art zu haben, nicht eine Ausschließlichkeit, sondern eine *Einschließlichkeit* sein zu wollen. So ist der Prozentsatz derer, die sich selbst als bisexuell bezeichnen oder die sich im letzten Jahr vor der empirischen Erhebung bisexuell verhielten, recht different. Er oszilliert zwischen 0,2 und etwa 10 Prozent. Hinzu treten aber immer mehr, die die sexuelle Orientierung nicht politisch oder historisch einordnen, sondern strikt individuell bestimmen. Die Devise lautet: selbst optimieren und selbst regulieren. Letzteres wird umso wichtiger, als sich nicht mehr verbergen lässt, dass es noch schwieriger ist, ein bisexuelles

Leben zu leben als ein monosexuelles und monogames mit gelegentlichen Ein- und Ausbrüchen. Außerdem ist nach einigen Studien die »Biphobie« der Normalen größer als die Homophobie, weil es um etwas Nichtetabliertes geht, das alle zu verwirren in der Lage ist. So hat jede Zeit ihre Probleme.

Sexualtheoretisch scheint mir von Bedeutung zu sein, dass sich neue Selbstpraktiken wie beispielsweise sadomasochistische, fetischistische und transgenderistische, die früher als krank angesehen worden sind oder nur in Keimform existierten, gegenwärtig mit großer Selbstverständlichkeit in aller Öffentlichkeit als etwas Eigensinniges inszenieren. Sie sind, wie bereits gesagt, insofern *typische Neosexualitäten*, als das sexuell Dranghafte nicht mehr im Vordergrund steht. Sie sind *zugleich sexuell und nonsexuell*, weil Selbstwertgefühl, Befriedigung und Homöostase nicht nur aus der Mystifikation der Drangliebe und dem Phantasma der orgastischen Verschmelzung beim Geschlechtsverkehr gezogen werden, sondern ebenso oder stärker aus dem Thrill, der mit der nonsexuellen Selbstpreisgabe und der narzisstischen Selbsterfindung einhergeht. Und schließlich oszillieren sie zwischen fest und flüssig, identisch und unidentisch und sind oft sehr viel passagerer als ihre »schicksalhaften« und fixierten Vorgänger.

Von den erwähnten Neosexualitäten unterscheidet sich der Transsexualismus, der mit operativen, das Körpergeschlecht verändernden Eingriffen einhergeht, in mehrfacher Hinsicht, vor allem wohl, weil er eher ein sich fixierendes *Neogeschlecht* als eine flexible Neosexualität ist. Als einzige Neubildung ist der Transsexualismus mittlerweile mit den höchsten kulturellen Weihen versehen worden. Für welche Sexual- oder Geschlechtsform gibt es schon eine Lex specialis wie das Transsexuellen-Gesetz in einigen europäischen Ländern oder einen von höchsten Gerichten garantierten Zugang zu den Leistungen der gesetzlichen Krankenkassen? Das Neo-Logische am Transsexualismus ist, dass er sein eigentlich immer schon logisches Gegenstück, das ich *Zissexualismus* (Sigusch 1991, 1995) genannt habe, grundsätzlich ins Zwielicht rückt. Denn wenn es ein *Trans*, ein Jenseits (des Körpergeschlechts) gibt, muss es auch ein *Cis*, ein Diesseits geben. Indem der Transsexualismus beweist, dass auch die Geschlechtlichkeit ein kulturell Zusammengesetztes und psychosozial Vermitteltes ist, fallen Körpergeschlecht und psychosoziale Geschlechtsidentität bei den Zissexuellen, die bisher die einzig Gesunden und Normalen waren, nicht mehr fraglos und scheinbar natural zusammen. Das aber geht ans kulturell Eingemachte.

Bleibt vor allem die Pädosexualität, die heute wahrscheinlich noch verpönter und tabuierter ist als vor einem viertel Jahrhundert, als in politischen Zusammenhängen öffentlich diskutiert wurde, ob sie nicht als Lebensform anerkannt werden sollte. Doch auch hier herrschen Paradoxien. Denn selbst die geschmähte und verfolgte Pädosexualität pluralisiert sich nach marktwirtschaftlicher Logik. Wenn Embryonen und Jungfrauen auf dem Markt angeboten werden, wenn alles käuflich ist, warum dann nicht auch Kinderfleisch? Neben den alten, vereinzelten Pädophilen ist massenhaft der Biedermann als Sextourist getreten. Er entzieht sich ganz naturwüchsig dem klinisch-forensischen Zugriff und macht zugleich Freuds (1912, S. 85) Verdacht wahr, dass er erst dann »seine volle Potenz« entwickelt, »wenn er ein erniedrigtes Sexualobjekt vor sich hat«, das ihn »nicht in seinen anderen Lebensbeziehungen kennt und beurteilen kann«.

Hinzu kommt eine Sonderstellung dieser Sexualform, die in mehreren Normalitätsgraden begründet ist. Zum einen gab es Zeiten bei uns, in denen es für einen Mann normal war, mit einem aus heutiger Sicht eindeutig minderjährigen Mädchen zu schlafen oder es zu heiraten. Manfrau denke zum Beispiel an die Sexual- und Geschlechterverhältnisse im 18. Jahrhundert und als Beispiel an das Sexualleben des großartigen Georg Christoph Lichtenberg. Zum Zweiten beschwören wir seit kurzem die Liebe zum Kind als ein hohes und kostbares und erregendes Gut, ohne im gesellschaftlichen und individuellen Leben die entsprechenden Beschlüsse zu fassen. Und zum Dritten ist nicht nur allgemein bekannt, sondern auch seit Jahrzehnten experimentell-sexuologisch nachgewiesen, dass erwachsene, unbescholtene, nichtdeviante Männer auf Abbildungen kleiner nackter Mädchen bis hinunter zur Altersgruppe 6 bis 8 Jahre körperlich-sexuell reagieren, gemessen zum Beispiel an der Zunahme des Penisvolumens, die gar nicht bewusst zu werden braucht (vgl. z.B. Freund 1972). Das Inzesttabu samt seiner Verstrickungen in der familiären Entwicklung muss also nicht einmal bemüht werden, wenn erkannt werden soll: dass keine andere Perversion, keine andere Sexualform so sehr ins Schwarze verdrängter und zensierter, aber jeder Zeit herauslockbarer sexueller Sehnsüchte trifft wie zumindest der Umgang mit einem Kind, der die Grenze zwischen Erotik und Sexualität berührt. Deshalb die anhaltende Kriminalisierung.

Unterdessen treten die anderen Sexualitäten aus dem Fokus der gesellschaftlichen Beobachtung und Kontrolle heraus, verharren die ehedem angeblich unmenschlichen Formen, die Perversionen, nicht mehr im Zentrum des Hasses, der Verachtung, des Neides und der Strafwut der Normopathen. Manfrau wird sich vielleicht in Zukunft ein anderes Phänomen vornehmen müssen. Vielleicht Kaufsucht? Ausgeschlossen, weil systemerhaltend. Fresssucht? Nein, weil systemgerecht. Überdurchschnittliches Altwerden? Denkbar positive Euthanasie. Kostenintensive Krankheit. Wahrscheinlich. »Selbstverschuldete«, störend-aufdringliche Armut unvermittelbarer Dauerarbeitsloser? Auch wahrscheinlich, weil sich der westeuropäische Nachkriegs-Sozialstaat nach dem Wegfall des angeblich menschlicheren Staatssozialismus spürbar und Zug um Zug seinem kapitalistisch eigentlich logischen Ende zuneigt.

Perversion als Krankheit

Das Perverse ist ein unverzichtbarer Kern jeder Sexualität. Anders wäre auch Horkheimers Notiz »Schreckbild Perversion« nicht zu verstehen: »Welch ungeheure Masse verdrängter Wünsche nach anderer als regulär genitaler Triebbefriedigung müssen in den Menschen wohnen, da sie immer zur Wut bereit sind, wenn das Wort Perversion ertönt. Wehe dem Opfer des tyrannischen Regimes seit dem Beginn des Mittelalters, bei dem der Verfolger auf das Perversionsmotiv verfiel. Es ist keine Marter zu furchtbar, keine den Massen genug – denn keine ist stark genug, daß sie den Brand in sich löschen können« (1974, S. 30).

Da die perverse und die normale Sexualität untrennbar zusammengehören, muss der ideologischen Pathologisierung und Verteufelung der Perversionen, wie sie bei uns seit etwa hundertfünfzig Jahren praktiziert und seit gut hundert Jahren üblich ist, widersprochen werden, auch um den Brand in den Normalen, *soi disant*, immer wieder durch Aufklärung zu löschen.

Definition und Diagnose

Doch obgleich die Perversionen als solche nach unserer Überzeugung keine Krankheiten sind, gibt es einen Brand in einigen Perversen, den sie selbst nicht löschen können. Das heißt, Perversionen können sich als Krankheit und/oder Kriminalität niederschlagen wie die normale Sexualität, wenn wir zum Beispiel an Erlebens-, Funktions- und Geschlechtsidentitätsstörungen einerseits, Missbrauch und Vergewaltigung andererseits denken. Um nicht dem allgemeinen Verdacht gegenüber Perversionen zu erliegen, sollte von Perversionen als behandlungsbedürftigen Störungen oder Krankheiten nur dann gesprochen werden, wenn bestimmte Leitsymptome vorliegen. Bevor die Leitsymptome erörtert werden, die nach meiner Kenntnis und Erfahrung für die Diagnose entscheidend sind, muss aber noch einmal im klinischen Zusammenhang begründet werden, warum nach meiner Überzeugung nach wie vor von »Perversionen« gesprochen werden sollte und nicht von »Störungen der Sexualpräferenz« wie in der Internationalen Klassifikation psychischer

Störungen der WHO (ICD-10) oder von »Paraphilien« wie im Diagnostic and Statistical Manual of Mental Disorders der American Psychiatric Association (DSM-IV).

Wir haben bereits daran erinnert, dass in unserer Kultur mit dem Ausdruck Perversion die Abscheulichkeiten schlechthin belegt werden, von der Apartheid über die Neutronenbombe bis hin zum Holocaust. Die Sexualwissenschaft dagegen betrachtet Perversionen als etwas Humanspezifisches. Trotz seiner schreienden öffentlichen Verwendung benutzen wir den Ausdruck Perversion weiterhin aus folgenden Gründen. Erstens verfügen wir über kein anderes Wort, das gerade im therapeutischen Bereich weder verlogen noch verharmlosend wäre. Dort geht es nicht um soziologische definierte Abweichungen im Sinne einer Deviation und auch nicht um Harmlosigkeiten, wie sie der Ausdruck Paraphilie insinuiert. Es geht vielmehr um Risiken und Katastrophen und nicht selten um Leben und Tod. Zweitens ist die mit der Aufgabe des Begriffes einhergehende Distanz zur sexualwissenschaftlichen Perversionslehre der Nachkriegszeit klinisch und forensisch falsch, wie ich sogleich darlegen werde. Und drittens schafft ein Wechsel der Wortmarken allein nichts aus der Welt. Nach meinem Gefühl entspricht der Ausdruck Perversion mit seiner Affekt- und Stereotypnähe nach wie vor der psychosozialen Situation, in der sich Menschen befinden, deren Sexualleben von Zwängen und Süchtigkeiten bestimmt wird.

Nur dann, wenn bei einem Patienten ganz bestimmte psychische Mechanismen und Erlebensweisen so sehr im Vordergrund stehen, dass er ohne sie weder zu einer sexuellen Befriedigung gelangen noch sein Leben ohne innere Leere und Destruktion fristen kann, spreche ich von einer sexuellen Perversion, genauer: von einer behandlungsbedürftigen süchtig-perversen Entwicklung (vgl. Sigusch 2002). Diese psychischen Mechanismen und Erlebensweisen wirken im Seelenleben des perversen Menschen wie Zwänge und beherrschen es relativ unabhängig von der jeweiligen Sexualpraktik und dem jeweiligen Sexualobjekt und auch relativ unabhängig vom allgemeinen kulturellen Wandel. Diese Mechanismen und Erlebensweisen sind: (1) Einfache oder doppelte Sexualisierung; (2) dominante Fetischisierung eines Gegenstandes oder einer Szene; (3) zwanghafte Externalisierung sexueller Phantasien; (4) süchtiges Erleben des Sexuellen.

Sexualisierung

Der Mechanismus der Sexualisierung kann bei der süchtigen Perversion in zweifacher Hinsicht eine zentrale Rolle spielen. Zum einen obligatorisch insofern, als nur durch ein bestimmtes sexuelles Erleben und Handeln wenigstens vorübergehend das seelische Gleichgewicht hergestellt werden kann. Hier wird das Leben gewissermaßen selbst sexualisiert. Zum Zweiten werden oft normalerweise sexuell neutrale Gegenstände, Handlungen oder Szenen nicht nur libidinös besetzt, sondern im engeren Sinne sexualisiert, beispielsweise Beinprothesen und Schuhe oder Szenen wie Haare-Schneiden und In-Windeln-Gewickeltwerden.

Fetischisierung

Der Fetischismus wird von den meisten Experten als Modell der sexuellen Perversion angesehen (N. Becker 2001, Reiche 2001). Tatsächlich ist bei den sexuellen Perversionen der psychische Mechanismus der Fetischisierung oder der fetischistischen Inszenierung von zentraler Bedeutung für die sexuelle Erregung und Betätigung. Ein Segment oder eine Szene des immer komplexen sexuell-geschlechtlichen Geschehens wird mehr oder weniger aggressiv sexualisiert, dominiert alle anderen Segmente oder Szenen und ist für den Perversen unverzichtbar. In diesem Sinn wäre beispielsweise ein heterosexueller Mann dann pervers, wenn er nur durch das Belauschen einer urinierenden Frau zum sexuellen Höhepunkt gelangen kann. Auch äußerlich aggressiv wäre sein Verhalten, wenn er als Handwerker verkleidet in Damentoiletten eindringen würde, um Frauen beim Urinieren zu beobachten. Bei der Perversion sind alle Sinne und alle Sensationen der Kindheit wie in einem Fetisch zusammengeschoben. Bei der normalen Sexualität liegt dagegen eine Zerstreuung vor: Haut, Brust, Haare, Gesäß, Ausscheidungen, Stimme, Kleidungsstücke usw. werden mehr oder weniger milde fetischisiert, ohne zum Reiz schlechthin zu werden. Ohne eine gewisse Fetischisierung aber erlischt das Sexualbegehren der Normalen sehr schnell. Um es noch einmal zu sagen: Das Geheimnis jener Paare, die viele Jahre immer wieder erregend miteinander sexuell verkehren, scheint darin zu liegen, dass sie durch eine milde perverse Inszenierung wirksam aufeinander bezogen und miteinander verbunden sind, am besten ohne es zu wissen.

Externalisierung

Nur die Externalisierung des Fetischs beziehungsweise der spezifischen sexuellen Szene ermöglicht dem Perversen eine orgasmoide sexuelle Erregung. Normale Menschen überspielen die oft unbefriedigende Realität des Sexuallebens durch Phantasietätigkeit. Bei süchtig-perversen Menschen dagegen muss sich Phantasie in Realität niederschlagen; sie stehen unter einem Manifestationszwang. Beispiel: Ein süchtig-perverser Fetischist starrt beim Spazierengehen mit seiner Ehefrau plötzlich auf einen Schuh; seine Ehefrau muss ihn von der Schuhträgerin wegziehen »wie einen läufigen Hund«. Giese nannte das »Verfall an die Sinnlichkeit«; der Patient habe gegenüber sinnlichen Eindrücken keine Souveränität, sei spezifischen Reizen ausgeliefert. Weil es bei der Perversion zu einer so genannten extrapsychischen Symptombildung kommt, durch die innere Spannungen und Ängste ausagiert werden, hat Freud die Perversion das Negativ der Neurose genannt. Denn bei der Neurose würden ängstigende oder konflikthafte sexuelle Wünsche nicht externalisiert, sondern verdrängt. Das führe zu so genannten intrapsychischen Symptomen. Grob gesagt, dominiert bei Süchtig-Perversen der Vorgang der Extrojektion; sie phantasieren wenig und machen viel. Bei Normalen dominiert dagegen der Vorgang der Introjektion; sie phantasieren viel und machen wenig.

Süchtigkeit

Die einfache oder doppelte Sexualisierung, die zwanghafte oder ritualisierte Manifestation und die mehr oder weniger unpersönliche und beziehungslose Fetischisierung sind bei den behandlungsbedürftigen Perversen mit einem süchtigen Erleben verbunden: »Es kommt über mich.« Sie hängen an der perversen Szene wie der Drogensüchtige an der Spritze. So sucht zum Beispiel ein süchtiger Perverser seinen Fetisch Tag und Nacht im Internet, bis er physisch zusammenbricht, oder er kopiert Tag und Nacht erotische Bilder von kleinen Jungs ohne zu essen und zu trinken, bis er umfällt, oder er reist auf der Suche nach einem bestimmten »erotischen« Kleidungsstück für Frauen durch die ganze Welt, bis er sich dadurch familiär, beruflich und finanziell ruiniert hat. Wird das perverse Tun unterbunden, kommt es zu Entzugserscheinungen wie beispielsweise psychosomatischen Beschwerden oder einer Depression. Nur wenn der Suchtcharakter des sexuellen Geschehens unübersehbar ist, sollte die Diagnose Perversion beziehungsweise süchtig-perverse Entwicklung von Psychotherapeuten oder Ärzten gestellt werden. Klinisch ist also das Leitsymptom der Süchtigkeit entscheidend. Es wirft den Perversen am ehesten aus einem halbwegs geordneten Familien- und Berufsleben, führt zu einem Krankheitsgefühl und dem Wunsch, behandelt zu werden.

Zerstörung oder Selbstheilung?

Wie unfanatisch Freud die Perversionen am Beginn des 20. Jahrhunderts sah, haben wir bereits erörtert. Vor ihm versuchten Sexualwissenschaft und Psychiatrie, die Perversionen generell als krankhafte Degeneration, als organische Störung oder, bei ethnologisch-anthropologischer Betrachtung sehr viel weitsichtiger, als ein physiologisches Vermögen, als ein universelles menschliches Variationsbedürfnis zu begreifen.

Überblicken wir die Perversionslehren des 20. Jahrhunderts, die bis heute von Bedeutung sind, so lassen sie sich im Hinblick auf die kulturelle, moralische und klinische Bewertung der Perversion in zwei mehr oder weniger voneinander abgegrenzte Richtungen aufteilen: eine, die den zerstörerischen und deformierenden Charakter der Perversion, ihre Negativität, herausstellt, und eine, die die aufbauende, kreative, selbstheilende und lebenserhaltende Funktion der Perversion, ihre Positivität, betont. Die erste Richtung, zu der auch frühe Sexuologen wie Richard v. Krafft-Ebing gehören, spricht zum Beispiel von Deformierung (Straus), Destruktion (v. Gebsattel), Depersonalisation (Socarides), Entfremdung (Khan), Feindseligkeit (Stoller) oder vom Inbegriff des Luziferischen (Chasseguet-Smirgel). Die andere Richtung, zu der frühe Sexuologen wie Iwan Bloch und Freud gehören, für die die Perversion etwas Allgemeinmenschliches ist, hat so etwas wie Liebeswirklichkeit (Boss), bloße Normwidrigkeit (Giese), kreative Ich-Leistung (Morgenthaler) oder sogar das auf eine freiere Sexualität Hinweisende (Schorsch) im Auge.

Heute wird die erste Position nicht mehr in erster Linie von Psychiatern, sondern von Psychoanalytikern wie Masud Khan und Chasseguet-Smirgel vertreten, auf deren verstofflichende bis feindselige Verdikte wir bereits ausführlich eingegangen sind. Was aber wollten die anderen Perversionsforscher?

Die anthropologische Perversionslehre, die vor allem in den dreißiger und vierziger Jahren des letzten Jahrhunderts entfaltet worden ist (vgl. z.B. Straus 1930, v. Gebsattel 1932, Kunz 1942), wollte die nach ihrer Meinung naturwissenschaftlich-physikalische Sicht der Psychoanalyse überwinden, indem sie von der ganzen menschlichen Existenz ausging. Allerdings gerieten ihr die Perversionen nur als Deformationen, Destruktionen, Normwidrigkeiten und Sinnverkehrungen in den Blick.

Die daseinsanalytische Lehre (vgl. z.B. Binswanger 1949/50, Boss 1952) wollte die psychoanalytische mit der anthropologischen Auffassung verbinden, indem sie den Seinsmodus der Liebe bei der Perversion studierte, ihr Liebend-in-der-Welt-sein-Können.

Leitsymptome der süchtig-perversen Entwicklung

Der Sexualforscher und Psychiater Hans Giese (1962) griff Anschauungen der anthropologischen und der daseinsanalytischen Richtung auf und legte die normative und klinische Differenzierung der Perversen so an, dass einige aus dem Machtbereich der Psychiatrie und des Rechts herausfallen konnten. Er unterschied die sexuelle Fehlhaltung, die eine bloße Normabweichung ist und keine Krankheit, von der sexuellen Perversion, die ein psychopathologisches Syndrom ist und damit eine Krankheit der Seele. Da das süchtige Entgleisen für die Perversion charakteristisch sei, arbeitete Giese »Leitsymptome der süchtig-perversen Entwicklung« heraus, die bis heute von großer Bedeutung sind, vor allem auch forensisch. Seine Leitsymptome lauten:

- Das Symptom »Verfall an die Sinnlichkeit« bedeute, dass der Patient keine Souveränität gegenüber sinnlichen Eindrücken habe, ihnen »verfallen« sei wie ein Hund den Pawlowschen Signalen.
- Das Symptom »Zunehmende Frequenz, abnehmende Satisfaktion« bedeute, dass sich der Patient in immer kürzeren Abständen betätigen müsse, weil das Gefühl der Befriedigung immer schwächer werde.
- Das Symptom »Promiskuität und Anonymität« verweise auf die Unfähigkeit des Patienten, personale Beziehungen einzugehen.
- Das Symptom »Ausbau von Phantasie, Praktik und Raffinement« bezeichne die direkte Beziehung zwischen Phantasietätigkeit und zwanghaft realisierter perverser Praktik, die Progredienz des Geschehens und die Tatsache, dass die ganze Person von der Perversion besetzt werde.
- Das Symptom »Süchtiges Erleben« besage, dass der Patient dem Verlangen ausgeliefert sei wie ein Suchtmittelabhängiger seiner Droge.
- Das Symptom »Periodizität des Verlangens« schließlich verweise auf den Wiederholungszwang, der immer wieder als dranghafte innere Unruhe, als Sexualnot, erlebt werde. Der Patient sei dann besonders reizbar, unverträglich, verstimmt.

Erlebens- und Verlaufsformen

Der Sexualforscher und Psychiater Eberhard Schorsch (1971) würdigte klinisch bedeutsame Einsichten von v. Gebsattel, Boss und Giese kritisch, griff emanzipatorisch-sexualwissenschaftliche (Schorsch 1975, 1980) und psychoanalytische Positionen auf (Schorsch und N. Becker 1977) und entfaltete zusammen mit Kolleginnen und Kollegen eine Lehre, die sowohl therapeutischen als auch forensischen Erfordernissen genügte (Schorsch et al. 1985/1996, Schorsch 1993, Hauch und Lohse 2001; vgl. auch Kapitel »Perversion als Straftat«). Schorsch (1980, S. 141 ff.) unterschied »vier Arten des Sich-Arrangierens mit der Perversion«:

- Die »Bejahung« oder »ich-syntone Integrierung der Perversion«, bei der die Person ihre perverse Sexualität nicht mehr abwehre, sondern akzeptiere und sich mit ihr aussöhne, sei gar nicht selten. Sie werde nur von Ärzten aus naheliegenden Gründen selten gesehen. Die Chance, sich auf diese Weise zu arrangieren, fände sich am häufigsten bei den Formen, denen die Gesellschaft eine Realisierungsmöglichkeit einräume, seltener bei Perversionen, die in einer Partnerschaft praktiziert und gegenseitig akzeptiert würden.

- Das »partielle Zulassen« und »Kanalisieren der Perversion« sei insofern zwiespältig, als ein Kompromiss zwischen Triebbefriedigung einerseits, Schuld- und Schamgefühlen andererseits gesucht werde. Die Perversion werde zwar als Teil der eigenen Persönlichkeit angesehen, als eine Art Fehler oder Mangel aber abgewertet. Gelebt werde die perverse Sexualität nur heimlich und sozial strikt abgegrenzt, zum Beispiel im Prostitutionsmilieu oder in speziellen subkulturellen Einrichtungen. Die Abwehr könne jederzeit zusammenbrechen.

- Bei der »Ablehnung der ich-dystonen Perversion« könne die als fremd und beunruhigend erlebte perverse Sexualität wegen starker Ängste, Schuld- und Schamgefühle von der Person nicht integriert werden. Verknüpfungen zwischen der abgekapselten magischen Welt der Perversion und der äußeren Realität existierten nicht. Die Patienten seien krank, litten unter der Perversion und bedürften der fachlichen Hilfe.

- Bei der »Verleugnung« würden die perversen Triebwünsche vollständig aus dem bewussten Erleben eliminiert und in nichtsexuelle soziale Aktivitäten eingebaut. Beim so genannten schlagenden Erziehungssadismus zum Beispiel sei die Perversion dann am vorausgehenden inquisitorischen Explorieren und ritualisierten Entblößen des Gesäßes zu erkennen.

Allein aus der differenten intrapsychischen Auseinandersetzung mit der perversen Sexualität ergeben sich unterschiedliche Verläufe im Leben. Schorsch (ebd., S. 143 ff.) nannte vor allem forensisch bedeutsame »progrediente Verlaufsformen«, die im Wesentlichen mit Gieses süchtig-perverser Entwicklung zusammenfallen, deren klinische Realität von Schorsch (1971) nicht nur nicht bestritten, sondern durch eigene empirische Studien belegt wurde. Daneben stellte Schorsch »sexuelle Impulshandlungen« heraus, bei denen es sich um akute, situativ ausgelöste Durchbrüche perverser Triebwünsche handele, die dem Bewusstsein entzogen seien.

Kreative Ich-Leistung und erotisierter Hass

Der Schweizer Psychoanalytiker Fritz Morgenthaler (1974) würdigte am eindrücklichsten die kreative und reparative Ich-Leistung, die eine Perversionsbildung darstellt. Ohne sie würde das Individuum in Depression versinken oder durch Selbstbeschädigung, Selbstauflösung und Selbsttötung untergehen. Morgenthaler sprach nicht von Feindseligkeit, Hybris, Fäkalisierung, Entfremdung usw., sondern davon, dass die Perversion die bestmögliche Lösung einer narzisstischen Disharmonie sei, die sogar einen Zugang zum Grandiosen eröffne. So zynisch und verachtend Chasseguet-Smirgel, so verehrend und verharmlosend Morgenthaler: Perverse seien kindlich, sinnlich, spielerisch, grandios. Morgenthalers perverse Überbrückungsstruktur, die »Plombe«, die die narzisstische Lücke im Selbst ausfüllt, findet sich bereits *grosso modo* bei Phyllis Greenacre (1969), die vom »Security Prop« sprach, der dem Fetisch entspricht und, wie ein Übergangsobjekt auch, dazu diene, die angsterregende Situation unter eine illusionäre Kontrolle zu bringen. Ein einzigartiges und bleibendes Verdienst Morgenthalers ist, als erster Psychoanalytiker nach Freud die Entwicklung zur Homosexualität als eine nichtpathologische Entwicklung dargestellt zu haben (Morgenthaler 1980).

Demgegenüber stellte der US-amerikanische Psychoanalytiker Robert J. Stoller (1975/2001) Hass statt Liebe und Feindseligkeit (»hostility«) statt Lust ins Zentrum seiner weitverbreiteten Perversionslehre. Der Wunsch, Schaden zuzufügen, sei entscheidend. Die Perversion sei eine »Entmenschlichung« der Sexualität (S. 30). Die Feindseligkeit nehme die Gestalt einer Rachephantasie an, die dazu diene, ein Kindsheitstrauma in den Triumph des Erwachsenen zu verwandeln. Als Traumen werden besonders Bedrohungen der Geschlechtsidentität herausgestellt. Das Trauma werde in Lust, Orgasmus, Sieg verwandelt. Die Perversion sei ein Abwehrsystem zur Rettung erotischer Lust. Untertitel seines Buches: »The erotic form of hatred«.

Der Psychoanalytiker und Sexualforscher Reimut Reiche (2001) vermeidet es auf wohltuende Weise, Perversionen an Hand allgemeiner Kriterien moralisch auf- oder abzuwerten. Er beschränkt sich auf eine klinische Definition und erörtert ausführlich die Behandlungsprobleme. Seine fünf Kriterien der Perversion sind:

- Obligater Fetisch: unbelebte Objekte und/oder Handlungen würden sexuell und nicht nur libidinös so besetzt wie sonst lebendige Partner.
- Perverse Szene: die Objekte und/oder Handlungen würden in eine für das Erreichen sexueller Erregung notwendige Szene eingebaut, in der die zentrale innere Objektbeziehung des Patienten externalisiert werde.

- Orgasmus: die in der Szene frei gesetzte Erregung löse den sexuellen Höhepunkt aus, womit so genannte Beziehungsperversionen ohne Orgasmus ausgeschlossen sind.
- Süchtige Unaufschiebbarkeit: die periodische Wiederholung der zum Orgasmus führenden Szene sei zwingend und werde wie eine körperliche Sucht erlebt.
- Perversion-in-der-Perversion: wie bei einer russischen Puppe sei in jeder manifesten Perversion eine latente Perversion enthalten, die mit der manifesten abgewehrt werde.

Ziel der Therapie

Die gegenwärtigen therapeutischen Versuche umfassen vor allem Psychoanalyse und Verhaltenstherapie und deren Kombination (vgl. z.B. Schorsch et al. 1985/1996, Reiche 2001) sowie medikamentöse Behandlungen, zum Beispiel mit Selektiven Serotonin-Reuptake-Inhibitoren (SSRI) und Antiandrogenen (vgl. im Einzelnen Berner 2001, Sigusch 2001c). Dabei hängt der Erfolg nicht davon ab, ob das süchtig-perverse Tun mehr oder weniger selten, bizarr oder moralisch abstoßend ist. Entscheidend ist vor allem,

- ob die Persönlichkeitsstruktur des Patienten (neurotisch, narzisstisch, borderline, psychotisch usw.) für oder gegen soziale Kompetenz und Beziehungsfähigkeit spricht;
- ob die Perversionsbildung eher ich-synton oder eher ich-dyston erlebt wird, ob sie also mehr oder weniger in die Person integriert ist oder in ihr wie ein Fremdkörper mit dem Risiko des Impulsdurchbruchs wirkt;
- ob der Grad der Aggressivität bzw. des Sadismus hoch oder niedrig ist und damit die Feindseligkeit gegenüber dem Sexualobjekt (Kernberg 1993, Berner 2001).

Wie es bei sexuellen Abweichungen und Perversionen alle seelischen Strukturen gibt, so gibt es auch alle Modi der Abwehr: von der Verleugnung und Spaltung bis hin zur weitgehenden Ich-Syntonizität der perversen Wünsche und Aktionen. Entsprechend different sind das Erleben und die Verläufe, die von sporadisch-episodenhaft über fixiert-stationär bis ausufernd-progredient variieren. Die Symptomatik muss nicht gleichbleibend sein, sie kann innerhalb kurzer Zeiten wechseln, auch einschneidend zum Beispiel hin zur Drogenabhängigkeit. Eine ich-syntone sexuelle Abweichung kann bewusst in das Leben integriert sein und nicht mehr Probleme mit sich bringen als das landläufige sexuelle Begehren, dafür aber eine durch nichts anderes zu erreichende Lust. Sie könnte mit Fug und Recht Paraphilie genannt werden. Demgegenüber kann es bei einer ich-dystonen Perversion, die seelisch abgespalten wird, zu so genannten Triebdurchbrüchen kommen, nicht selten mit verheerenden Folgen.

Deshalb ist es wohl die wichtigste Aufgabe jeder Beratung und Behandlung, die perversen Wünsche des Patienten zumindest ein Stück weit aus der seelischen und sozialen Isolation herauszuholen, damit sie sich nicht unwillkürlich und damit unbeherrschbar zerstörerisch auswirken. Die Bejahung der ungewöhnlichen sexuellen Wünsche durch den Patienten, von der Eberhard Schorsch so eindringlich gesprochen hat, ist der größte Schutz vor einer seelischen oder sozialen Katastrophe. Dieses Ziel kann aber in einer Therapie nur erreicht werden, wenn der Therapeut nicht als Vertreter von Recht und Moral agiert und vor allem, wenn ihm seine eigenen perversen Wünsche nicht fremd sind.

Perversion als Straftat

Der Sexualforscher Eberhard Schorsch und seine verhaltenstherapeutisch oder psychoanalytisch ausgebildeten Mitarbeiterinnen und Mitarbeiter Gerlinde Galedary, Antje Haag, Margret Hauch und Hartwig Lohse nahmen in Deutschland erstmalig die menschenfreundliche Parole wirklich ernst, nach der auch »Sittlichkeitsverbrecher«, die wir heute »Sexualstraftäter« nennen, ein Recht auf Behandlung haben. Der kostenfreien Devise, nach der diese Männer »unbehandelbar« seien, widersetzten sie sich selbstkritisch, und jene Sitte, nach der wir uns als Sachverständige nur um die diagnostische Durchleuchtung eines Angeklagten, nicht aber um die therapeutische Hilfe kümmern sollen – als gehöre für einen Arzt oder Psychotherapeuten nicht immer beides zusammen –, entlarvten sie als Unsitte.

Nach einer beinahe zehnjährigen Forschungsarbeit legten Schorsch et al. (1985/1996) unter dem Titel »Perversion als Straftat. Dynamik und Psychotherapie« ein Werk vor, das in Fachkreisen, zu denen hier Juristen ebenso wie Psychiater und Psychotherapeuten gehören, sogleich geradezu begeistert aufgenommen wurde – selbst von globalen US-amerikanischen Psychoanalytikern, die am Rande eines Weltkongresses bedeuteten: dieses Werk gehöre zu den zehn wichtigsten der letzten Jahre, müsse unbedingt ins Amerikanische übersetzt werden (was auch fünf Jahre später unter dem Titel »Sex Offenders. Dynamics and Psychotherapeutic Strategies« geschah). Schön ist die Weitsicht der Koryphäen, weil die Hamburger Forscherinnen und Forscher nicht zuletzt einige psychoanalytische Ausflüchte und Klugscheißereien überwinden mussten.

Wären die Autoren nicht so bescheiden und die Buchtitel nicht so plakativ, müsste das Werk heißen: »Bericht über die erste wirklich nachgewiesenermaßen erfolgreiche ambulante Psychotherapie straffällig gewordener Männer mit einer sexuell perversen Symptomatik«. Tatsächlich konnte mehr als die Hälfte der Probanden – insgesamt waren es 86 – allein psychotherapeutisch und ausschließlich ambulant erfolgreich behandelt werden. Kaum jemanden haben die Forscher abgewiesen, auch nicht, um die Statistik zu verbessern, selbst Therapieabbrüche haben sie mitgezählt. Nachuntersuchungen, so genannte Katamnesen, im Mittel 2 1/3 Jahre nach Behandlungsende, sicherten den Erfolg ab. Die Patienten hatten Delikte nach den §§ 176, 177, 178 und 183 StGB begangen, waren, deskriptiv gesprochen, vor allem durch Exhibieren vor Frauen und Kindern, durch sexuelle beziehungsweise aggressiv-sexuelle Handlungen an Frauen und Kindern sowie vereinzelt durch voyeuristische, pseudolistische (z.B. sexuelle Belästigung durch Telefonanrufe) und fetischistische perverse Manifestationen aufgefallen.

Die ambulante Psychotherapie, die Eberhard Schorsch mit seinen Mitarbeitern entwickelt hat und die bis heute wegweisend ist, kann hier nur andeutungsweise beschrieben werden. Sie ist nicht wie ein Programm festgelegt und auch nicht, wie sonst üblich, eindimensional: entweder verhaltenstherapeutisch oder psychoanalytisch. Sie muss, das ergab der Behandlungs- als Forschungsprozess, technisch und theoretisch flexibel bleiben, wenn etwas bewirkt werden soll. Bindeglied aller Einzelschritte ist jedoch das psychoanalytische Grundverständnis der Patientenpersönlichkeit, ihrer Entwicklung, ihrer Störungen und Defizite. Auf dem Boden dieses basalen Konzeptes können dann, je nach Lage, eher verstehend-interpretierende oder eher direktiv-übende Verfahren angewandt werden; sie sollen aber miteinander verflochten bleiben. So problematisch es unter anderen Bedingungen sein dürfte, bei einer Psychotherapie theoretisch und praktisch zu oszillieren, hier scheint die »offene therapeutische Gestalt« tatsächlich der geeignete Weg zu sein. Geht es bei dem einen Delinquenten in erster Linie um eine Krisenintervention oder darum, soziale Lernschritte nachzuholen, kann bei dem anderen die Stellung des Symptoms im seelischen Haushalt bewusstgemacht und damit vielleicht das Perverse seiner explosiven Unheimlichkeit beraubt werden. Bewährt hat sich dieses Vorgehen unabhängig von der Art des Sexualdelikts, vom Ausmaß der Aggressivität, von der Zugehörigkeit zu einer sozialen Schicht, ja sogar unabhängig davon, ob eine süchtig-perverse Entwicklung im Sinne von v. Gebsattel und Giese vorlag oder nicht.

Von selbst, ohne eigene Qual, stellen sich Durchbrüche in den Wissenschaften vom Menschen bekanntlich nicht ein. Während wir anderen in der Regel wegliefen und versuchten, unsere Schuldgefühle durch markige Aufrufe zu übertönen, wandte sich Eberhard Schorsch jenen Gebrannten, Gestörten und Gestrauchelten direkt zu, deren individuelle Zerstörungskraft mit der des Ganzen immer wieder identisch zu werden droht, nahm er die Strapazen der Sexualstrafprozesse auf sich, nicht alle Jubeljahre, sondern jahrzehntelang kontinuierlich.

Das Milieu, in dem er sich bewegte, ist, einmal ebenso modern wie treffend gesagt, einfach ätzend. Gerichtshöfe, Menschenanstalten, Schließer, Diener, Kammerpräsidenten als Gottväter, unsägliche Delinquenten, verschubte Patienten, Verteidiger wie Armleuchter, Staatsanwälte mit Schaum vor dem Gesetzbuch, psychiatrische Gutachter ohn' Aug', ohn' Zahn, ohn' Ohr, ohn' alles, die gelegentlich als verhinderte Sexualverbrecher in aller Servilität das Beil des Henkers schwingen, welches die Juristen nur noch aus den Bilderbüchern der Historie kennen – und vor der Tür ein rasender Mob, der den Sexualwissenschaftler lynchen will, weil er es wagte, den mittlerweile in das Strafrecht eingeführten Gedanken der Therapie und der Resozialisierung ernst zu nehmen, weil er es wagte, den Auftrag der Kammer auszufüllen, also nicht als psychiatrischer Gerichtsdiener bei der Verurteilung zur Hand zu gehen, sondern dem erkennenden Gericht die Tat an Hand, an Seele, an Geist und Persönlichkeit des Angeklagten und ihrer einmaligen Entwicklung verstehbar und verständlich zu machen.

Heraus kommt dabei regelmäßig ein Skandal, auf dem die Lynche gründet. Der Lustmörder, der Kinderschänder, der Notzüchter, sie alle sind keine Tiere, sie haben etwas getan, was zuunterst in allen Menschen als Wunsch bereitliegt, in die Welt der Phantasie eindringt und sogar, mehr oder weniger in Keimform, realisiert wird. Doch treten Sie einmal vor einen von der Gossenpresse zusätzlich aufgehetzten Mob und erklären Sie, Jürgen Bartsch sei ein menschliches Wesen, keine tierische Bestie (was allein schon biologisch logisch ist, weil die Tiere nur aus der Sicht der Menschen bestialisch sind, weil nur der Gattung Mensch eigen ist, zur Bestie werden zu können). Der Pöbel, der wir potenziell alle sind, wird Ihnen als erstes Ihren Benz zusammenschlagen, um Sie dann mit Morddrohungen zu terrorisieren. Jeder »verstehende« Sachverständige hat in irgendeiner Ecke eine Sammlung perfider Niederschriften, aus denen die kochende Volksseele spricht, Bände über Kain und Abel, über Eros und Thanatos, Libido und Destrudo. Wie es zu bewundern ist, dass Eberhard Schorsch all dem Jahr um Jahr standhielt, so ist es auch zu verstehen, dass andere davon in die Flucht geschlagen wurden.

Bereits als junger Arzt und Psychiater von Hans Bürger-Prinz und Hans Giese in die Forensik eingeführt, hat Eberhard Schorsch deren Arbeit fortgesetzt, systematisiert, auf einen wissenschaftlichen Boden gestellt, zunächst in der 1971 veröffentlichten Habilitationsschrift »Sexualstraftäter«. Danach öffnete er sich und die Sexualforensik zusammen mit Nikolaus Becker für das psychodynamische Denken und die Theorien der Psychoanalyse, nachzulesen in dem Standardwerk »Angst, Lust, Zerstörung« von 1977. Dieses Öffnen vor allem hat es möglich gemacht, die phänomenologisch-deskriptive Orientierung seiner Lehrer überwindend zu bewahren, in der Bundesrepublik Deutschland nach und nach eine »verstehende Forensik« unter dem Gekläff der traditionellen Gerichtspsychiater zu etablieren und dann die letzte Konsequenz zu ziehen, die die medizinischen Ermittler nie interessierte: Behandlung der Täter.

Eberhard Schorsch hat seine Lehrer auf allen forensischen Ebenen – klinische Erfahrung, Weite des Ansatzes, Reputation bei den höchsten Gerichten – überholt. Auch durch die praktizierte Einsicht, dass es eine Sache ist, sich an der Ästhetik der Perversionen zu berauschen, eine andere, Delinquenten jahrelang zu behandeln. Dem Meister gelang, die Perversion als Kunstwerk nicht der Perversion als Straftat zu opfern.

Perversion als Kunstwerk

Sexualforscher wie ich stoßen seit einhundert Jahren immer wieder auf eigentümliche Photographien, die Knaben und Jünglinge in Pose zeigen, antikisierend, aber mit präzisen Genitalien.

Eines Tages schließt sich der Kreis. Begonnen hatte er in »Der Eigene«, »Die Schönheit«, »Die Insel« und »Die Freundschaft« (alles Titel, die der Botschaft des Photographen offensichtlich äquivok sind), erfasste dann »American Magazine Queen's Quarterly«, »La Voce Repubblicana«, »homosexuelle emanzipation« und »him applaus« und schließt sich gegenwärtig in Büchern und Ausstellungen. Jetzt wissen alle, was die »Sexualmedizin« in ihrem Augustheft von 1987 gefragt hatte: Der Mann, der nach der Lektüre Homers und Theokrits »das alte klassische Leben im Bilde wiedererstehen« lassen, der Kunstwerke mit der Photomaschine herstellen wollte, der Pionier der *Plein air*-Photographie und der »homosexuellen Sehweise« in ihr, der Verkünder des ewig Ephebophilen und des *Fin de siècle*-Androgynen heißt Wilhelm von Gloeden.

Der Kreis habe sich geschlossen? Nein, noch lange nicht. Aber dank einiger Studien, die sexuelle Liberalisierung und Schwulenbewegung der siebziger Jahre möglich machten und verlangten, wissen wir jetzt ein wenig mehr über Person und Werk, als die Bilder ohnehin verraten. Zu nennen aus der Fülle der Abhandlungen sind vor allem die Bücher von Michele Falzone Barbarò, Marina Miraglia und Italo Mussa (1980) sowie von Ekkehard Hieronimus (1982), ganz besonders aber das 1987 erschienene Werk von Ulrich Pohlmann.

Eine Obsession

Etwas muss immer wieder fasziniert haben. Im Gästebuch Gloedens fanden sich Namen aus Hochfinanz (Krupp, Rothschild, Stinnes, Morgan, Vanderbilt) und Hochadel (Edward VII., König Paramandra von Siam, der deutsche Kronprinz August und einige Hohenzollernprinzen). Nur Wilhelm II. lief tumb an Gloedens Studio vorbei. Dafür kam 1897 Oscar Wilde, kam 1898 Alexander Graham Bell, kam 1908 Anatole France zu Besuch. Dafür figurierten Sarah Bernhardt, Francesco Paolo Michetti und Marcel Proust im persönlichen Erinnerungsbuch des Jünglingsverehrers. Der hatte sich um die Jahrhundertwende an internationalen Photographie-Ausstellungen beteiligt und einige Auszeichnungen erhalten. Dann kamen die Weltkriege, und der Sonderbare wurde vergessen. Endlich, 1949, erzählte Roger Peyrefitte in »Les amours singulières« die vermeintliche Geschichte des »Barone di Taormina«. Dreißig Jahre später interessierten sich Roland Barthes, Michelangelo Pistoletto und Joseph Beuys für ihn (Barthes 1978), und Andy Warhol (1980), der »Pope of Pop Art«, interpretierte den »Baron of Kitsch«. Seither gilt er als einer der Großen der Photographie (vgl. z.B. Bernard 1980).

Während Barthes und Warhol aussprachen, was viele Betrachter, auch wenn ihnen Epheben keineswegs erotisch gleichgültig sind, bei der ersten Konfrontation mit den Kunstwerken des Herrn von Gloeden gedacht haben: eher Kitsch als Kunst, eher Camp als Künstler, reinigt Pohlmann den Pionier zwar nicht von diesem Verdacht, behandelt ihn aber so liebevoll ernsthaft, dass Gloedens Inszenierungen nicht abgeschmackter erscheinen als unsere eigenen. Die meisten »Abhandlungen« über Gloeden sind nur ein Vorwand, Sexographie »seriös« an den Mann (und neuerdings auch die Frau) zu bringen. So auch das »bibliophile Taschenbuch« von Schickedanz (1987), das sich klappenmäulig »eine repräsentative Auswahl aus dem weit verstreuten Œuvre Gloedens« nennt, aber nicht einmal angibt, aus welchen Sammlungen die Bilder stammen. Pohlmann dagegen beweist erstmalig überzeugend, dass diese Person nicht mit ihrer Obsession zusammenfällt. Bei ihm gibt es Bilder von Mädchen und Frauen, bekleideten Arabern und Mönchen, Truthähnen und Landschaften. Allerdings wird die nun einmal wesentliche Obsession des Pioniers im Bildteil, nicht im Text, so heruntergespielt, wie es selbst dem Frankfurter Kunstverein 1988 geboten schien: die nackten Knaben ins Souterrain, nach hinten und unten, wo es dunkel ist und immer etwas klamm.

Berechtigt ist Pohlmanns Präsentation, weil sie ganz offensichtlich der Verknödelung einer Obsession – Stichwort: der Baron und die Boys – widersprechen will. Gloeden war nicht nur Akt-, sondern auch Genre-, Porträt- und Landschaftsphotograph (vgl. z.B. die Photographien Gloedens in: Riggs 1961). Unberechtigt ist diese Präsentation, weil Gloeden selbst heute noch der C. H. Stratz der Ephebophilen ist. Man könnte sagen, dass »Forscher« wie Stratz, bewusst oder unbewusst, einen Weg gesucht und gefunden haben, wie heterosexuelle Männer in prüder Zeit ihre Schaulust milde befriedigen konnten, ohne Scham und Schuld zu empfinden. »Die Rassenschönheit des Weibes« hieß eines seiner Werke, das 1901 herauskam und zahllose Auflagen erlebte.

Nichts anderes hat auf den ersten Blick Wilhelm von Gloeden getan: ein sexuelles Interesse anziehen, leicht ablenken und zur Not befriedigen. Dem zweiten Blick aber ist die Differenz wesentlich. Auf der Darstellung des Pädophilen und

Ephebophilen lastet nach wie vor ein Tabu, das ungleich virulenter ist als das, das nach wie vor auf der Abbildung des Heterosexuellen lastet. Deshalb ist Stratz fast überholt, Gloeden aber nicht. Mit der »Rassenschönheit des Weibes« jedenfalls lockt niemand mehr einen Heterosexuellen von den Illustrierten weg. Ein Ephebophiler aber muss noch immer mit Gloedens stilistisch eklektizistischen Verrenkungen versuchen, seinen voyeuristischen Trieb zu befriedigen, oft sogar noch sehr viel mehr. Denn geändert hat sich für ihn nur wenig.

So allgemein erstarrt und sexuell unerregt die Modelle des wilhelminisch-taorminesischen Lebenskünstlers durch zensierte Empfindung und photographische Technik sind, so allgemein hektisch und sexuell pseudoerregt sind die Modelle der rezenten Produzenten. Was der Herr von Gloeden vielleicht nach dem Posieren mit den jungen Bauern, Hirten und Fischern veranstaltet hat, wenn das Dorf schlief, wird heute vor der Kamera exekutiert. Dass das Jahrhundert, das uns von ihm trennt, keine Möglichkeit erregter und befriedigender Ephebophilie gebracht hat, beweist nicht nur die Pseudoaktivität der pornografischen Produktionen, in denen die Heranwachsenden verzweifelt nach Bildern nackter Frauen greifen, sondern am Ende die ungestillte und vielleicht unstillbare Sehnsucht derer, die nach Süden reisen und von den »Sicilian Boys« schwärmen – womit denn auch beinahe schon alles gesagt wäre.

Eine Sexualperson

Mir imponiert, wie eine Sexualperson Interesse und Sache produktiv zusammenbringt, obgleich alles dagegen spricht. Wilhelm von Gloeden wurde 1856 als Sohn eines Forstmeisters in Volkshagen bei Wismar geboren. Das Studium der Malerei musste er wegen eines »Lungenleidens« aufgeben. (Tbc? Bronchitis? Asthma? Es wird wohl eine psychosomatische Erkrankung gewesen sein.) Da fügte es sich, dass ihm sein Arzt den Süden dringlich empfahl. »Er erklärte mich für verloren, falls ich in unseren Provinzen bliebe«, lässt Peyrefitte, dessen Fiktion Schickedanz als bare Münze nimmt, ihn sagen. Auf den Wegen Winckelmanns und des Grafen Platen wandelnd, gelangt Gloeden nach Taormina. Er ist 21 oder 22 Jahre alt. Nach eigenem Zeugnis findet er dort sein Paradies auf Erden, und das sind die Anmutung der Antike und die Anmut der Sizilianer. Er gesundet von dem Leiden, das ihn »daheim« schon ein Jahr ins Sanatorium verbannt hatte. Wahrscheinlich hat Peyrefittes Doktor Recht: In den wilhelminischen Provinzen wäre diese Seele erstickt.

Natürlich findet Gloeden auf Sizilien keine paradiesische oder sonstige Harmonie, sondern überall Widersprüche. Unverdrossen inszeniert er klassische Schönheit, doch die Körper seiner Modelle sind von der Kinderarbeit zerschunden. Die Armut steht ihnen im Gesicht wie im Genitale. Der Adlige stellt Vertrautheit her, doch zwischen ihm und den Dorfbewohnern klafft ein sozialer Hiatus. Im Bild sind die Knaben passiv, unschuldig, androgyn und traumverloren, doch in der Wirklichkeit müssen sie das Gegenteil dessen sein. Widerspruchsvoll ist auch die Methode. Einerseits sind die Photographien symbolisch überladen, ungenau und auch sublim, andererseits beim Festhalten der Geschlechtsmerkmale unvermittelt und klar. Schwoll aber einmal unnatürlicherweise ein männliches Glied an (vgl. Pohlmann 1987, S. 36), kratzte es der Pionier im Negativ heraus, damit der Schein einer Badehose entstehe. Deshalb fanden die italienischen Faschisten nicht, wonach sie gelüstete, als sie nach Gloedens Tod (1931) seine Glasnegative und Abzüge konfiszierten. Das hinderte sie natürlich nicht, Tausende zu zerstören.

Die Widersprüche aber können das, was Gloeden zustande brachte, nicht schmälern, weil erregte Harmonie sowieso ein Unding ist. Ob Gloeden als Photograph und Künstler bedeutend ist, kann ich nicht beurteilen. Als Sexualforscher jedoch, der sexuelles Elend gesehen hat, bewundere ich die Kreativität dieser Sexualperson. Eberhard Schorsch würde mir Recht geben, wenn ich sage, hier geht es nicht um »Perversion als Straftat«, über die er immer schreiben musste, sondern um »Perversion als Kunstwerk«. Genauer: als Kunst-Lebenswerk, nicht als Kunst-Kunstwerk.

Diese Sexualperson brachte vor einhundert Jahren sizilianische Frauen dazu, sich vollkommen nackt zu zeigen. Jungen posierten vor Gloeden als Mädchen. Die Nacktheit wirkt weder heroisch noch entblößt noch demonstrativ. Die Schönheit beschönigt nicht, wie es Brecht irgendwo sagt. Diese Sexualperson fing das polymorph Perverse der Unschuld ein. Sie schaute fetischistisch auf Genitalien wie normale Leute allenfalls in Gesichter. Wilhelm von Gloeden versteckte seine persönliche Neigung nicht.

Deshalb schneidet ihm auch der Reinwaschungsversuch von Ekkehard Hieronimus (1979, S. 9) im Katalog der Kunsthalle Basel die Personalität ab: Er habe »keine homoerotischen Fotos schaffen« wollen, »sondern ästhetische Abbildungen jugendlicher Schönheit, Ausdruck eines Traumes von Freiheit, Adel und Natürlichkeit«. So in »das geistige Gefüge seiner Zeit gestellt«, erweise sich »das Werk von Gloedens nicht als das Werk eines erotomanischen Einzelgängers, sondern als das eines Künstlers, der auf seine Weise bestimmte Tendenzen und unbewusste Sehnsüchte seiner Umwelt aufnahm und versuchte, sie in der Fotografie als Realität darzustellen«. Gloeden sei zwar »homosexuell« gewesen; »doch sein homerischer Traum ist männlich wie das antike Vorbild«.

Geistiges Gefüge, Adel, Ästhetik und Natürlichkeit – auf dass Trieb, Begierde, Manie, Einzelgängerei, Wohllust und Wollust verblassen. Antike als hehres Vorbild – nur nicht als parates Mittel zum schnöde perversen Zweck. Unbewusste Umweltsehnsüchte – bloß nicht seine eigenen. Und da man heute mindestens zwei Pfund

Tomaten auf den Augen hat, wenn man die Homo-Sexualität des Protagonisten immer noch übersieht, muss sie eben traumhaft, homerisch und vor allem männlich sein. Zur Zeit der westdeutschen Schwulenbewegung gibt Hieronimus mit solchen Klimmzügen seine Schwulenverachtung zu Protokoll, auch dann, wenn er meint, das Gegenteil zu sagen: Gloeden »als nur homosexuell abzuwerten (sic!), ist eher ein Werturteil über die Kritiker als ein moralisches (sic!) über ihn«. Papperlapapp.

Ein Co-itus in ferner Nähe

Wenn es eine gelungene Ephebophilie geben sollte, dann liegt sie bei jener Verstellung in großer Nähe, die dieser deutsche Heimatvertriebene in der Fremde in Szene setzte – vertrieben im mehrfachen Sinn von Trieb bis Abtreibung, von Treiben bis Betrieb. »Est-ce qu'il est ›camp‹, ce baron von Gloeden?«, fragte Roland Barthes (1978, S. 7; vgl. den Nachdruck in Barthes 1982, S. 179). Jedenfalls war er einer, der sachlich und distanziert beobachtete und sich doch teilnehmend akut selbst leidenschaftlich verzehrte. Wäre er nur ein preußischer Freilandphotograph gewesen, dann wären höchstens die ersten erheiternd kitschigen Bilder aus einem Freikörperkulturcamp herausgekommen. Gloedens Bilder sind aber mehr. Ihnen ist anzusehen, dass es dem Animateur nicht nur um *Plein air*-Antike ging, sondern um ein Tertium, das beiden, dem Modell wie dem Drapeur, einen ungewussten, geheimen oder verbotenen Wunsch erfüllt, ohne dass Reue, Ekel oder Scham seiner Erfüllung folgt.

Gloedens Meisterschaft war, den Knaben sehr nahe gekommen zu sein, aber nicht zu nahe. Co-itus, aber keine Penetration, kein Verschlingen. Die Körper der Jungen rieb er mit einer Emulsion aus frischer Milch, Olivenöl, Glyzerin und Duftstoffen ein (vgl. Schiff 1979), um ihrer Haut eine einheitliche Farbe, einen Schimmer zu verleihen. Doch sie blieben die, die sie nun einmal waren, arme Dorfbewohner voller Makel, keine seligen Lichtgestalten, die der Klarist Elisàr von Kupffer zur gleichen Zeit an die Wand malte. Es war, klagte Gloeden, »oft nicht leicht, den Arbeitern und aus dem Volk herausgegriffenen Typen das Verständnis für meine Absichten beizubringen und sie zu bewegen, den Ausdruck anzunehmen, der meine Absicht möglichst verwirklichen sollte. Schöne Bilder zogen an meinen Augen vorüber, und nur schwach vermochte mein guter Wille diese wiederzugeben« (Gloeden, zit. nach Freie Photographische Vereinigung zu Berlin 1899).

Diese Schwäche war Gloedens Stärke. Sie klärte auf, nicht ab. Sie machte die objektiven Widersprüche erst richtig objektiv. *Fragments d'un discours amoureux*, müsste Roland Barthes dazu eigentlich sagen: nicht nur ein Diskurs über die Liebe, sondern auch ein »liebender« Diskurs.

Die Meisterschaft der Knaben war, die Verrücktigkeiten des norddeutschen Adeligen als das zu behandeln, was sie waren: endlich etwas Anderes und doch ein ganz selbstverständliches Übereinkommen der passiven Schaulust des aktiven Künstlers mit der aktiven Zeigelust des passiven Modells. Hat Beuys über sechs Gloedensche *Ragazzi* »La Rivoluzione siamo Noi« geschrieben (Barthes 1978, S. 26-29), weil er mit dem Knie spürte, dass die Porträtierten Eigene waren, ohne und mit Verstellung?

Wilhelm von Gloeden: Jünglinge, um 1900

Mehr kann ein Erwachsener von einem Heranwachsenden nicht erwarten und ein Kind nicht von Mann oder Frau, so weit unser Auge reicht. Gelungenes ephebophiles Leben meinte also: keine *zwanghafte* Sexualisierung wie heute nicht selten und keine *zwanghafte* Erotisierung wie damals bei den bürgerlichen Knabenhelden, die nach Gloeden kamen, sondern ein Drittes, das der Pionier erfolgreich gesucht, wenn auch nicht gefunden hat. Theoretisch wäre das Tertium nicht mehr in den Perversionslehren unterzubringen und schon gar nicht als innere sexuelle Szene zu erledigen, die immer wieder externalisiert werden muss, um, psychoanalytisch gesprochen, die blutende Lücke im Selbst zu verplomben. Und auch nicht nur als ein mimetischer Umgang mit der Natur wäre das Dritte zu begreifen: sondern der Menschen miteinander. Adorno, in solchen Dingen doch einmal affirmativ, hätte Eichendorff zitiert, der wie Gloeden bis heute verkannt ist: »ferne Nähe«.

Hoffen wir, dass Gloedens *Differentia specifica* vor allem darin bestand, ein Knabenfreund und ein ephebophiler Voyeur zu sein. Dann hat er womöglich doch sein Orplid, sein Arkadien gefunden. Verdient hätte er es. Für seine jungen Freunde oder deren Bräute legte er von jeder Einnahme, die ihm die Krupps und Ladendorfs verschafften, etwas zurück, sodass später eine Existenz gegründet werden konnte. So bekam jeder, was er zum Überleben brauchte: die Modelle ein kleines Geschäft und der Lebenskünstler zu seinen Bildern noch ein ganz anderes Drittes, das ihn vor der Geschichtslosigkeit bewahrte. Kein Wunder also, aber enorm, dass die Taorminesen diese Sexualperson bis heute verehren.

Notiz zur weiblichen Perversion

Alles, was in diesem Buch bisher über sexuelle Perversionen gesagt worden ist, bezieht sich in erster Hinsicht oder ausschließlich auf Männer, weil die bisherigen Perversionslehren bis hin zu Schorsch und Reiche aus den bekannten Gründen nur das männliche Geschlecht im Visier haben. Erst seit etwa zwei Jahrzehnten wird vereinzelt ernsthaft diskutiert, ob es Perversionsbildungen auch bei Frauen häufiger gibt und, wenn ja, wie sie zustande kommen und erscheinen. Dass es bisher vereinzelt auch bei Frauen »klassische«, wie beim Mann erscheinende sexuelle Perversionen gegeben hat, insbesondere sadomasochistische, wird angesichts überzeugender Fallberichte (z.B. Simmel 1938/1990, Reiche 1986, Berner 1991) kaum bestritten. Strittig ist jedoch, ob von Perversionen gesprochen werden sollte, wenn die Symptomatik nicht als sexuell imponiert. Aus der neueren Literatur zu dieser Frage greife ich zwei Buchveröffentlichungen heraus, die auf jeden Fall Beachtung und Diskussion verdienen.

Perverse Illusionen

Die US-amerikanische Psychoanalytikerin Louise J. Kaplan (1991) desexualisiert die Perversion insofern, als sie sie genuiert. Denn ihr Hauptkriterium ist Geschlechtlichkeit resp. Geschlechterverhältnis resp. Geschlechtsidentität. Das Resultat sind eher geschlechtliche oder reproduktive als im tradierten Sinne sexuelle Perversionen: seelischer oder seelisch-sexueller Missbrauch der eigenen Kinder, Manipulationen am eigenen Körper, Hörigkeit, Kaufrausch, Kleptomanie, Essstörungen, Beziehungsperversionen usw. Kaplan versteht Perversionen als »Pathologien der Herausbildung von Geschlechtsstereotypen« (S. 220). Entscheidend sei nicht das Verhalten, sondern eine mentale Strategie, die unbewusst ist. Die »häufigste Manifestation einer Perversion bei Frauen« sei die »Illusion, daß ein magischer Phallus sie reparieren und transformieren könne«; diese Illusion bezeichne »den Grund für alle anderen Perversionen weiblichen Begehrens« und sei »ein psychisches Äquivalent zu den fetischistischen Perversionen von Männern« (S. 558). Also könnte manfrau auch sagen: Die klassische, bisherige Liebe und Normalität, auf die die konservative Psychoanalyse nach wie vor schwört, ist die eigentliche Perversion der Frau. Tatsächlich kann die traditionelle weibliche sexuelle und geschlechtliche Identität angesichts des realen Mann-Frau-Verhältnisses in der Gesellschaft und angesichts der anhaltenden geistig-ideologischen Diskriminierung und materiellen Zurücksetzung der Frauen als Genus vielleicht als normal bezeichnet, nicht aber als ungestört begriffen werden. In gewisser Weise stimmt Kaplans über das Psychologische hinausweisende Auffassung mit meiner unklinischen These von der (männlichen) Perversion als Positiv der Normalität/Normopathie überein.

Einige Jahre vor Kaplan hat bereits die argentinisch-englische Psychoanalytikerin Estela V. Welldon (1988/2003), die Jahrzehnte lang an der berühmten Londoner Portman Clinic kriminelle und sexuell auffällige Patienten, insbesondere auch Prostituierte, behandelte, explizit versucht, weibliche Perversionen an Hand vieler eigener Fallberichte, über die Kaplan nicht verfügt, klinisch-analytisch, vor allem aber geschlechtsadäquat zu definieren. Merkwürdigerweise findet ihre ernsthafte Studie, von Berner (1990, 1991), der deren Bedeutung früh erkannt hat, abgesehen, erst jetzt allmählich die Resonanz, die sie verdient (vgl. McDougall 1997, Leithner und Springer-Kremser 2001, S. Becker 2002).

Perverse Mütterlichkeit

Während Welldon den perversen Plot im Wesentlichen so wie Stoller und die Sicherheitsplombe so wie Greenacre und Morgenthaler versteht, bezieht sie die Mechanismen der Fetischisierung und der Externalisierung auf die wesentlichen Differenzen der weiblichen Entwicklung in Relation zur männlichen, insbesondere hinsichtlich der Bedeutung der Erfahrung des eigenen Körpers für die seelische Entwicklung der Frau. Wird in unkritischer Fortschleppung falscher Freudscher Meinungen die Sexualität der Frau mit der des Mannes gleichgesetzt, jedenfalls unvermittelt parallelisiert, können bei Frauen so gut wie keine Perversionen beobachtet werden. Würden dagegen, so Welldon, die wesentlichen Differenzen beachtet, zeige sich eindrucksvoll, dass die reproduktive Sphäre in der psychosexuellen Entwicklung des Mädchens eine sehr viel größere Rolle spiele als in der des Jungen, dass die reproduktive Sphäre beim Mädchen sehr viel enger mit der sexuellen Sphäre verbunden sei als beim Jungen, dass die Körperfunktionen der Frau nicht ohne die Fortpflanzungsfunktionen gedacht werden könnten, dass sich folglich das Körperselbst und die mit der reproduktiv-sexuellen Sphäre verbundene Psychopathologie der Frau »vollkommen von der des Mannes unterscheidet« (2003, S. 25). Welldon setzt voraus, dass sich Mädchen lange vor der Pubertät ihrer Vagina bewusst sind. Als »das Gegenstück zur Kastrationsangst des Jungen« (S. 26) beschreibt sie einen in Feindseligkeit übergehenden Neid des kleinen Mädchens auf die Fortpflanzungspotenz der Mutter sowie vor allem dessen Projektion zu der Annahme, die Mutter werde es seiner eigenen Fortpflanzungsfähigkeit berauben. Bei der erwachsenen Frau habe dann die Gebärmutter »nicht weniger Macht« als der Phallus (S. 27).

Im Gegensatz zum Mann könne die Frau, gewissermaßen unsichtbar, den heterosexuellen Geschlechtsverkehr für perverse Ziele benutzen. Während das perverse Verhalten des Mannes meist auf ein äußeres Teilobjekt abziele, richte sich das perverse Verhalten der Frau meist gegen diese selbst, wobei entweder ein Körperteil, vor allem die Gebärmutter, oder der ganze Körper als Geschlechtsorgan oder das eigene Kind als inneres Teilobjekt betroffen sein könne. Als weibliche Perversionsformen ergeben sich nach diesen Vorstellungen: der perverse Gebrauch der Fortpflanzung und der Fortpflanzungsorgane, perverse Schwangerschaften, Schwangerschaftsphantasien und Abtreibungen, perverse Unterleibs- und Schönheitsoperationen, Selbstverstümmelungen, Anorexie, Bulimie usw., vor allem aber eine von Welldon so genannte und ins Zentrum ihrer Überlegungen gestellte »perverse Mütterlichkeit«, bei der eine Mutter ihr eigenes Kind als Partialobjekt manipuliert oder gewalttätig bis hin zum Inzest traktiert, oft mit der Folge, dass solche Kinder die Traumatisierung später an anderen Menschen wiederholen müssen mit dem unbewussten Ziel, sie seelisch umzukehren. Da Welldon viele Prostituierte beraten und behandelt hat, kann sie besonders überzeugend die Prostitution als oft einzigen Überlebensmodus traumatisierter Kinder beschreiben. Als (auch) für die weibliche Perversion charakteristische Abwehrvorgänge nennt sie neben der markanten Spaltung Verleugnung, Depersonalisation sowie manisches Hochgefühl. Motor der ganzen Fehlentwicklung sei die Angst vor dem Verlust oder dem Neid oder der Rache der Mutter.

Da die weibliche Sexualität nach einer langen Phase der Austreibung und Herabsetzung am Modell der männlichen Sexualität erst seit wenigen Jahrzehnten als eine Form sui generis im Leben entfaltet und in der Theorie begriffen wird, wird es wohl noch eine längere Zeit dauern, bis klinisch deutlich ist, ob es neben den »klassischen« Perversionen, in jüngerer Zeit häufiger erörterten, so genannten Perversionsäquivalenten, wie zum Beispiel Essstörungen, neben »perverser Mütterlichkeit« sowie zahllosen weiteren Manifestationen im Sinne von Kaplan oder Welldon weibliche Perversionen gibt, die insofern weder klassisch noch äquivalent sind, als Genese und Form weiblich und sexuell sind. Im Augenblick wird darum gestritten, ob bei perversen Handlungen der Körper oder Teile des Körpers fetischisiert resp. externalisiert werden müssen oder ob es auch so etwas wie »körperlose« perverse Objektbeziehungen und Paardynamiken gibt. Während Welldon das so genannte Körper-Kriterium der Perversionsdefinition prinzipiell akzeptiert und Becker (2002) es, auch an Hand eigener Fallberichte, explizit betont, weisen es andere zurück und postulieren Beziehungsperversionen.

Von der sexuellen zur aggressiven Sphäre

Wird Welldons Prämisse bis zu Ende gedacht, nach der die perverse Mütterlichkeit für die weibliche Perversion paradigmatisch ist, weil die Mutterschaft die »wichtigste Machtquelle der Frau« sei (2003, S. 32), könnte die gesamte bisherige psychoanalytische Perversionslehre in sich zusammenstürzen. Denn in der psychoanalytischen Perversionslehre wird als die »wichtigste Machtquelle« des Mannes der sexuelle Geschlechtsverkehr im Sinne des Wortes vorausgesetzt, eine waghalsige Annahme, die zuletzt am Beginn des 20. Jahrhunderts, wenn schon nicht ökonomisch und politisch, so doch diskursiv-materiell mit einigem Recht vertreten werden konnte. Das ist jetzt aber nach mehreren sexuellen Evolutionen nicht mehr möglich.

Symbolisch stand »Sexualität« seit dem 19. Jahrhundert für die Hoffnung auf Produktion, Vereinigung und Höhepunkt. Bis ins 20. Jahrhundert hinein wurde die insbesondere durch den Konkurrenzkampf, die technologische Entwicklung und die symbolische wie reale Verstofflichung von Menschenmassen angefachte Angst vor Vernichtung überwiegend durch Liebe und Sexualität besänftigt. Heute wird diese Angst möglicherweise zunehmend durch Hass und Aggression gebannt. Heute treten vielleicht – zum Teil und nach und nach – nicht nur die von mir beschriebenen Neosexualitäten an die Stelle der alten, der Paläosexualität und damit auch der »klassischen« Perversionen, sondern auch Formen der Aggression, von den gewaltgenießenden Fußballfans bis hin zu den Männern und Frauen, die sich auf eine in keiner Hinsicht perverse Weise selbst durch vielfältige Eingriffe und Aktionen schädigen. Denkbar also, dass Robert Stoller, Louise Kaplan und Estela Welldon etwas gespürt haben, was erst in den nächsten Generationen des reichen Westens nicht mehr zu bestreiten sein wird, weil dann die alte sexuelle Sphäre einer neuen der Feindseligkeit und Aggression einen angestammten Platz hat frei machen müssen.

Aufgeworfen ist damit wieder einmal die Frage: Was kommt nach der Sexualität? Ich bin ziemlich sicher: Gewalt. Die Anzeichen mehren sich. In dem Maße, in dem die Paläosexualität durch Enttabuisierung, permanente öffentliche Präsentation, Kommerzialisierung in einem noch vor einer Generation unvorstellbaren Ausmaß, durch inzwischen nachgewiesenermaßen trügerische Überschätzung sowie zunehmende Enträtselung an Spreng- und Erregungskraft verliert, in diesem Maße gewinnt offenbar diese Kraft die Gewalt, und zwar als solche. Noch glauben wir, die Gewaltexzesse junger Menschen, Männer und zunehmend auch Frauen, aus deren Vorgeschichte der Traumatisierung, des Missbrauchs, der Demütigung, Kränkung, Zurücksetzung und Hoffnungslosigkeit verstehen und ableiten zu können. Das aber wird vorbei sein, sobald wir nicht mehr werden übersehen können, dass immer mehr Menschen, die weder als Kind missbraucht worden sind noch Gewalteinwirkungen als Erwachsene ausgesetzt waren und die alltags anständigen Geschäften selbstständig nachgehen, dass immer mehr unauffällige, gemeinhin als normal bezeichnete Menschen nicht in sexuellen Erlebnissen den Kick, den Thrill, die einzigartige Exzitation suchen und finden, sondern in solchen der brutalen Gewalt gegen lebende Personen. Auf welche Personen sich dies richtet, ist eher gleichgültig. Hauptsache, sie werden überwältigt, unterworfen, winden sich vor Schrecken und Schmerz. Das bereitet den Gewalttätern jene Lust, die die liberalisierte, an jeder Ecke inserierte Sexualität ganz offensichtlich nicht mehr zu produzieren vermag. Es geht also nicht um materielle Dinge wie den Raub von Geld oder archaisch immaterielle wie die Befriedigung von Rachegefühlen. Es geht um eine Selbsttechnik in kulturell neuer Form.

Sex und Gender

Geschlecht, Sexualität und Liebe sind nur auf den ersten Blick unveränderbare Einheiten. Schaut manfrau genauer hin, gibt es zwar mit den Großeltern in diesen Hinsichten einige Übereinstimmungen, zugleich aber auch erhebliche Differenzen. Denn tatsächlich werden die Drei im Verlauf gesellschaftlicher Umstrukturierungen unterschiedlich aufeinander bezogen und transformiert. So erfolgte bei uns in den siebziger und vor allem achtziger Jahren eine neuartige Trennung der sexuellen von der geschlechtlichen Sphäre, die zu einer (neuerlichen) Genuierung der weiblichen (und damit auch der männlichen) Sexualität und zu einer grundsätzlichen Problematisierung des Mann-Frau-Verhältnisses führte.

Diese wirkmächtige kulturelle Dissoziation wurde angestoßen vom politischen und wissenschaftlichen Feminismus und folgte auf die historisch weit zurückreichende Trennung der reproduktiven von der sexuellen Sphäre. Sie war und ist verbunden mit einer Dekonstruktion andromorpher, das heißt von Männern mit männlichem Sinn ausgestatteter Blicke und Begriffe bis hinein in Logik und Mathematik, wie es Luce Irigaray (1984) besonders eindrucksvoll getan hat. Die Entlarvung bis in die scheinbar vollkommen unschuldige und vor allem inerte Mathematik hinein war notwendig, weil die männerzentrierte und andromorphe Sicht in einer patriarchalen Gesellschaft alles durchherrscht – wie bereits Simone de Beauvoir (1968, S. 155) erkannt hatte: Frauen hätten keinen eigenen Mythos, keine eigene Religion, keine eigene Poesie geschaffen, »selbst wenn sie träumen, tun sie es durch die Träume der Männer«.

Vom Triebschicksal zur Geschlechterdifferenz

Als sich die Dissoziation und damit eine neue Assoziation durchsetzte, war für viele nicht mehr der Sexualtrieb mit seinem »Schicksal«, sondern das Geschlecht mit seiner »Differenz« der Springpunkt, gerade auch in Sexualwissenschaft und Psychoanalyse. Folglich konnten viele Sexualität ohne Trieb denken, nicht aber ohne Geschlecht. Gender Studies, die wie Pilze aus dem Diskurs-Boden schossen, drängten selbst in Frankfurt am Main und New York City die psychoanalytische Trieblehre in den Hintergrund. Sogar Perversionen, einst der Inbegriff des sexuell Triebhaften, wurden zu einer Geschlechtsidentitätsstörung umkodiert. Das zeichnete sich bereits Mitte der siebziger Jahre bei Stoller (1975) ab.

Interessanterweise hat der feministische Gender-Diskurs seine (übersehenen) Wurzeln in einer sexuologischen Differenzierung, die im Wesentlichen klinisch motiviert war und bereits in den fünfziger und sechziger Jahren vor allem von Intersexualismusforschern vorgenommen worden ist (Money 1955, Green und Money 1960, Comfort 1963). Unterschieden wurde in dieser Debatte das Körpergeschlecht (»sex«) vom Geschlechtsrollenverhalten (»gender role«) und dieses von der Geschlechtsidentität (»gender identity«), Dimensionen der Geschlechtlichkeit, die vordem unhinterfragt zusammenfielen.

Zu den kulturellen Resultaten im Zuge der neosexuellen Revolution gehört, dass heute ein ehemaliger Mann, im Betroffenen-Jargon ein Bio-Mann, als Frau, im Szene-Jargon als Neo-Frau, eine ehemalige Frau als Mann heiraten kann, und zwar *lege artis*, weil es inzwischen ein so genanntes Transsexuellen-Gesetz gibt. Es wird also politisch versucht, diese Trennung wieder durch Inversion ungeschehen zu machen, weil sie kulturell ans Existenzielle, ans »Eingemachte« geht.

Umso bemühter ist die affirmative Sexualwissenschaft, mit Hilfe von Naturwissenschaften und Medizin nicht nur die sexuelle Orientierung, sondern auch die Geschlechtsidentität an Gene und Genprodukte, Hirnstrukturen und Hormonbilanzen zu binden (LeVay 1991, Hamer et al. 1993, Zhou et al. 1995), eine Suche, die nicht enden kann, weil sie dem somatiformen Ursprungsdenken vollkommen entspricht. Angesichts der Verwirrungen, die mit der philosophischen Erkenntnis einhergehen, dass ihrer Wirkmächtigkeit nach die zweite Natur die erste ist, könnte aber Verständnis für das Bemühen der Somatologen aufgebracht werden, wieder einen scheinbar fassbaren und Sicherheit gewährenden Boden unter den Füßen zurückzugewinnen.

Selfgender

Doch der Boden schwankt im Augenblick fundamental. Längst sind jene Transsexuellen, die die überkommene, mühsam errichtete Ordnung und das heißt Separation der beiden großen Geschlechter ratifizierten, indem sie als glühende Verfechter des Bigenus das jeweils andere Geschlecht perfekt inszenierten und scheinbar bruchlos erlebten, längst sind diese glühenden Verfechter des Bigenus, zu denen sie nicht zuletzt die blinde und blindwütige Schulmedizin gemacht hat, flankiert von

Menschengruppen, die sich jenseits von Medizin und Psychotherapie organisieren und der alten Ordnung zu entziehen suchen.

Einige wissen nicht, wes Geschlechts sie sind oder wollen unentschieden »in between« verharren. Etliche, die Gender blenders genannt werden und Intergeschlechtliche genannt werden könnten, entnehmen dem Geschlechterrepertoire das, was ihnen gefällt oder andere irritiert. Immer mehr sind überzeugt, die Sensationen beider Geschlechter erleben zu können. Es gibt jetzt nicht nur Drag Queens, sondern auch Drag Kings.

Andere schließlich, die Intersexuellen, melden sich zum ersten Mal als solche und als besondere Gruppe zu Wort (vgl. Garrels 1998, Lightfoot-Klein 2003), natürlich auch im Internet (z.B. Intersex Society of North America: www.isna.org). Sie verfassen Pamphlete, gründen Organisationen, besetzen Fachkongresse, befragen den Gesetzgeber, machen Torturen öffentlich, mit denen sie die Medizin, oft die ganze Kindheit und Jugendzeit hindurch, einem und nur einem Geschlecht zuordnen will, und plädieren dafür, die Geschlechtszugehörigkeit nicht durch frühzeitige körperliche Eingriffe und psychosoziale Weichenstellungen professionell festlegen zu wollen, sondern der Entscheidung der Betroffenen im Erwachsenenalter zu überlassen.

Während die genannten Brüche nur relativ wenige Menschen beschäftigen, faszinieren oder zerreißen, hat die gegenwärtige Trennung der geschlechtlichen von der sexuellen Sphäre eine neuartige, als historisch überfällig angesehene Dissoziation der sexuellen Sphäre selbst zur Folge, die die beiden Hauptgeschlechter insgesamt betrifft. Denn es gibt jetzt nicht nur eine Sexualität, sondern zunächst einmal die männliche und die weibliche, die nicht mehr das Negativ der männlichen ist.

Komplizierter als die Entwicklung der Vorstellungen von zwei Sexualitäten eigener Art verlief die Entwicklung der Vorstellungen von den Arten und Weisen des Geschlechts. Bis in die siebziger Jahre hinein lag bei uns Geschlechtlichkeit in Gestalt von Geschlechtskunde und ähnlichen Abscheulichkeiten nur den scheinbar Ewiggestrigen am Herzen: ein mystisch-metaphysischer Topf, in dem der Smer brodelte, den namentlich die hohe deutsche Philosophie sezerniert hatte. Im Verlauf der neosexuellen Revolution wurde die Geschlechtlichkeit für die einen auf eine andere Weise unhintergehbar, während sie andere als transitorisch ansehen.

Für die Theoretikerinnen, die im *Sex-and-gender*-Diskurs den Ton angaben, waren schließlich beide, Sex und Gender, durch und durch kulturell konstruiert, bar jeder Natur und folglich hintergehbar und veränderbar. Dadurch wurde, vor allem im US-amerikanischen Kontext, die Debatte fundamentalistisch, und die Theoriebildung wurde insofern kompliziert, als Frauen, die weder weiß noch mittelständisch sind oder sich nicht als heterosexuell bezeichnen, auf ihren anderen Lebenswirklichkeiten bestanden. Denn tatsächlich werden Großkategorien wie Gender oder Frausein durch fundierende Differenzen, die mit der »Rasse« resp. Ethnie, mit der sozialen Klasse oder der sexuellen Präferenz zusammenhängen, epistemologisch wie politisch grundsätzlich in Frage gestellt. Momentaner Stand des Geschlechter- und Geschlechts-Diskurses ist (vgl. Butler 1993, 1997; zur Kritik Nussbaum 1999), dass auch Gender »erledigt« ist, indem das kulturelle Bigenus und der somatische Dimorphismus, also das Binäre, theoretisch per Dekonstruktion und politisch per Subversion aufgelöst werden (sollen) mit dem Ziel der *Selbstermächtigung*.

Paraphrasieren wir Kants (1784) berühmte Antwort auf die Frage, was Aufklärung sei, so ist diese Selbstermächtigung der Ausgang der Frauen aus ihrer selbstverschuldeten Unmündigkeit, wobei Unmündigkeit das Unvermögen ist, sich seiner weiblichen Geschlechtlichkeit ohne Leitung einer oder eines anderen zu bedienen. Selbstverschuldet ist diese Unmündigkeit, wenn die Ursache derselben nicht am Mangel der Differenz, sondern der Entschließung und des Mutes liegt, sich ihrer ohne Leitung einer oder eines anderen zu bedienen. *Sapere aude!* Habe Mut, dich subversiv deiner eigenen Differenz zu bedienen! ist also der Wahlspruch des letzten (meta-physischen) Feminismus. Herauskommen sollen so etwas wie *Selfsex* und *Selfgender*, selbstmächtig, selbst produziert und selbst reguliert. Die Ziele des klassischen (physisch-politischen) Feminismus, nämlich Respekt und Gleichberechtigung, und die Einsichten des unmittelbar vorausgegangenen (differenztheoretischen) Feminismus, nämlich Geschlechter als transsubjektive Diskurseffekte zu begreifen, lässt der gegenwärtig Furore machende Feminismus idealistisch mit einem atemberaubenden Optimismus hinter sich. Die Materialität der Gesellschaftsformation und die Materialität der Diskurse scheint der subversive Wille zur Selbstermächtigung außer Kraft setzen zu können.

Sexualwissenschaft und Feminismus

Für die kritische Sexualwissenschaft stand in der Auseinandersetzung mit dem Feminismus das Verhältnis von Patriarchat und ökonomischem Gesellschaftssystem im Zentrum der theoretischen Überlegungen. Keinem Zweifel ausgesetzt war die Überzeugung, dass die »Frauenfrage« wie die sexuelle Frage historisch erst auf die gesellschaftliche Tagesordnung gesetzt werden konnte, als es in Alteuropa und Neuamerika endlich um mehr ging als ums nackte Überleben im tagtäglicher Kampf gegen Hunger, Krankheiten und äußere Gewalt. Für August Bebel (1879/1893) und die proletarische und die sozialistische Frauenbewegung gehörten folglich die soziale Frage und die Frauenfrage zusammen. Gleichzeitig aber musste dem Satz »Kapitalismus und Liebe gehören zusammen« (Sigusch 1979b, S. 6) der Satz »Patriarchat und Liebe gehören zusammen« gleichberechtigt zur Seite gestellt werden, wie Feministinnen zu Recht moniert haben. Und Ernst Blochs Satz aus dem »Prinzip

Hoffnung«: »Die Sowjetunion kennt keine Frauenfrage mehr, weil sie die Arbeiterfrage gelöst hat« (1959, Bd. II, S. 694) musste als ebenso ideologisch verblendet wie theoretisch falsch entlarvt werden.

Die altmarxistische Hierarchisierung von kapitalistischer Produktionsweise und Patriarchat im Sinn von Haupt- und Nebenwiderspruch als theoretisch falsch zu begreifen, war nicht ganz leicht. Dabei folgt die Hierarchisierung ein und demselben Prinzip: dem bürgerlich-patriarchalen. Sie ist auch politisch falsch, weil die Rede vom Hauptwiderspruch über die konkret differente Lebensnot der Diskriminierten und Entrechteten und Verfolgten kalt hinweggleitet. Heute betont die kritische Sexualwissenschaft die Nichtidentität von Patriarchat und Kapitalismus, von Patriarchalismus und »sozialer Marktwirtschaft«. Denn der Sturz des einen hätte keineswegs den Sturz des anderen zur Folge; das Verschwinden von phallischem Monismus und Patriarchat bescherte uns keinen Verein freier Menschen. Diese »Weltanschauung«, die im liberalen Feminismus vertreten wird, ist röhrenförmig eingeengt wie es die sowjetmarxistische Ökonomieorthodoxie war.

Das Widersprüchliche, wenn manfrau so will »Verrückte« am Kapitalismus ist, dass er Freiräume eröffnete, im Kopf und als reale Möglichkeit im Leben, von denen die vorausgegangenen Generationen nicht einmal träumen konnten. So würde ich Michel Foucaults Bemerkungen lesen, nach denen die Macht nicht nur unterdrückt und nein sagt, sondern auch, ich sage es mit meinen Worten, Freude schafft, Wissen ermöglicht, Diskurse produziert und: den Aufstand gegen sich selbst. Die Bourgeoisie hat mit der Zangengeburt des bürgerlichen Individuums, dem deren Gewalt eingebläut ist, die *Idee* der individuellen Geschlechtsliebe als einen historisch neuen sittlichen Maßstab in die Welt gesetzt, als ein Menschenrecht beider Geschlechter: der Frauen wie der Männer. So weit, so gut. Nicht erkannt aber werden vom liberalen Feminismus die Tendenzen, die den Kapitalismus so paradox machen: Vereinzelung *und* Vergesellschaftung, Befreiung *und* Unterdrückung, Befriedigung *und* Versagung, Aufklärung *und* Mystifikation. Weil die Tendenz zur Unterdrückung die Tendenz zur Befreiung logisch voraussetzt, weil Unterdrückung nicht gedacht und nicht erfahren werden kann ohne Befreiung, sind Kapitalismus und Feminismus logisch und realgeschichtlich miteinander verbunden. Und das Hand-in-Hand von Vereinzelung *und* Vergesellschaftung bedeutet, dass zwar neue Fragen gestellt, Probleme erörtert und Differenzierungen vorgenommen werden können; der allgemeinen Fetischisierung entgeht aber nichts, auf die *Adaequatio* wird alles gezogen.

Um es noch einmal plakativ zu sagen: Weil das Kapital weder jüdisch noch christlich, weder männlich noch weiblich ist, muss die feministische Herausforderung ihre Begrenztheit reflektieren. Weil wir alle der allgemeinen Mystifikation und Verstofflichung erliegen, die nicht auf den phallischen Monismus oder die

Andromorphie reduziert werden können, muss die Gesellschaftsformation in Frage gestellt werden und nicht nur das Patriarchat.

Das, was bei uns geil, impotent und gewalttätig als »männliche« Sexualität daherkommt, ist so beschädigt und totgestellt wie das, was mystifiziert als in sich selbst intakt und lebendig von Gefühlsfeministinnen als »weibliche« Sexualität phantasiert wird. Die Vorstellung, ein ganzes Geschlecht hätte im kulturellen Egoismus altruistisch überwintern können, ein ganzes Geschlecht hätte in der gesellschaftlichen Kälte und Aggressivität friedfertig Wärme bewahren können, ist eine voluntaristisch-naturalistische Illusion. Real verstümmelt sind alle, und angenehm oder schön machen weder Aggressivität noch Unterdrückung, weder Impotenz noch Frustration. Es kann also nur darum gehen, im Zustand der allgemeinen, aber nach dem Geschlecht different sich auswirkenden *Adaequatio* Gegenbilder zu entwerfen und Gegenrealitäten zu leben, suchend, irrend, verzweifelt und unbeirrt.

Aber nicht genug der Widersprüche und Ambivalenzen und Zwickmühlen, sobald manfrau sich dem Mann-Frau-Verhältnis politisch oder theoretisch nähert. So kann der gegenwärtige Patriarchalismus womöglich psychologisch verstanden werden, die Gesellschaft aber nicht. So führt der Umstand, sich gleichzeitig im Kampf als Frau bekennen zu müssen, die hergebrachte, alltägliche Geschlechtsrolle aber nicht akzeptieren zu wollen, zu zerreißenden Ambivalenzen. So hat das liberale Mitmachen im Sinne von vollständiger Gleichstellung von Mann und Frau schon heute erkennbar so gut wie nicht zur Folge, dass Frauen Universitätskliniken oder Wirtschaftskonzerne oder Großbanken leiten, sondern dass sie jetzt auch wie die Männer an Raucherkrebs sterben und vorher noch Tankstellen überfallen und Asylanten zu Tode quälen. So ist die Autonomie der autonomen Frauenbewegung eine Fiktion im Leben, das lebt. Denn Mann und Frau sind (noch) auf mindestens dreifache Weise existenziell und unhintergehbar miteinander legiert: (1) *gattungsgeschichtlich* in jeder Hinsicht einschließlich Fortpflanzung; (2) *seelisch* durch den Umstand, dass jeder Mensch eine Mutter und einen Vater hat, die in ihm niedergeschlagen sind, ob nun die Väter physisch präsent bleiben oder nicht; (3) *erotisch-sexuell,* auch wenn das Rätsel der Heterosexualität nicht gelöst werden kann.

Erkenntnistheoretisch scheint mir höchst bedeutsam zu sein, dass es nicht nur um Beziehungen zwischen den Geschlechtern im Alltagssinn geht, sondern um eine Dialektik, die in der *Differentia sexualis* selbst steckt, weil sie trotz aller patriarchaler und sexistischer Manifestationen im Kern ein durch und durch Vermitteltes ist, dem ein Denken in bloßen Ergänzungen, Oppositionen, Neutralisierungen usw. keinesfalls genügt. Denn die Geschlechterdifferenz ist dialektisch in einem eminenten Sinn: weil sie nicht nur ein Niederschlag im Unbewussten und eine Tatsache des Bewusstseins ist, sondern beides selbst produziert. Daraus ergibt sich, dass das Geschlechtliche und das Sexuelle nicht nur dissoziiert sind, sondern ineinanderliegen. Das müsste die heute durch Frauenbewegung und Feminismus mehr oder weniger reflektiert sexuierte Generation der Sexualforscherinnen und Sexualforscher erkennen, wenn sie die Herausforderung annimmt und nicht durch genuspolitisches oder liberalistisches Gerede, das nichts kostet, abtut.

Notwendigkeit materieller Gleichheit

Von vergleichbarer Bedeutung ist die Einsicht, dass eine entscheidende Schwächung des Patriarchalismus ohne eine *materielle* Gleichheit von Männern und Frauen nicht zu erreichen sein dürfte. In diesem Sinne kann von *psychischen* Geschlechtsdifferenzen eigentlich solange nicht wirklich gesprochen werden, so lange die nichtpsychischen, vorgängigen Geschlechterdifferenzen so groß und so wesentlich sind, wie sie bei uns immer noch sind. Bisher kennen wir nur die Geschlechtsdifferenzen, die unter materieller und sozialer und politischer und damit auch seelischer Zurück- und Herabsetzung des weiblichen Geschlechts in Erscheinung treten. Erst wenn die Geschlechter gleich behandelt würden und gleich handeln könnten, weil sie als gleichwertig in jeder Hinsicht angesehen werden, bildeten sich erstmalig jene Geschlechterdifferenzen heraus, die ein biotisch-körperliches Fundament haben, eine Basis, die als »fester Kern« bezeichnet werden könnte. Noch aber bestimmen sich die Geschlechterdifferenzen nicht zuletzt *more oeconomico* (und nicht per Volkshochschule, Selbsthilfe oder *per deconstructionem)*. In dem Moment, in dem das kleine Kind die Geschlechterdifferenz wahrnimmt, erfährt es, dass nicht alle Menschen gleich sind. Dass die oder der andere minderwertig sei, sagen aber nicht die Körper, sondern die vergesellschafteten Menschen. Das weibliche Minderwertigkeitsgefühl, das Freud beobachtete und naturalistisch-patriarchal als anatomisches »Schicksal« missverstand, ist noch immer ein gesellschaftliches »Schicksal« (wie nebenbei gesagt, das männliche Stärke-zeigen-Müssen auch). Erst wenn die Frau gesellschaftlich gleichwertig ist, kann das kleine Kind seine Mutter *so wahrnehmen*. Erst wenn beide Eltern dem Kind bewusst und unbewusst ihre eigene Gleichwertigkeit in der Differenz signalisieren, kann vielleicht der kollektive Teufelskreis unterbrochen werden, der von Generation zu Generation aus dem weiblichen Geschlecht das Zweite Geschlecht, *Sexus sequior*, macht und aus dem männlichen das Erste Geschlecht, *Sexus potior*.

Die unlösbare Aufgabe, vor der der inzwischen schon wieder gesellschaftlich abflauende Feminismus nach wie vor steht, heißt also: aufzeigen, wie gesellschaftliche und individuelle Sphären genuiert werden, beispielsweise die Wissenschaft, ohne substanzialistisch in das herrschende Denken zu verfallen, das binär nach oben/unten, männlich/weiblich, wertvoll/wertlos, nützlich/nutzlos usw. sortiert und verwaltet. Das superiore Männliche durchs superiore Weibliche zu ersetzen, ist nichts als die Inversion dessen, was sowieso ist. Die Geschlechterdifferenz muss gesellschaftstheoretisch gedacht werden, weil Frauen und Männer Inbegriff von Gesellschaft sind, weil die jeweilige Gesellschaft die *Differentia sexualis* formal und inhaltlich konstruiert. Ein Feminismus, der keine theoretische Vorstellung von Gesellschaft hat, kann also Geschlechterdifferenz gar nicht wirklich denken. Da Frauen und Männer aber nicht nur Inbegriff von Gesellschaft sind, sondern zugleich deren Negation, wenn wir uns nicht zu den Waren werfen oder im wie auch immer simulierenden, delirierenden, relationierenden Machtsystembrei versinken, muss die *Differentia sexualis* auch als *Differentia specifica* gedacht werden. Die universalistische Rede von »der« Frau oder »dem« Mann entlarvt sich dann als ebenso affirmativ, weil über andere Konstitutionen und Identitäten hinweggleitend, wie die vom weltweiten »Patriarchat« als oberflächlich, weil formal und nicht inhaltlich argumentierend. Herausstellen müsste sich außerdem, dass reine Weiblichkeit oder reine Männlichkeit reine Gedankenschöpfungen sind, gesellschaftliche Mystifikationen, und dass die von US-amerikanischen Sexualforschern wie deutschen Sexualforscherinnen gern geführte Rede von der »primären Weiblichkeit« demselben ursprungsmythologischen Denken entspringt wie die Rede vom *Sexus potior*. Schließlich müsste erkennbar werden, dass es unmöglich sein dürfte, Frauen oder Männer in Anatomie und Gesellschaft zu zerlegen. Die Schnitte aber werden, wie schon die antiken Philosophen wussten, nach den Gelenken gelegt werden müssen, anatomisch wie theoretisch und politisch.

Doch versäumen wir nicht, uns über das wissenschaftlich-kulturelle Resultat zu freuen, das Frauenbewegung und Feminismus in den letzten Jahrzehnten zustande gebracht haben: Es gibt jetzt minimal zwei Sexualitäten und zwei Geschlechter *sui generis*. Auch die Sexualwissenschaft ist unter den feministischen Anwürfen zu dieser späten Einsicht gelangt, die nicht zuletzt Freuds andromorphe Sexualtheorie lange verhindert hat. Heute ist die männliche Sexualität zum ersten Mal seit der historischen Geburt der modernen Sexualform nicht mehr das Modell für die weibliche nach dem Diskursmotto »Die Klitoris ist ein verkümmerter Penis«, und die weibliche Sexualität ist nicht mehr das Negativ der männlichen nach dem Motto »passiv-empfangend statt aktiv-entwerfend«. Heute werden von Anfang an zwei Sexualformen gesehen: die männliche und die weibliche. Von Anfang an, weil Jungen und Mädchen vom ersten Tag an geschlechtsdifferente bewusste und unbewusste Botschaften erhalten. Es darf also gehofft werden, dass sich der phallische Monismus auch im realen Leben seinem Ende zuneigt und nicht nur in der Theorie.

Die Missbrauchsfalle

Die Sinnlichkeit, die sich zwischen einem Kind und einem Erwachsenen spontan entfaltet, ist etwas Wunderschönes. Nichts vermag intensiver an die Paradiese der Kindheit zu erinnern. Nichts ist reiner und harmloser als diese Erotik des Leibes und des Herzens. Im Grunde ist nichts humaner. Alle Erwachsenen, die sinnlich lieben, versuchen unwillkürlich, wieder zu Kindern zu werden. Sie ahnen, dass sie sich nur dann erotisch begegnen können, wenn sie die Kalkulationen der Erwachsenenwelt hinter sich lassen.

Die kindliche Erotik ist aber nicht nur voller Wonnen, sie ist auch notwendig. Sie ist eine Bedingung der Möglichkeit der Menschwerdung. Als wesentliche Quelle der Individuation tariert sie Nähe und Distanz aus und jene Gefühle, ohne die Liebe unmöglich ist: Wohllust und Wollust, Vertrauen in sich selbst und in andere. Wer nie im Paradies der kindlichen Erotik gelebt hat, wird sich in einen anderen Menschen weder einfühlen noch sich selbst der Drangliebe ohne Angst überlassen können. Ein solches Menschenkind muss grau, starr und stumpf werden. Ihm fehlt der Glanz im Auge und in der Seele. Wird die kindliche Erotik vorzeitig sexualisiert und missbraucht, wächst die Gefahr, dass Sinnlichkeit im Erwachsenenalter plötzlich in Destruktivität umschlägt, weil dieser Mensch nie gelernt hat, mit den Erregungen, Versagungen und Aggressionen umzugehen, die Liebe und Sexualität immer begleiten.

Die neosexuelle Revolution der letzten Jahrzehnte hat die sexuellen Perversionen in ein mildes öffentliches Licht gerückt – mit Ausnahme der Pädophilie. Zugleich ist nichts bei uns tabuisierter als die Sexualität unserer Kinder. Sie ist ein dunkler Kontinent. Am Ende des 19. Jahrhunderts sind Kinder von Sexualforschern als sexuelle Wesen eigener Art »entdeckt« worden. Mehr als einhundert Jahre später ist nur noch von sexuellem Kindesmissbrauch und Kinderschändung die Rede. Offenbar ist es in unserer Kultur weiterhin unmöglich, Kinder als eigenartige sexuelle Wesen zu respektieren.

Missachtung der Kinder

Verwunderlich ist das nicht. Denn wie könnte die sexuelle Eigenart einer Menschengruppe respektiert werden, wenn sie ansonsten weitgehend schutz- und rechtlos ist? Wie kinderfeindlich unsere Gesellschaft ist, wird oft beschworen. Es fehlen aber empirische Studien, die einmal aufdecken, unter welch entsetzlichen Umständen viele Kinder ihr Leben zu fristen haben. Das betrifft nicht zuletzt die Schulen, die nach wie vor Anstalten des Grauens für viele Kinder sind, Anstalten, in die sie Jahr um Jahr mit Angst und Furcht, mit Kopf- und Bauchschmerzen gehen müssen, um dort widersinnig zum isolierten Stillsitzen und egoistischen Streben verdammt zu sein: ein allgemeiner Skandal, der seit Generationen zum Himmel schreit, an dem aber niemand ernsthaft rührt, nicht einmal Reformpädagogen, falls es sie noch als Restposten aus den siebziger Jahren geben sollte. Fragt man Erwachsene, welche Zeit ihres Lebens die schrecklichste war, nennen die meisten die Schulzeit. Kaum einer würde freiwillig noch einmal in dieses mehr oder weniger entfaltete Gefängnis zurückkehren.

Und wie werden Kinder in ihren Familien behandelt? Ich fürchte so gemein wie die Alten, die sich nicht mehr wehren können, die man treten kann und tritt, weil sonst niemand da ist, der unter einem stünde. Ich fürchte, Hunde und Katzen werden generell liebevoller behandelt als zerbrechliche Kinder und gebrechliche Alte. In den USA sollen pro Jahr 60.000 Kinder von ihren eigenen Eltern getötet werden. Bei uns kämen auf diese Weise mehr Kinder zu Tode als durch alle Infektionskrankheiten zusammengenommen, jede Woche mindestens zwei, laut Unicef-Studie vom September 2003. In reichen Industrieländern stürben jedes Jahr etwa 3.500 Kinder an den Folgen von Gewalt und Vernachlässigung. Zeitgleich teilte der Deutsche Kinderschutzbund mit, fast jeder zweite Sozialhilfeempfänger sei in Deutschland ein Kind, konkret: eine Million. Für diese Kinder würden pro Monat etwa 200 Euro ausgegeben. Durch die Zusammenlegung von Sozialhilfe und Arbeitslosenhilfe kommen noch einmal 500.000 Kinder hinzu. »Erziehungsberechtigte« können grundsätzlich mit Kindern machen, was sie wollen. Sie können sie ungestraft seelisch und sozial vernachlässigen und isolieren, quälen und demütigen. Viele Kinder leben familiär nicht in Paradiesen, sondern in Höllen. Selbst sexuelle Übergriffe und Misshandlungen bleiben in der Regel unentdeckt und, wie die Sexualforscherin Hertha Richter-Appelt (1997/2002) empirisch gezeigt hat, ungeahndet. In keinem einzigen Fall, der ihr bei einer Befragung von Studentinnen und Studenten genannt wurde, war es zu einer Anzeige gekommen.

Das illustriert ein spezifisches Dilemma. Einerseits gelten in dem Gefängnis, das wir Kindheit nennen, andere Gesetze als draußen. Andererseits riskiert ein Kind, das spricht, seine Familie zu verlieren, in ein Heim verfrachtet zu werden. Kompliziert wird das alles noch zusätzlich durch die je spezifische Familiendynamik: die hilflose Mutter schaut weg, weil sie den Mann nicht verlieren will; der brutale Vater zeichnet eine Tochter nach der anderen durch »Zuwendung« aus; der Trinker kann sich im nüchternen Zustand nicht daran erinnern, seinen Sohn zum Mundverkehr gezwungen zu haben; das vernachlässigte Mädchen macht auf sich aufmerksam, indem es seine körperlichen Reize vorzeitig zur Schau stellt, was ihm, wenn es Pech hat, eine Vorstellung beim Kinderpsychiater einbringt, der ihm, wenn er eitel und borniert ist, daraus einen Strick fürs Leben bastelt ...

Und gegen all diese Verstrickungen sollen Behörden zu Felde ziehen? Sie sind zwar nicht machtlos. Das Aufenthaltsbestimmungsrecht erlaubt es ihnen beispielsweise, Kinder ihren Eltern auf den bloßen Verdacht hin, sie könnten in der Familie missbraucht worden sein, wegzunehmen, ja sie zu entführen, ohne dass die Eltern erfahren könnten, wo sich ihre Kinder befinden. Einen Erziehungsschein aber, analog zu einem Führerschein, könnten sie nicht vorschreiben, weil allzu viele Eltern bei der Prüfung durchfielen. Die zur Verfügung stehende Wohnfläche entspräche nicht einmal den rechtlichen Bestimmungen, die es für Hunde gibt; ihr Einkommen wäre zu gering; ihre persönlichen Beziehungen alles andere als ein Vorbild, an dem sich Kinder orientieren sollten, und sie selbst wären vollkommen ungeeignet, zu kalt, zu aggressiv, zu dumm, zu gedümpelt, bereits selbst zu traumatisiert.

Weil die ungeheuere Willkür und Gewalt, der viele Kinder bei uns ausgeliefert sind, einer kollektiven Verschwörung zur Verleugnung unterliegen muss, soll nicht die individuelle Katastrophe als allgemeine erkannt werden, ist der Aufschrei gewaltig, sobald ein Täter dingfest gemacht worden ist. Je lauter der Schrei nach Vergeltung, je rasender das »Rübe ab!«, desto virulenter das eigene, dumpf grollende schlechte Gewissen, das nicht bewusst werden darf, weil es so schwer zu ertragen wäre, oder gar das eigene unbewusste Verlangen nach schmutziger Überwältigung, das in sein seelisches Gegenteil verkehrt werden muss. Je kürzer der Prozess sein soll, desto länger ist seine Vorgeschichte. Das »Rübe ab!« reicht schließlich bis in die archaischen Zeiten der Menschheit zurück. Die, die nach dem Henker grölen, wollen sich ums Ganze aus dem Gewaltzusammenhang herausschreien, von den Sexualstraftätern ums Ganze distanzieren, arbeiten aber dem gleichen Willen zur Vernichtung und Verstofflichung zu. Um der seelischen Friedhofsruhe willen darf nicht erkannt werden, wie eigen das fremd Erscheinende im Grunde ist.

Materialität des Diskurses

Immer wieder wird gefragt, ob sexueller Missbrauch und Gewalt um sich greifen oder ob wir nur diesen Eindruck haben, weil wir in den letzten Jahren für diese Probleme sensibilisiert worden sind. Ich denke, die Frage kann aus zwei Gründen nicht verlässlich beantwortet werden. Zum einen wird »Missbrauch« in empirischen Studien sehr unterschiedlich definiert. Das gilt sowohl für das Alter der Opfer, den Altersabstand zum Täter und die Tat selbst wie für die wissenschaftlichen Erhebungsmethoden, die psychosozialen Umstände, die rechtlichen Konsequenzen usw. Vergleiche sind allein schon aus diesem Grund, jedenfalls bisher, so gut wie unmöglich.

Der zweite Grund ist noch gravierender. Aus strukturellen Gründen fehlen Vergleichsdaten aus früheren Zeiten selbst dann, wenn vor Jahren bei empirischen Studien formal ganz ähnliche Fragen gestellt worden sind. Sie können nicht existieren, weil sich unser Bewusstsein verändert hat. Was früher als durchaus normal angesehen worden ist, würde heute mit Sicherheit von vielen als sexueller Missbrauch oder sexueller Übergriff verstanden werden. Ist eine derartige Veränderung im Wahrnehmen, Darstellen und Reagieren eingetreten, nennen wir das einen *Diskurs*.

Fraglos fand bei uns in den letzten Jahren ein Missbrauchsdiskurs im Sinne der französischen Diskurstheorie statt. Es ging also nicht um so etwas wie eine öffentliche Diskussion oder einen wissenschaftlichen Disput, sondern um eine kulturelle Installation, der eine eigene Materialität zukommt. Diskurse sind selbst gewaltförmig. Findet die Diskursivierung eines Themas oder eines Lebensbereiches wirklich statt, gibt es keine Gegenmeinung von Gewicht mehr. Auffassungen und Reaktionen sind dann wie voneinander abgezogen, Kopien von Kopien. Wissenschaftler benehmen sich wie Papageien auf der Stange. Und Politikern, die im rechten Moment auf den rasenden Zug gesprungen sind, laufen volksrünstige Schauer terminaler Demokratie über den Rücken. Wenn ich morgens in der Zeitung statt ARD automatisch AIDS lese, was mir in der Mitte der achtziger Jahre passiert ist, dann darf vermutet werden, das Thema AIDS wurde bereits diskursiviert. Wenn ich kurz danach »Viren machen Geschichte« und »HIV-Infizierte sind Tote auf Urlaub« in einem Nachrichtenmagazin lese, hat der Diskurs auch das geistige und moralische Vermögen gerinnen lassen. Wenn ein Medizinprofessor nach der Bemerkung, er bade mit seiner minderjährigen Tochter gelegentlich in einer Wanne, öffentlich wie ein Unmensch behandelt und auf einem wissenschaftlichen Kongress von einer Mutter geohrfeigt wird, dann findet wahrscheinlich gerade ein Missbrauchsdiskurs statt. Und wenn die Abgeordneten aller Parteien ohne eine einzige Ausnahme so tun, als könnten Kinderpornografie und Sextourismus durch schärfere Gesetze wirksam bekämpft, wenn nicht sogar beseitigt werden, dann hat der Diskurs ganz offensichtlich auch das Parlament erreicht und die letzten Zweifler wirksam gelähmt.

Doch Diskurs hin oder her: Wir ahnen alle, auch wenn es nicht mehr gesagt wird, wie wunderbar und unverzichtbar die erotische Sinnlichkeit der Kinder ist. Wir wissen aber inzwischen auch, dass die sexuelle Traumatisierung von Kindern durch Erwachsene nicht nur ein Schreckgespenst ist, das durchgedrehte Feministinnen an die Wand malen. Die sexuelle Traumatisierung von Kindern durch Männer, aber auch durch Frauen (siehe Kapitel »Notiz zur weiblichen Perversion«) ist massenhafte Realität. Auch kann nicht mehr ernsthaft bezweifelt werden, dass unsere Sexualität in einem erschreckenden Ausmaß nicht nur unbewusst mit Destruktivität legiert ist, sondern dass sich diese Destruktivität in vielen »normalen« Familien als offene Gewalt manifestiert. Nach allen Daten, die vorliegen, erfolgen die meisten sexuellen Übergriffe nicht durch fremde Monster, sondern durch Verwandte, Freunde und Bekannte. Offenbar ist die eigene Lebenswelt nicht selten monströs.

Was tun?

Wirksam bekämpft würde der massenhafte Missbrauch, wenn wir unsere Art und Weise zu leben änderten. Das wäre der beste Schutz. Kinder und Jugendliche stünden dann nicht mehr am Rand der Gesellschaft, sondern im Zentrum. Sie wären selbstbewusst und allein dadurch in einem hohen Maß geschützt. Lehrer dürften nur die Warmherzigsten und Klügsten werden. Sie wären gerade gut genug und würden besser bezahlt als die besten Fußballspieler. Jedes Kind würde nach seinen Vermögen und Vorlieben gefördert werden. Für beschäftigungslose Heranwachsende würde ein Nationales Jugendwerk mit Milliarden ausgestattet. Der Straßenverkehr richtete sich nach den Kindern, die Werbung dürfte sie nicht mehr benutzen, die Familien bekämen geräumige, ruhig gelegene Wohnungen. Die Eltern wären mit ihrer Arbeit, mit ihren Aufgaben in der Gemeinschaft zufrieden. Seelisch entspannt, liebten sie ihre Kinder uneigennützig, ließen sie ohne Einmischung auf erotische und sexuelle Entdeckungsreisen gehen ... Da sie selbst als Kinder weder übermäßig gekränkt, geängstigt noch gedemütigt worden wären, müssen sie als Erwachsene keine Affekte des Zerfalls, der Ohnmacht und der Destruktion speien, keine Traumatisierungen dadurch ungeschehen zu machen suchen, dass sie sie an einem Schwachen wiederholen. Gewalt wäre als Mittel der Konfliktlösung und der Wiederherstellung seelischer Homöostase weitgehend überlebt.

Doch das sind alles Illusionen. Tatsächlich kommt nur der Egoismus voran. In vier von fünf Haushalten leben überhaupt keine Kinder mehr. Offenbar gelten sie als Behinderung. Noch immer, wie zu Freuds Zeiten, werden Kinder so unvorbereitet ins Liebesleben entlassen, als schickten wir eine Expedition ohne jede Ausrüstung an den Südpol. Mal sehen, wie schnell sie stranden. Ein Nationales Jugendwerk hat niemand öffentlich gefordert, weil es der »Standort Deutschland« nicht verkraften würde. Sinn und Moral werden nur noch aus dem Markt gezogen. Auch die Sexualitäten konstruieren sich, so weit es überhaupt geht, nach marktwirtschaftlicher Logik. Immer mehr sexuelle Fragmente und Nöte werden in die Warenförmigkeit gepresst.

Und was könnte ohne Illusionen geschehen? Zunächst einmal sollte bedacht werden, dass Missbrauch als Wort und Kategorie in jeder Hinsicht ungeeignet ist (wie übrigens »Kinderschänder« auch). Semantisch, weil es in unserer Kultur keinen sexuellen »Gebrauch« von Kindern gibt, der Erwachsenen rituell oder aus anderen Gründen gestattet wäre wie in entfernten Gesellschaften. Wissenschaftlich und klinisch, weil mit dieser Pseudokategorie höchst Differentes in einen Topf geworfen wird. Zu unterscheiden wären zum Beispiel: vorzeitige Sexualisierungen ohne körperlichen Kontakt, sodass Handlungsmodelle ins Leere greifen, die das seelische Trauma und damit die Phantasietätigkeit sowieso fahrlässig unterschätzen; sexuelle Traumatisierungen durch Familienangehörige oder durch Außenstehende; sexuelle Traumatisierungen ohne oder mit körperlicher Misshandlung; täppische sexuelle Übergriffe durch organisch hirnkranke ältere Männer oder sexuelle Traumatisierungen durch extrem raffinierte Pädophile, deren psychosozialen Abhängigkeitsfallen sich Kinder aus eigener Kraft nicht entziehen können; erotische oder sexuelle Beziehungen zu erwachsenen Frauen oder Männern, die den Heranwachsenden nach deren eigenem Zeugnis im Erwachsenenalter mehr genutzt als geschadet, mehr gegeben als genommen haben; schließlich Gewalttaten bis hin zum Mord, die wiederum sehr differente Ursachen haben können wie das Auseinanderfallen von sexuellen und destruktiven Impulsen, die unbewusste Abwehr von verpönten Wünschen und Ängsten, das Entgleisen einer sadomasochistischen Perversion, die sekundäre Sexualisierung einer Aggression, das dissoziale Erzwingen einer sexuellen Handlung usw. Alles in allem: *Den* Missbrauch oder richtiger: *die* sexuelle Traumatisierung gibt es nicht (vgl. Dannecker 2001, Meyenburg 2000a, Richter-Appelt 2001).

Doch zurück zu der Frage, was getan werden könnte. Ohne aufrechnen zu wollen, müssten die Relationen zurechtgerückt werden: Pro Jahr sterben bei uns 1.400 bis 1.600 Kinder im Straßenverkehr, während vier bis sechs Kinder aus offenbar sexuellen Motiven getötet werden. In den Medien aber wird ein ganz anderes Bild erzeugt. Übrigens sollte die Schamlosigkeit einiger Medien, die aus einem so genannten Lustmord ein Geschäft machen, allgemein verpönt und mit hohen Geldstrafen bedroht werden. Der Opferschutz müsste rechtlich wie finanziell endlich abgesichert werden, wie es jüngste höchstrichterliche Entscheidungen ermöglichen dürften. Bisher steht in unserer Kultur immer noch der Täter im Zentrum. So erfuhren wir erst kürzlich, dass NS-*Täter* rentenrechtlich Kriegs-*Opfer* sind. Ähnlich ver-rückt ist es, wenn Straftäter psychologisch behandelt werden, Opfer aber sehen müssen, wie sie mit ihrem Trauma zurechtkommen. Dass ein höheres Strafmaß sexuelle Traumatisierungen verhindern könnte, sollte als Illusion erkannt werden, die überdies wieder alles in einen Topf wirft und dadurch das Ziel einer größeren Gerechtigkeit verfehlen muss. Die Behandlung und Betreuung von Straftätern muss ausgebaut und als ein erfolgreicher Weg erkannt werden. Die Alternative, alle wegzusperren, ist keine. Schließlich haben wir uns vor zweihundert Jahren und noch einmal vor fünfzig entschieden, nicht ins Mittelalter zurückzufallen. Politiker, die Jura studiert haben und vor einer Wahl wider besseres Wissen (nicht Gewissen, wie mir gerade aus der Feder rutschte) in *Bild* über Sexualstraftäter sagen: »Wegschließen, und zwar für immer!«, sollten nicht mehr gewählt werden. Erkennbar diskursiv aufgepeitschte oder sonstwie inkompetente Sachverständige sollten nicht nur hinter vorgehaltener Hand kritisiert, sondern zur Räson gebracht oder ausgeschlossen werden. Wozu haben wir denn wissenschaftliche Standards entwickelt, wenn sie ignoriert werden? Wer einen durchgedrehten Kollegen deutlich kritisiert, ist kein Nestbeschmutzer, sondern ein Nestausmister. Und zu guter Letzt: Alle geschiedenen Väter sollten wieder mit ihren Kindern baden.

Erwachsenen ausgeliefert zu sein, die sexualisieren und misshandeln, ist für Kinder die Hölle. In die Fallstricke des Missbrauchsdiskurses zu geraten, ist für die Verdächtigten und für die durch Verhöre zusätzlich verstörten Kinder eine Vorhölle, insbesondere wenn es um Familienangehörige geht. Manfrau muss in der Praxis erlebt haben, wie Kinder mit diskursivem Geifer blindwütig von ihren Eltern getrennt, Ehen zerstört und Familien aufgelöst wurden, behördlich angeordnet, gutachterlich abgesegnet, beraterisch angezettelt, als gäbe es keine Unschuldsvermutung, als sei ein Eltern-Kind-Verhältnis eine Nebensächlichkeit und nicht das Wichtigste von der kindlichen Welt.

Mit rationalen Mitteln kann die Falle, in die der Missbrauchsdiskurs alle geraten lässt, nicht aus der Welt geschafft werden. Möglich ist nur der riskante Grenzgang, sexuelle Traumatisierungen aufzudecken und abzustellen, ohne die Erotik zwischen Kindern und Erwachsenen unter einen generellen Verdacht zu stellen. Denn die Tabuisierung kindlicher Erotik führt zu dem, was wir alle verhindern wollen: sexuelle Gewalt.

Gibt es ein Homo-Gen?

Ein Dr. Dean Hamer vom US-National Cancer Institute hat in einer der einflussreichsten wissenschaftlichen Fachzeitschriften der Welt (»Science«, Ausgabe vom 16. Juli 1993, Bd. 261, S. 321) gemutmaßt, eine umfangreiche Region des X-Chromosoms, genannt Xq28, könnte mit der genetischen Determinierung der männlichen Homosexualität irgendwie zusammenhängen. Dr. Hamer sprach natürlich nicht von einem oder gar dem »Homo-Gen«; er warnte vielmehr davor, seine Befunde misszuverstehen oder gar eines Tages zur Ausrottung der Homosexualität missbrauchen zu wollen. Er scheint also zu wissen, wie gefährlich solche Befunde in schlechten Zeiten sein könnten. Und die Herausgeber von »Science«, auch ein durchaus ungewöhnlicher Vorgang, sind gleichzeitig auf Distanz gegangen, indem sie der verwirrten Leserschaft mitteilten, welche Potemkinschen Dörfer die Genforschung schon errichtet hat. Doch das Nachrichtenmagazin »Der Spiegel« titelte fett: »Gen für Homosexualität entdeckt«. Der Skandal ist also, wie ein Teil unserer Presse, die sich für seriös und kritisch hält, mit den tentativen, unkontrollierten und nichtreplizierten Einzelbefunden eines Einzelforschers falsches Meinen untermauert und tödliche Ressentiments schürt.

Eine mörderische Illusion

Wie schön wäre es, könnten wir Rassismus und Gewalttätigkeit, Sexismus und Neonazismus anatomisch in den Menschen lokalisieren. Dann könnten wir all das, was ich gerne Normopathie nenne, herausschneiden, wie es uns das Wort Anatomie bereits nahelegt. Wir könnten die viel zu komplizierten Theorien über den Menschen, sein Wirken und seine Geschichte vergessen, Theorien, die wir sowieso nie ganz verstanden haben. Wer weiß schon, was diese politökonomischen, konflikttheoretischen, epistemologischen oder diskursanalytischen Abstraktionen eigentlich meinen.

Unser Meinen wäre wieder im Lot: hier die Guten, dort die Bösen, hier das Richtige, dort das Falsche. Wir müssten nur darauf achten, dass die Schnitte nach den Gelenken gelegt werden, wie es schon die alten Griechen gelehrt haben. Und natürlich müssten wir auf dem mittlerweile erreichten Level der naturwissenschaftlichen Forschung vorgehen, der uns sagt, die modernen Gelenke sind zentralnervöse Knotenpunkte und genetische Codes. Schneiden aber dürften wir, einmal psychochirurgisch, andermal genchirurgisch, innerhalb und außerhalb des Mutterleibes.

Dabei käme uns zupass, dass operative Eingriffe in unserer Kultur zu einem allgemein etablierten Modus geworden sind, die Not des Lebens zu lindern oder wenigstens vorübergehend zu bannen. Denken wir nur an die zahllosen operativen Eingriffe ohne glaubhafte organmedizinische Begründung, bei jungen Mädchen am so genannten Blinddarm, bei erwachsenen Frauen an der Gebärmutter und bei Männern an der Leiste, die gebrochen sein soll. Oder denken wir an die allseits aus den Talkshows bekannten plastisch-chirurgischen Eingriffe am ganzen Leib, durch die sich so mancher Pygmalion »seine« Frau zurechtschneidert, Eingriffe, denen sich zunehmend auch Männer unterziehen, weil die Gleichstellung der Geschlechter und die Sexualdemokratie alle erfasst.

Der letzte Schrei in den USA und Westeuropa (ja, wo denn sonst?) sind Errungenschaften der Wiederherstellungschirurgie, die die Vorhäute von Männern rekonstruiert, die einmal beschnitten worden sind, oder das so genannte Jungfernhäutchen von Frauen, die noch einmal scheinbar unberührt das Sakrament der Ehe empfangen möchten.

Offenbar gibt es bei uns immer mehr Menschen, für die Operationen nicht in erster Linie lebensbedrohend, sondern lebenserhaltend sind, für die chirurgische Eingriffe nicht die Bedeutung einer Verstümmelung, sondern einer Restitution haben. Bei den Menschen, die wir seit einiger Zeit Transsexuelle nennen, ist das nicht zu übersehen. Aber auch bei den so genannten Normalen, dieser geschlechtseuphorischen Mehrheit, bei der Körpergeschlecht und Geschlechtsidentität fraglos und scheinbar natural zusammenfallen und die ich deshalb gerne Zissexuelle nenne (siehe dieses Stichwort in *Mundus sexualis*), auch bei den Normalen, *soi disant*, nein, vor allem bei den Normalen, greift das Maßnehmen und Zurechtschneidern und Immerwiederhabenwollen um sich.

Nicht immer ging es dabei so scheinbar freiwillig zu, ohne staatlichen oder sonst wie zurechenbaren Zwang. Wenn wir nicht so vergesslich wären und so uneinsichtig und wenn unsere Wissenschaft sich endlich selbst aufklären könnte, dann wüssten wir, dass die moderne Medizin zunächst einmal alle Waffen schweren Kalibers, die sie entwickelt hatte, auf die Organe der Lust und des Geschlechts richtete. »Hysterischen« Frauen wurden millionenfach die Eierstöcke entfernt (nein, das Ausmaß ist nicht übertrieben!), und die erste Amputation der Klitoris erfolgte etwa 30 Jahre vor der ersten »Blinddarm«-Operation. Damals waren Körperregionen wie die Bauchhöhle, der Kopf und die Wirbelsäule für die Chirurgen noch völlig tabu, nicht aber die Genitalien.

Später ergab die immer seriöse medizinische Forschung, dass Frauen gar keine sexuelle Lust empfinden können. Ließ sich bei einigen nicht übersehen, dass sie doch zu irgendwelchen Sensationen gelangten, waren die Lüste natürlich unnatürlich und die Frauen krank. Bis in die vierziger Jahre des 20. Jahrhunderts hinein wiesen angesehene Forscher phylogenetisch und neurologisch nach, dass »die Frau« eigentlich orgasmusunfähig sei. In einer anderen Richtung, in der Psychoanalytiker dem anatomisierenden Bewusstsein erlagen, wurde die These von den zwei Modi des weiblichen Orgasmus seelentheoretisch begründet. Die Folge war, dass zahllosen Frauen die Klitoris operativ entfernt wurde, damit sie endlich den richtigen, den reifen Orgasmus erreichen könnten, der nun einmal vaginal und nicht klitoridal zu sein hatte.

Und vergessen wir um Gottes willen nicht die so genannte Psychochirurgie, die in unserem Jahrhundert erst ganz bescheiden war, »nur« die Insassen psychiatrischer Verwahranstalten durch metzgerartige Eingriffe ins Stirnhirn »ruhigstellte«, um uns dann, seit dem Ende der sechziger Jahre, mit verfeinerten Methoden, ein Stichwort lautet Stereotaxie, endlich all die sozialen, politischen, seelischen und sexuellen Abweichungen und Probleme vom Hals zu schaffen, die uns ängstigen, die wir verpönen. So sagte und handelte sie jedenfalls.

Psychochirurgen versprachen uns vor einigen Jahren nicht nur, unsere Gesellschaft mittels operativer Hirneingriffe und elektrischer Hirnreizung zu »zivilisieren«, sie griffen auch tatsächlich tausendfach zu Messer und Kabel. Neurotisch oder psychosomatisch Erkrankte, so genannte Psychopathen, »renitente« Kinder, »aufsässige« Gefangene, politisch motivierte »Krawallmacher«, »frigide« oder »mannstolle« Frauen und natürlich Exhibitionisten, Pädophile, Transvestiten und Homosexuelle wurden durch diese »Behandlungen« verstümmelt. Wer mir nicht glauben will, lese es im »Argument« (Sigusch 1977/1978) oder in der »Zeit« (Sigusch 1980) nach, in denen ich, als sich Psychochirurgen auch in »meinem« Fachgebiet zu tummeln begannen, ausführlich berichtet habe. Heute lassen die Psychochirurgen »dank« unserer Kritik von sexuell auffälligen Menschen bei uns die Finger, nicht aber von Patienten mit nichtsexuellen Symptomen (vgl. Sigusch 1999b).

Die unstillbare Suche nach den Ursachen

Das somatiforme Denken, von dem hier die Rede ist, scheint unausrottbar zu sein. Es herrscht in unserem Kulturkreis seit der Antike. Wir alle unterliegen ihm mehr oder weniger. Vielleicht erinnert sich die eine oder der andere daran, dass Horkheimer und Adorno in ihrer »Dialektik der Aufklärung« dieses ebenso mystifizierende wie verstofflichende Bewusstsein mit dem Pionier Odysseus beginnen lassen.

Verwunderlich ist es nun wirklich nicht mehr, dass der radikalste Psychochirurg mit dem Nobelpreis geadelt wurde, dass renommierte Naturforscher heutzutage behaupten, sie hätten beinahe die genetische Ursache für Aggressivität, Dummheit, Schizophrenie, Trans- oder Homosexualität gefunden. Der Skandal ist nicht, dass naturwissenschaftlich geforscht wird. Der Skandal ist, wie Medien, die sich für aufgeklärt und kritisch halten, mit den Mutmaßungen umgehen. Warum werden vorläufige und unpräzise, methodisch in jeder Hinsicht unkontrollierte und wissenschaftlich nicht bestätigte Einzelbefunde als Titelgeschichten aufgemacht? Weil das somatiforme Denken so herrlich einfach ist, jedermann einleuchtet und Lösungen verspricht, um nicht zu sagen Endlösungen.

Tagein, tagaus bin ich in meiner kleinen Lebenswelt mit einem naiven naturalistischen Meinen konfrontiert. Beinahe alle Patienten, die an sexuellen Symptomen, Konflikten oder Erkrankungen leiden, hoffen letztlich, dass ihr Leiden auf eine organische Ursache zurückgeführt und, wenn das nicht möglich ist, wenigstens körpermedizinisch behandelt werden kann. Wer sich an dieser Suche nicht beteiligt, ist auch in der Sexualwissenschaft in der Minderheit. Dort herrscht international ein naturalistisches Meinen vor. Das Gros der Sexologen missversteht nach wie vor sozial-gesellschaftliche Kunstwerke wie Geschlechtsidentität oder Liebe als natural bedingt, möchte wie die alten Sexualforscher rein kausal vorgehen und den Mechanismus der Sexualität zentral und peripher als neuroendokrinen und genetischen bestimmen, ist auf der Suche nach dem somatologisch fassbaren Sexualstoff.

Dass sie dabei einen Reinfall nach dem anderen erleben, stört sie ganz offensichtlich nicht. Die Karriere ist dann sowieso schon gemacht. In der Zeit, die ich beruflich dabei bin, habe ich mehrere Scheinlösungen, manche ganz hautnah, miterleben müssen: erst XYY bei Kriminalität (Jürgen Bartsch!), dann pränataler Androgenmangel bei männlicher Homosexualität, dann LD 4+ bei Pädophilie, dann HY-Antigen bei Transsexualismus – und jetzt das Xq28 des Dr. Hamer wieder bei der männlichen Homosexualität, um nur die bekanntesten Beispiele zu nennen. Alles wurde mächtig publiziert, in den feinsten und einflussreichsten Blättern, alles ist nach einigen Jahren in sich zusammengefallen.

Doch die Suche nach der Ursache ist unstillbar. Man wird keine Kosten scheuen und keine Belastungen der Versuchspersonen. Man wird Tausende von Artikeln verfassen und immer wieder behaupten, man stünde kurz vor der entscheidenden Entdeckung. Denn das Rätsel der abweichenden Geschlechts- und Sexualempfindungen muss nun einmal gelöst werden, natürlich nicht das Rätsel des Zissexualismus, denn der ist ja natürlich und normal.

Nach meinem Eindruck bekam das somatiforme Denken immer Auftrieb, wenn die sozialen und politischen Probleme überhand nahmen. Dann grassierte, wie in der Zeit vor dem Ersten Weltkrieg und am Ende der Weimarer Republik, eine Verrücktigkeit wie Gesellschafts-Biologie, die sich unverschämterweise selbst so nannte. Verschwistert mit Sozial-, Rassen- und Psychohygiene versprach sie, auf die soziale und auf die sexuelle Frage anhand naturwissenschaftlicher Erkenntnisse eine abschließende biologische Antwort zu geben. Alles, was sie sich ausgedacht hatte, machten die Nazis blutig wahr. Deshalb ist dieses Meinen fortzudenken bis zu der Endlösung, die ihm innewohnt.

Vererbung ohne Gene

In der Sexualwissenschaft beobachten wir seit dem Beginn der achtziger Jahre eine Welle der Re-Somatisierung. Das psychosomatische Denken ist wieder zurückgedrängt worden und heute noch schwächer als in den siebziger Jahren. Aufwind haben die jungen Dozenten, die behaupten, die allermeisten sexuellen Störungen seien organisch verursacht und könnten von ihnen mit Medikamenten oder anderen Eingriffen in den Körper erfolgreich behandelt werden. Dass das im Leben nicht so ist, erleben wir jeden Tag.

Während ich für das Somatisieren der Patienten größtes Verständnis habe und ihnen diese seelisch entlastende Abwehr ängstigender Konflikte niemals vorwerfen würde, habe ich für Wissenschaftsjournalisten, die zum hundertsten Mal fragen, ob so etwas wie die Homosexualität vielleicht doch »gleichwertig« sei, weil »angeboren«, überhaupt kein Verständnis mehr. Denn sie geben zu Protokoll, dass ihr Wunsch nicht vernünftig genug ist, soziale Probleme mit sozialen Mitteln zu beseitigen. Mit ihren scheinbar neutralen Fragen schleppen sie jenes Denken fort, in dem sich Veredeln und Ausmerzen, Heilen und Vernichten verschränken.

Was wäre denn gewonnen, wenn die homosexuelle Entwicklung von Genen programmiert würde? Hätte die Homosexualität dann ihre seelische und soziale Anstößigkeit verloren? Wäre dann die Homophobie perdu? Auf gar keinen Fall. Der Hass der Normalen auf die Homosexuellen wie die Angst vor ihnen ist unabstellbar, solange beide für die Heterosexualität konstitutiv sind und dazu noch weitgehend dem Bewusstsein entzogen. Solange es Hetero- und Homosexualität als gesellschaftliche Sexualformen gibt, so lange wird das so sein. Und sollten nicht Minderheiten die vollen Menschenrechte aus Vernunftgründen oder solchen einer menschenfreundlichen Ethik zugesprochen werden? Ist »Biologie« nicht immer dann gefragt, wenn sich Politiker, Wissenschaftler und Journalisten gerade dazu außerstande sehen? Als liefere die äußere Natur aus sich heraus die Maßstäbe für menschliche Freiheit und Gerechtigkeit, als sei sie nicht unfrei (richtiger: freiheitslos) und ungerecht (richtiger: gerechtigkeitslos), weil sich diese Kategorien gar nicht an sie anlegen lassen.

Wie das Studium des Schluckens keine Ernährungswissenschaft konstituiert, so das Studium des Genoms keine Sexual- oder Geschlechterwissenschaft. Ich kann mir überhaupt nicht vorstellen, wie ein epistemisch-historisch Fabriziertes, psychosozial Zusammengesetztes und kulturell Vermitteltes wie eine sexuelle oder geschlechtliche Identität von Genen programmiert werden könnte. Für mich ist die Meinung, in der anatomischen, hormonellen oder genetischen Ausstattung der Menschen habe man das Radikal der Sexualität und der Geschlechtlichkeit vor sich, vorwissenschaftlich. Denn es ist ein Ungedanke, sich den Menschen ohne Blut und ohne Hände vorzustellen und die Erektion fleischlos, als begönne das Menschsein nicht erst an jenem Punkt, an dem Menschen ihre Hände mit Blut beflecken und die Erektion mehr ist als ein Reflex oder als mehr genommen wird.

Dabei gehört es zu den Einsichten kritischer Philosophie, dass Natur nicht nur gesellschaftlich vermittelt ist, sondern Gesellschaft auch natural. Ohne den gesellschaftlichen Lebensprozess gäbe es die Gattung Mensch nicht einmal biologisch. Das heißt nicht, dass der natürliche Anteil am geschlechtlich Sexuellen, beispielsweise der anatomische Dimorphismus, in den Weisen der menschlichen Praxis und Theorie ganz und gar aufgelöst werden könnte. Er setzt Richtungen und Begrenzungen, wenn auch noch so kraftlose in der vergesellschafteten Gesellschaft. Konkret und bedeutsam aber wird das geschlechtlich Sexuelle immer erst in seiner kulturellen Vermitteltheit. Erst dadurch wird es wirklich konstituiert.

Deshalb ist die Alternative, unter der einige Großmedien die Mutmaßungen des Genetikers Dr. Hamer unter die Leute gebracht haben und bringen – angeboren oder erworben? – durch und durch falsch, von der philosophisch inspirierten Biologie, die ich ein wenig kenne, längst als anachronistisches Denken erkannt. Doch das Gros der Naturwissenschaftler verfällt immer wieder in dieses verheerende binäre Denken – gut oder böse, natürlich oder unnatürlich, männlich oder weiblich, gesund oder krank –, das mit dem somatiformen Denken einhergeht. Es will auf reine Unmittelbarkeiten hinaus, die es nicht gibt, und sucht die eine Ursache, die nicht einmal bei den Infektionskrankheiten angenommen werden kann.

Dass körperliche Krankheiten individuell ganz unterschiedlich verarbeitet und gesellschaftlich ganz unterschiedlich bewertet werden, dass seelische Verfasstheiten psychosozial, in erster Hinsicht familiär, also ohne Gene »vererbt« werden (die bekannten Stichworte lauten Familienroman und homosexuelle Brüder der Hamerschen Mutter), dass Männer phantasmatisch ihre schwellenden Brüste anfassen und Frauen nicht nur Empfängnis-, sondern auch Zeugungsphantasien haben (um in den abgelutschten Binarismen zu bleiben, weil einen sonst keiner verstünde) – all das und damit die wirklichen menschlichen Leben und ihre Welten sind dem binär somatiformen Denken böhmische Dörfer, die dem Erdboden gleichgemacht werden müssen.

Kontinuum der Barbarei

Was ich von den Forschungen des Dr. Hamer in Sachen »Homo-Gen« halte? Gar nichts. Was ich Beruhigendes dazu sagen könnte? Man wird eine genetische Ursache der Homosexualität nie finden können, auch wenn das die meisten Menschen, viele Homosexuelle eingeschlossen, ungemein beruhigen würde. Ob ich trotzdem beunruhigt bin? Nicht sonderlich. Aber wir werden dem naturalistischen Meinen, das gerade in Zeiten der sozialen Krise, der politischen Ratlosigkeit, der kulturellen Restauration und der ethischen Verkommenheit von den wirklichen Problemen effektiv ablenkt, immer und immer wieder widersprechen müssen, selbst wenn uns die Worte schon lange zum Hals heraushängen.

Denn jene, die die Homosexualität und manch anderes verhüten wollen, liegen auf der Lauer. Vor Jahren schon sagte der damalige Innenstaatssekretär Spranger, später Minister in Bonn: »Frieden und Freiheit« seien auch im Inneren wichtig, aber da in erster Linie für die Normalen, nicht für »perverse Minderheiten, Terroristen, Verbrecher und Randgruppen«. Der sattsam virulente Ostberliner Endokrinologe Dörner hat 1990 einer Zeitschrift gesagt: »Wir werden alles versuchen, um Abnormitäten zu verhindern.« Und, kritisch befragt: »Ich sage ja nur, dass wir in zwanzig oder dreißig Jahren ein paar Homosexuelle weniger haben werden.« Drei Jahre vorher hatte ein Geistesriese namens Zehetmair, der jahrzehntelang Wissenschafts- und Kultusminister des Freistaates Bayern war, in AIDS-Zeiten und auf homosexuelle Männer gemünzt, das folgende Programm formuliert: »Diese Randgruppe muss ausgedünnt werden, weil sie naturwidrig ist.«

Solche Sätze präsentieren schlagartig das Kontinuum der Barbarei. Als Freiheit und Recht geteilt, als Volksverhetzung und Vernichtungsideologie mit der Staatsräson identisch wurden, terrorisierten und ermordeten die normopathischen Volksgenossen Juden, Roma, Kranke, Kriminelle, Kommunisten, Sozialdemokraten, Gewerkschaftler, Homosexuelle, Deserteure, Widersprechende, »Asoziale«, »Bibelforscher« ... Seit Auschwitz muss jeder menschenfeindliche Ton als bare Münze genommen werden. Und wir dürfen Ministern schon gar nicht gestatten, solche Töne anzuschlagen. Denn nach wie vor dominiert das somatiforme Denken, wünschen sich Eltern nicht, dass das eigene Kind homosexuell werde, ist für Saubermänner und Sauberfrauen nichts befriedigender als das Operieren am Volkskörper.

Sind wir alle transsexuell?

Im Grunde liegen Körper und Seele untrennbar ineinander. Vom Körper wüssten wir gar nichts, hätte er sich nicht in der Seele niedergeschlagen. Von der Seele wüssten wir gar nichts, hauste sie nicht im Körper. Doch zu den Verrücktigkeiten unserer Kultur gehört, dass es uns nicht gelingen will, Körper und Seele zusammenzudenken und zusammenzuleben.

Am Beginn der europäischen Moderne dachten Denker Geist und Materie auseinander, ein Schnitt, ohne den die Naturwissenschaften und die Technik ihren Siegeszug nicht hätten antreten können. Er ermöglichte, die Außenwelt, die so genannte *res extensa*, »objektiv« zu beobachten und zu vermessen, als sei sie von der Innenwelt unabhängig, jener so genannten *res cogitans*, die als »subjektiv« herabgesetzt wurde. Tatsächlich aber lagen Geist und Materie ineinander wie Körper und Seele. Die Innenwelt formte die Außenwelt, und die Außenwelt formte die Innenwelt.

Heute ist der Körper entweder das Tierische, das Schlechte, das Sterbliche, die Leiche, die schon der antike Geist aus ihm gemacht hat, oder er ist das letzte Bollwerk gegen das alles durchdringende Kulturelle, der letzte Schlupfwinkel, in den sich die Natur als das scheinbar Ursprüngliche zurückgezogen hat. Daraus folgern die einen, es komme darauf an, den Körper zu durchleuchten, weil er uns sage, wes Geschlechts wir sind, während die anderen folgern, der Körper sei belanglos, weil Seele und Geist das Körpergeschlecht nicht nur überwinden könnten, sondern eigentlich erst fabrizierten.

Beide Positionen werden heute in den Wissenschaften vertreten, greifen aber zu kurz wie alle Oppositionen, die nichts von Wechselwirkungen wissen wollen. Die Wirklichkeiten sind komplexer, als es sich ausgefeilte Theorien ausmalen, die alles wegschneiden, was nicht unter ihre Begriffe zu zwingen ist. Die Wirklichkeiten folgen nicht dem Schema Entweder-oder, und die Körperseelen sind so tot oder lebendig wie die Kultur, die sich in sie einschreibt.

Die klassische Physik nahm an, gleiche Ursachen hätten gleiche Wirkungen. Die heutige Physik postuliert verschiedene Wirkungen trotz gleicher Ursachen. Schon lange sind die Naturwissenschaften so gescheit, Ordnung und Chaos zusammenzudenken. Und die kritischen Philosophien wissen schon lange, dass in Wirklichkeit die kulturelle Natur, die noch immer die zweite oder dritte genannt wird, insofern die erste ist, als die biotische Natur, die gemeinhin als die erste angesehen wird, von geringerer Wirkmächtigkeit ist als die kulturelle. Das Denken in einfachen Kausalitäten und Oppositionen nach dem Schema Natur/Kultur, Ursache/Wirkung oder angeboren/erworben ist von den Natur- wie Geisteswissenschaften zu den Akten des alten Denkens gelegt worden, west aber in uns allen fort. Wir wissen, dass körperliche Geschlechtsmerkmale wie Chromosomen oder Keimdrüsen nicht die immer psychosoziale Geschlechtsidentität ein für allemal festlegen. Doch wir wünschen es, weil wir anders kaum Sicherheit gewinnen können.

Geschlechtswechsel

Dabei kommt es in erster Hinsicht nicht darauf an, welches Körpergeschlecht wir haben, sondern wie es kulturell gefesselt und entfesselt, seelisch repräsentiert und erlebt, geistig definiert und begriffen, sozial bestimmt und bewertet wird. Diese Konstruktion des Geschlechts kann nicht nur wie bei uns zwei Geschlechter, das männliche und das weibliche, hervorbringen, sondern wie bei so genannten Naturvölkern drei, vier oder mehr. Sie hat die Gewalt von Naturgesetzen, schafft aber die unterschiedlichen Potenzialitäten der Körper nicht ganz aus der Welt: Männliche Körper zeugen Kinder, weibliche tragen sie aus und bringen sie zur Welt. Insofern ist ein vollständiger Geschlechtswechsel nicht möglich, weil die Menschen nun einmal an ihren differenten Körpern kleben wie an ihren differenten Seelen auch.

Zu den Paradoxien unserer Kultur gehört, dass wir einerseits nur zwei Geschlechter kennen, andererseits aber, was wir alle ahnen, so viele Geschlechter existieren wie Menschen, weil nur dann von einem Individuum gesprochen werden kann, wenn es einmalig und unverwechselbar ist. Keine Weiblichkeit gleicht der anderen, keine Männlichkeit ist identisch mit der anderen – wie die Protagonisten des Buches »Transsexuelle Menschen in Deutschland« (Rueger mit Fuchs und Fuchs 1995) eindrucksvoll beweisen. Und doch pressen die großen Raster uns alle entweder in die eine oder die andere Kategorie. Heute geht es zwar etwas laxer zu in dieser Hinsicht und auch etwas vielfältiger. Noch aber wollen die Menschen wissen, ob sie nun ein männliches oder ein weibliches Wesen vor sich haben.

Der Zwang, eine Antwort zu geben, ist so groß, weil ohne solche Gewissheiten ein Leben in relativer Ruhe unmöglich ist, so fragwürdig die Zuordnungen auch seien. Wir fühlen uns nur sicher, wenn wir umstandslos sagen können: Das ist eine Frau! Und das ist ein Mann! Ohne Vorurteile, sagte der Philosoph Max Horkheimer, könnten wir nicht einmal über die Straße gehen. Offenbar sind sie lebensnotwendig wie unsere Reduktionen. Im Grunde weiß jeder, dass es eine haltlose Reduktion ist, Männer nur als männlich und Frauen nur als weiblich zu begreifen. Alle Menschen haben einen Vater und eine Mutter, die in ihnen weiterleben. Ist der Vater physisch oder psychisch abwesend, wird er durch die Mutter seelisch repräsentiert, in der sich wiederum ihre eigene Mutter und ihr eigener Vater körperseelisch niedergeschlagen haben. Wir könnten das einen Familienroman nennen oder auch ein psychosoziales *Erbe*, das über die Vererbung im üblichen, im humangenetischen Sinn hinausweist.

Es ist also gar nicht zu bezweifeln, dass alle Männer so genannte weibliche und alle Frauen so genannte männliche Wünsche, Empfindungen und Verhaltensweisen haben und zeigen, was unsere Einteilung in entweder Weiblichkeit oder Männlichkeit als allzu grob erscheinen lässt. Im Grunde gibt es nur Fraumänner und Mannfrauen in unendlich vielen Mischungsverhältnissen. Doch die Wirklichkeit zwingt uns dazu, entweder dem einen oder dem anderen Geschlecht anzugehören. Menschen, denen das nicht möglich ist, geraten in einen entsetzlichen Zwiespalt, aus dem Medizin und Psychologie die Berechtigung ableiten, darüber zu entscheiden, was mit ihnen geschehen soll.

Nun sind Gott sei Dank die Zeiten vorbei, in denen Menschen, die heute vor allem als »Transsexuelle« bezeichnet werden, in psychiatrische Anstalten gesteckt, mit elektrischem Strom traktiert oder am Gehirn operiert worden sind. Heute geht es den meisten Expertinnen und Experten darum, jenen Menschen, die davon überzeugt sind, im »falschen« Körper zu leben, auf ihrem gefahrvollen Weg zur Seite zu stehen. Noch aber werden die Grenzgänger zwischen den Geschlechterwelten pathologisiert, das eine Mal mit Hilfe der Humangenetik, das nächste Mal mit Hilfe der Psychologie, einschließlich Psychiatrie und Psychoanalyse. Der Wille zur Pathologisierung ist so groß, dass die, die ihm widersprechen, von allen Seiten, auch der der Betroffenen, angegriffen werden.

Ich weiß, wovon ich spreche, habe ich doch noch nicht die Reaktionen auf meinen Aufsatz »Die Transsexuellen und unser nosomorpher Blick« (1991) und das daraus hervorgegangene Buch »Geschlechtswechsel« (1992/1995) vergessen, in dem die bisherigen Versuche von Medizin und Psychologie, den so genannten Transsexualismus körperlichen oder seelischen Krankheiten zuzuordnen, als gescheitert erklärt worden sind. Andererseits gibt es heute durchaus auch Zustimmung, wenn entdramatisiert und entmedizinalisiert wird, eine Zustimmung, die vor vierzig Jahren undenkbar war, als ich den ersten »Transsexuellen« in einer psychiatrischen Klinik sah.

Damals gab es noch keine öffentliche Figur des Transsexuellen oder gar des Transgenderisten. Die Ärzte hatten Angst vor geschlechtlich Zweideutigen und die Politiker auch. Den Vornamen oder den Personenstand von Amts wegen geändert zu bekommen, glich einem Spießrutenlauf. Ein Standesamt sagte ja, hundert andere sagten nein. Auch die Gerichte spielten russisches Roulett. In einem langen Prozess, den die Sexualwissenschaft immer wieder angestoßen hat, setzte sich schließlich die Auffassung durch, dass transsexuellen Menschen die »Rechtswohltat« gewährt werden sollte, unter bestimmten Bedingungen das Geschlecht sozial wirksam ändern zu dürfen. 1981 trat ein Spezialgesetz für Transsexuelle in Kraft, das, ungewöhnlich genug, ihren Namen trägt.

Heute ist der oder die Transsexuelle eine öffentliche Figur, die von den Medien skandalisierend, immer wieder aber auch mit Feingefühl in Szene gesetzt wird. Heute verfügen Transsexuelle über Selbsthilfeorganisationen und eigene Publikationen. Sie veranstalten Tagungen und Ausstellungen. Sie kennen Ärzte, Psychotherapeuten und Anwälte ihres Vertrauens und können sich in wissenschaftlichen Gesellschaften oder Zeitschriften unzensiert zu Wort melden. Vollkommen isoliert und machtlos, wie noch vor einer Generation, sind sie nicht mehr.

Eine Fessel aber können jene Transsexuellen, die sich operieren lassen wollen, nicht abstreifen: Sie bleiben im Gegensatz zu anderen sexuellen oder geschlechtlichen Minderheiten an die Medizin gebunden. Das macht sie zusätzlich unfrei und bereitet den konsultierten Ärzten und Psychologen nicht nur Kopfzerbrechen, sondern auch unvermeidbare Konflikte. Da Transsexuelle aber weder geisteskrank noch gemeingefährlich sind, müssen sie ihren Lebensweg letztlich selbst bestimmen. Denn existenzielle Entscheidungen können, eventuell nach einer kompetenten Beratung oder Behandlung, nur von denjenigen getroffen werden, die mit ihnen zu leben haben. Das gilt für das Sichtrennen ebenso wie für das Kinderkriegen oder bleibende Eingriffe in die Leiblichkeit.

Auf der anderen Seite sollte kein Transsexueller einen Arzt oder Therapeuten dazu bringen wollen, irreversible Eingriffe wie eine Operation zu befürworten, die er nicht verantworten kann oder verantworten will. Nicht alle Wünsche nach Geschlechtsumwandlung erweisen sich über Jahre hinweg als stabil. Sie können beispielsweise auch einem vorübergehenden psychotischen Wahn entspringen. Würden im Zustand des Wahns die körperlichen Geschlechtsmerkmale operativ entfernt werden, wäre eine Katastrophe die Folge. Das Selbstbestimmungsrecht der Patienten und die professionelle Verantwortung der Therapeuten müssen also in der Praxis gegeneinander abgewogen und nach Möglichkeit einvernehmlich austariert werden. Geschieht das, gibt der Ratsuchende vielleicht seinen Wunsch nach einer Operation auf, und der Experte kann vielleicht dem Wunsch des Patienten nach geschlechtsverändernden Eingriffen entsprechen. Die falsche Gegenüberstellung von Psychotherapie einerseits und Operation andererseits bricht dann in sich zusammen.

Wer noch nicht ganz erstarrt ist, wird sich von der Lebensnot und der Lebensfreude jener Menschen bewegen lassen, die ein vermeintliches Naturgesetz erschüttern: die Unverrückbarkeit der Geschlechtlichkeit. Fielen früher Körpergeschlecht, Geschlechtsrolle und Geschlechtsidentität fraglos zusammen, werden sie heute selbst bei den geschlechtlich scheinbar Unauffälligen, die ich gerne Zissexuelle nenne, einzeln hinterfragt, weil sie dadurch wenigstens sprachlich aus ihrer Gemütlichkeit herausgerissen und mit ihrer Borniertheit konfrontiert werden. Denn ohne Zissexuelle gäbe es Transsexuelle überhaupt nicht. Während die deutsche Sprache nur das Wort »Geschlecht« kennt, unterscheidet die englische seit einiger Zeit zwischen »sex« (das ist am ehesten das körperliche Geschlecht) und »gender« (das ist am ehesten das kulturelle Geschlecht). Die Wissenschaften vom Menschen hatten entdeckt, dass das eine nicht zwangsläufig mit dem anderen zusammenfällt – wie es auch nicht selbstverständlich ist, dass eine Frau einen Mann begehrt oder ein Mann eine Frau. Offenbar ist die menschliche Konstitution instabiler und flexibler, offenbar ist mehr menschenmöglich, als sich die jeweilige Schulweisheit einzugestehen wagt.

Im Augenblick werden in wissenschaftlichen Diskursen Sexus und Genus, also Sexualität und Geschlechtlichkeit, voneinander getrennt. Vorausgegangen war die Trennung von Sexualität und Fortpflanzung, die den Anschein erweckte, als hätten die beiden überhaupt nichts miteinander zu tun. Heute geht es in den wissenschaftlichen Auseinandersetzungen nicht mehr vorrangig um Triebschicksale, sondern um Geschlechtsschicksale. Das hat auch dem Transsexualismus und seinen Gefährten eine enorme Resonanz verschafft. Seit dem Beginn der neunziger Jahre erscheint ein Buch nach dem anderen, in dem das Rätsel des transsexuellen Wunsches im Zentrum steht. Lösen aber werden wir es so wenig wie das der zissexuellen Abwehr.

Nicht zuletzt die Arbeit von Sexualforschern hatte jene Achtung zur Folge, die wir heute jedem Menschen mit einem abweichenden Sexualleben entgegenbringen, selbst dem, dessen Tun wir nicht unwidersprochen hinnehmen können. Möge die Arbeit von Geschlechtsforscherinnen und Geschlechtsforschern dazu beitragen, dass auch jedem Menschen mit einem abweichenden Geschlechtsleben voller Respekt begegnet wird. Möge die Zeit der groben Raster eines Tages vorbei sein. Die Menschen, die uns in dem von Martina Rueger herausgegebenen Buch von Daniel Fuchs und Geo Fuchs anschauen, Menschen, deren Schicksal wir ahnen, aber nicht ermessen können, sagen uns, wie armselig und kleinmütig unsere Raster sind.

Wir sind alle bisexuell, weil wir alle, unabhängig vom Körpergeschlecht, auf einen anderen Menschen erotisch oder sexuell reagieren können, bewusst oder unbewusst. Wir sind alle transsexuell, weil wir alle beide kulturellen Geschlechter in uns tragen, weil wir alle einmal männlicher, einmal weiblicher sind und die diktierten Geschlechtergrenzen überschreiten. Obgleich daran nicht ernsthaft gezweifelt werden kann, ist es doch weniger als die halbe Wahrheit. Denn zwischen dem, was alle unbewusst, phantasmatisch oder ein wenig sind, und dem, was ein Transsexueller unbewusst und bewusst, phantasmatisch und faktisch ist, klafft ein Abgrund, in dem noch immer die Ängste und die Vorurteile brodeln. Was für Zissexuelle ein erfrischendes Spiel sein kann, ist für Transsexuelle blutiger Ernst.

Deshalb ist es gut, wenn wir den Betroffenen ins Gesicht schauen und uns fragen, ob *wir* die Kraft aufgebracht hätten, unsere unerträglich auseinandergefallenen Körper und Seelen durch eine gigantische Neuschöpfung wieder einander anzunähern und in ein Verhältnis zu setzen, das unsere Urteile und Vorurteile bisher gar nicht vorgesehen haben.

Paradoxale Sexualität

In einem Meer von Paradoxien ertrinkt, wer über unsere Gesellschaft ernsthaft nachdenkt. Seit der Installation der demokratischen Profit- und Rentenwirtschaft leben wir zugleich in der schlechtesten und in der besten aller bisherigen Welten. Wir geben solidarisch für einen Jugendlichen, der sich aus neurotischem Grund seine Zähne selbst herausreißt, Hunderttausende Euro für einen mehrjährigen Aufenthalt in einer Universitätsklinik aus und lassen zur selben Zeit Millionen Kinder an Unterernährung und leicht zu behandelnden Krankheiten sterben. Keine vorherige Gesellschaft war menschenfreundlicher und zugleich menschenfeindlicher.

So wandlungsfähig wie die kapitalistische Gesellschaft und gerade dadurch dauerhaft war bisher keine andere. Diese Wandlungsfähigkeit, ja Wandlungsnotwendigkeit ergibt sich zum einen aus der permanenten Selbstbewegung und Selbstverwertung des Kapitals, zum anderen aus der Indifferenz, aus der strukturellen und wesentlichen Gleichgültigkeit des Kapitalverhältnisses gegenüber kulturell-moralischen Werten und Traditionen und zum Dritten, aber nicht Letzten, aus den Transformationen, die durch soziale und politische Auseinandersetzungen erzwungen werden. Dabei geht es schon lange nicht mehr um Grundkonfrontationen im altmarxistischen Sinne: hier das Kapital, dort die Arbeit, hier der Kapitalismus, dort die proletarische Revolution. Konnten solche »Widersprüche« noch auf dem Papier gelöst werden, ist das mit Paradoxien nicht einmal dort möglich. Sie sind so zäh und raffiniert wie der Kapitalismus selbst, der einen gewissen Grad von Wohlfahrt und Gemeinschaftsstiftung praktiziert und die Negation seiner selbst, die größte aller Paradoxien, zu seiner Konstitution zählen könnte. Kritische Gesellschaftsanalytiker wie Axel Honneth (2002) und mit ihm das Frankfurter Institut für Sozialforschung orientieren sich folglich nicht mehr an einem marxologischen Widerspruchs- resp. Krisenbegriff, sondern an einer Paradoxiesemantik, ohne jedoch wie andere Sozialphilosophen von Moderne oder Postmoderne zu sprechen, wenn im Grunde von Kapitalismus die Rede ist. Dessen alte »Grundwidersprüche« könnten wir uns heute als fragmentiert, dezentralisiert und verstreut vorstellen wie Foucaults Macht, übergegangen in zahllose Paradoxien, die aber ebenso unlösbar sind wie die Widersprüche immer waren. Die große Konfrontation ist verschwunden, und die Gesellschaftsmitglieder sind stärker ins System eingebunden als zuvor: eine der »Glanz«-Leistungen des »reflexiven« Kapitalismus, der sich selbst trotz des Ausrangierens von Millionen Menschen immer besser verkauft, indem er den einen die Vorteile seiner Paradoxien verschafft und die anderen, in den sozialen Tod getrieben, vergessen macht.

Unfreie Freiheit

Für uns ist Gesellschaft ein Inbegriff wenn nicht von Subjekten, dann wenigstens von Personen wie deren Negation, wie Personen ein Inbegriff von Gesellschaft sind wie deren Negation. Unsere Gesellschaft gründet auf aufgeklärter Vernunft, die den Gesellschaftsmitgliedern allerdings verschlossen bleibt, weil sie im Schattenreich des Unbewussten unkontrollierbar parallel existiert (siehe Psychoanalyse) und/oder weil sie mittels gesellschaftlicher Mystifikationen ins Gegenteil verdreht wird (siehe kritische Philosophie). Die Paradoxie ist also: Wir glauben, der Vernunft zu folgen, werden aber von gesellschaftlichen und individuellen Fetischisierungen dirigiert. Als Resultat finden sich überall mehr als doppelte Wahrheiten, Quidproquos, Vieldeutigkeiten – und Hiatus. Der Volksmund weiß natürlich Bescheid: Irren ist menschlich.

Nicht zu durchschauen ist, welche Kräfte und Mechanismen menschliches Leben ignorieren, zerstören und verkaufen, weil der Fetischcharakter des Bewusstseins kein Aufgesetztes ist, sondern dieses samt Undurchschaubarkeit durchzieht, sodass Widersprüche, die nicht paradoxal sind, und Paradoxien zur Bedingung der Möglichkeit irregulären Denkens und Verhaltens werden, bis hin zu Angst und Zorn. Denken, dem die Widersprüche und Paradoxien die Schwachstellen des falschen Bewusstseins sind, das ein Gespür entfaltet für das Inkommensurable im Kommensurablen, für das, was untergründig im Eismeer der Geschichte als Wärmestrom dahinfließt, vermeidet das Aufgehen der Realität in den Begriffen, nicht indem es sie summarisch verteufelt, sondern indem es mit ihnen kritisch operiert, aus der generellen Not des Operierens eine Tugend macht, die den herrschenden Begriffen ihr Gegenbild vorhält und sich selber Begriffe zulegt, die die maskierte oder untergeordnete Dimension eines Paradoxons signalisieren.

Weil die herrschende Vernunft durch Tausch, Wissen und Hylomatie logisch und systematisch ist, weil sie immer schon gesellschaftlich präformiert ist und den einzelnen Allgemeinen uneinsichtig bleibt, ist sie ihrer Essenz nach dem Falschen ausgeliefert, ob sie nun ein bewusstloses Transzendentalsubjekt aus sich herauspresst oder eine apersonale Referenzialsystematie oder substanzlose Kommunikation. Die »Systemtheorie ist auf alle Fälle ein kontingentes Unternehmen. Sie tritt nicht mit dem Anspruch auf, einzig richtig zu sein, obwohl sie universell konzipiert ist. Sie soll für alles zuständig sein, was in der Gesellschaft passiert, aber sie ist nicht notwendigerweise die einzig richtige Konzeption. Das hat ja auch mit der Fundierung in Paradoxien zu tun« (Luhmann 1997b, S. 10).

Je größer die Transparenz in der Gesellschaft, desto größer die Unübersichtlichkeit. Je weniger die Gesellschaftsmitglieder zu sagen und zu entscheiden haben, desto vernetzter sind sie, ständig an der Strippe wie Hunde an der Leine. Noch auf der fernsten Insel können sie sich einschalten und eingeschaltet werden: Diese Globalisierung gibt es tatsächlich. Viele »wissen« Bescheid, fühlen sich aber nicht unterrichtet. Alle haben keine Ahnung. Ausdifferenziert und damit zur Monade geworden, vermeiden sie alles, was es bewiese. Jeder kann sagen, was er will. Das ist einem, der den »real existierenden«, also nur behaupteten Sozialismus erlebt hat, ein überaus kostbares Gut. Wir könnten, ohne eingesperrt zu werden, öffentlich sagen: Kohl hat die Verfassung gebrochen, Schäuble das Parlament belogen, Blüm die Rentner, Schröder das Volk, Merkel sich selbst.

Doch es ist vollkommen belanglos, ob wir etwas sagen und was wir sagen, weil alle Parteien ein Kartell bilden, das nur eines im Sinn hat: die Wirtschaft »modernisieren«, das kapitalistische Prinzip stärken. Keine Stimme von Gewicht sagt etwas anderes. Zu diesem Meinungskartell mit inwendigem Denkverbot passt, dass sich die politischen Parteien nur noch darin unterscheiden, ob sie dem Abbau von Sozialleistungen und dem Abschied von Gemeinschaftsaufgaben sofort oder etwas später zustimmen. So hat sich ein Nebel aus Paradoxien übers Land gelegt, in dem wir alle herumstöchern: Meinungsfreiheit fällt mit Meinungsdiktatur zusammen, die nicht wahrgenommen werden kann. Das Fernsehen wird eingeschaltet, um abzuschalten. Das Massenblatt wird gekauft, um belogen zu werden. Die, die ihre Arbeitskraft hergeben, nennen wir Arbeitnehmer, die, die sie nehmen, nennen wir Arbeitgeber. Negative Kürzungen und Streichungen heißen positiv Reform, Anhäufung von Gefahren heißt Entsorgung. Den Arbeitnehmern, *soi disant*, wird die Parole zugerufen: Nutze deine Chance, gerade wenn du keine hast. Keine vorherige Gesellschaft war freier und zugleich unfreier.

Religiöse Gottlosigkeit

Seit dem Ende des Staatssozialismus gäbe es keine machbare große gesellschaftliche Alternative mehr, was die Menschen wie ihre Hamster in eine Panikattacken auslösende Gesellschafts-Röhre ohne Fluchtweg sperrt. Andererseits quelle die Gesellschaft vor dispersen Alternativen über: Jeder könne alles werden, sei seines eigenen Glückes Schmied – sofern er im Rahmen bleibe.

Das heißt zum Beispiel: keine Kritik der politischen Ökonomie. Denn eine der totalen Mystifikationen ist es, im Kapitalismus den zu sich gekommenen Gotteswillen samt Weltgeist zu sehen. Ohne Konkurrenz ist Kapitalismus nicht zu denken, doch er selbst steht in der Welt konkurrenzlos da. Bei uns ist er zur Alltags-, Parteien- und Staatsreligion geworden. Es gilt als vollkommen antiquiert, Theoreme von Marx ernst zu nehmen. Hinz und Kunz erklären: Marx sei tot, es lebe der Markt. Als lebten wir nicht mehr im Kapitalismus.

Gleichzeitig wird die Gesellschaft immer kapitalistischer: Alles wird angeboten, verkauft, vermietet, verwertet. Die einen verkaufen Security, Moral oder Jungfrauen, die anderen vermieten Menschlichkeit, Geschlechtsteile oder Fußballspieler. Nur wenige Geister haben noch den Mut, diesem Diktat zu widersprechen: Ein »diffuser Weltbürgerkrieg« sei im Gange, der Weltmarkt sei die Nemesis und die »anonyme Instanz«, die immer größere Teile der Menschheit für überflüssig erkläre, das mundial aktive Kapital bewirke eine globale Mobilisierung, es reiße alle nationalen Schranken nieder, schrieb Hans Magnus Enzensberger 1992. Massenwanderungen hätten die staatlich organisierten Kolonialkriege und Vertreibungen abgelöst. Es lebe Marx, der »tote Hund«!

Statt der Kritik der politischen Ökonomie blühen mancherorts Kulturwissenschaften. Texte, Medien, Diskurse werden analysiert. Schön ist es, wenn die Intellektuellen einer kapitalistischen Nation in Rage geraten, weil Abîme nicht mehr mit Accent circonflexe auf dem i geschrieben werden soll. Abîme heißt Abgrund. Es wäre zwar nicht schön, aber vielleicht realistisch, wenn die Intellektuellen bei der Reflexion der tatsächlichen Abgründe ihrer Gesellschaft in Rage gerieten.

Während die Geistesheroen die Texte und Chiffren deflastruieren, versiegen die meisten der gegenwärtig gesprochenen 6.000 Sprachen. Früher verklangen Sprachen auch, beispielsweise das Alt-Ägyptische, das Sumerische und das Etruskische. Neu aber seien laut VW-Stiftung (Oktober 1993) die Schnelligkeit und das Ausmaß des Verschwindens von Sprachen und damit auch Kulturen und damit auch besonderer Ausprägungen menschlichen Denkens. Doch gleichzeitig nimmt der Pluralismus, den Hannah Arendt noch nicht durchgehend als Affirmativum missverstehen musste, fraglos zu, erlaubt ehedem zweifelhaften oder verfolgten Existenzen ein antitotalitäres, vielleicht sogar respektiertes, jedenfalls relativ ruhiges Leben.

Dummmachende Wissenschaft

Nichts hat in der jüngeren Geschichte die Entwicklung von Wissenschaft und Technik so sehr begünstigt und vorangebracht wie die Kriege, das heißt Materialzerstörung und Menschenmord. Gleichzeitig wurde versucht, Tod und Zerfall zu besiegen. Erstmalig konnte 1999 bei einem Säugetier, bei Mäusen, ein Gen mit der Bezeichnung p66shc abgeschaltet werden, das wahrscheinlich beim Absterben von Zellen eine Rolle spielt (vgl. Nature 402, S. 309). Das Verfahren wurde bereits patentiert. Der Weg für die Reichen aber wird noch lang sein, bis sie sich das längere Leben werden kaufen können. Denn mit Sicherheit sind zahllose Gene am Prozess des Absterbens von Zellen beteiligt. Außerdem sind Menschen noch keine Mäuse.

Möglicherweise geben zur Zeit die so genannten Lebenswissenschaften in der szientifischen Sphäre den Ton an, weil Leben alter Rechnung Zug um Zug gesellschaftlich abgeschafft wird, umgewandelt in Nichtlebendiges (Sigusch 1997). Unsere Biokratie ist Schein, weil nicht das Bios entscheidet, sondern der Markt. Viele Menschen sind zu nichts Produktivem mehr nütze, wenn die wertschöpfenden Systeme, einmal in Gang gekommen, autopoietisch-mechanisch ablaufen. Die »Gebürtlichkeit« (Hannah Arendt) nimmt zu, indem Patienten, die vor einigen Jahrzehnten mit Sicherheit wegen fehlender Behandlungsmöglichkeiten verstorben wären, am Leben bleiben; gleichzeitig nimmt die Sterblichkeit zu, indem Menschen schon im Moment der konkreten Anfänglichkeit gesellschaftlich real tot gestellt sind, gewissermaßen ins so genannte Leben hineingestorben werden.

Die Biotechnologie zerlegt und objektiviert die Individuen, macht sie also klein und manipulierbar. Einerseits. Andererseits setzt sie sie zusammen, erfüllt ihre subjektiven Wünsche, heilt ihre Krankheiten und macht sie unsterblich insofern, als sie ihre Keimzellen in aller Welt zur Reproduktion verwendet oder als sie sie selbst per Cloning unendlich replizieren könnte. Partialität und Totalität, Macht und Ohnmacht liegen dabei ineinander. Die Gentechnologen versprechen, krankmachendes Erbgut entweder zu reparieren oder auszuschalten. Einerseits. Andererseits scheren sie sich überhaupt nicht darum, ob eine neue Technik wie die Intracytoplasmatische Spermien-Injektion (ICSI) eines Tages eine verheerende, artifizielle Schneise genetischer Schäden durch die (reiche) Menschheit ziehen wird. Entsprechend beinhaltet die PC-Technologie, dass ein Text durch einen Schaltfehler oder ein so genanntes Virus verschwindet und damit das Individuum um die Früchte seiner Anstrengung gebracht wird. Einerseits. Andererseits kann ein Text, der einmal in einen Rechner eingegeben worden ist, nicht mehr wirklich gelöscht, das heißt aus der Welt geschafft werden. Flüchtigkeit und Permanenz, Kontingenz und Nichtkontingenz liegen hier ineinander.

Eine zentrale Paradoxie der Wissensgesellschaft aber ist: Das Unerforschte wird nachweislich immer größer; das bekannte Nichtwissen übersteigt das Wissen immer mehr. Denn indem Wissenschaften (ein bestimmtes) Wissen produzieren, produzieren sie zugleich auch (eine bestimmte) Unkenntnis. Die meisten Prozesse, auch mentale, verlaufen exponentiell statt linear, z.B. Vermehrung, also 2-4-16-256, nicht 2-4-6-8. Vielleicht verkroch sich deshalb gerade ein freier Demokrat bei der Diskussion um ein so genanntes Zuwanderungsgesetz in der Staatsreligion; er sagte: »Die Antwort weiß ganz allein der Markt«. Der unfrei freie Demokrat wird wahrscheinlich nicht wissen und schon gar nicht ahnen, dass die Wissensgesellschaft, in der wir tatsächlich und angeblich leben, noch ganz andere konkrete Probleme beinhaltet. So sind die katastrophalen Entgleisungen hochtechnologischer Anlagen nicht ein Resultat von zu geringer Komplexität und von Ineffizienz, sondern von zu hoher Effizienz und Komplexität. Und der gesellschaftliche Reichtum, von dem bei uns so gerne die Rede ist, ist höchstwahrscheinlich eine gesellschaftliche Verarmung, weil die Folgekosten unkalkuliert bleiben.

Zu den Parolen der Wissensgesellschaft gehört jene, nach der alles global geworden sei, ökonomisch, ökologisch, militärisch, touristisch, terroristisch, cineastisch usw. Universalismus gibt es aber nicht, auch nicht als Theologie, obgleich die Rede von Gott vielleicht nur als universalistisch gemeinte möglich ist. Bei uns herrscht überall Selbstigkeit, wenn nicht Selbstvergötterung, und unsere Wissenschaften sind zerfallen in Subspezialitäten. An den Universitäten, die oft nur noch Klippschulen sind und nach ökonomischem Kalkül funktionieren sollen, gibt es keine Universalisten mehr. Dort gibt es, jedenfalls außerhalb der handwerklichen Fächer, fast nur noch kleine Gockel, die das ausscheiden, was ihnen von kleinauf eingetrichtert worden ist. Kulturell ist die Kritik an Universalien umgeschlagen in die Affirmation kleiner Lebenswelten: freischaffend, behindert, schwul, transgender, trifoisch, sm, ak, shg, trg usw. Sie sind ebenso beschränkt und selbstbezüglich wie kostbar und notwendig.

Schwangere Begriffe

Die Basisparadoxie der sexuellen Sphäre ist: keine Gesellschaft, keine Sexualität; kein Individuum, kein Sexuelles. Sexualität gibt es nur als gesellschaftliche Form, weil ein Bereich des menschlichen Empfindens, Erlebens und Handelns vor Jahrhunderten isoliert und als isolierter dramatisiert und mystifiziert worden ist. Weltweit erfolgte das auf diese Weise nur in Europa und Amerika. Das heißt, unsere »Sexualität« ist mit einem äußerlich ganz ähnlichen Phänomen in Asien oder Afrika keineswegs identisch. Die Tatsache, dass es sexuelles Erleben und Verhalten als »sexuelles« nur gibt, wenn eine Gesellschaft eine allgemeine Sexualform herausgestanzt und installiert hat, wird dadurch paradox: dass das Sexuelle nur individuell wirklich wirklich ist. Denn ein Begriff vögelt nicht und wird nicht schwanger. Anders, aber notwendig paradox gesagt: Die Sexualität ist nicht sexuell.

Die Gesellschaft durchdringt alles. Die Individuen, würde Sartre sagen, sind einzelne Allgemeine, und doch müssen Sexualwissenschaftler an ihre kritisch-hermeneutische, moralisch-kognitive und solidarisch-soziale Kraft und Wirksamkeit glauben, weil das Sexuelle nur individuell wirklich wirklich ist. Glauben sie das nicht mehr, tun sie die Menschen zu den toten Warendingen. Die sind, wie Zygmunt Bauman sagen würde, Individuen *de jure*, die die Sexuologen aber wie Individuen *de facto* behandeln müssen.

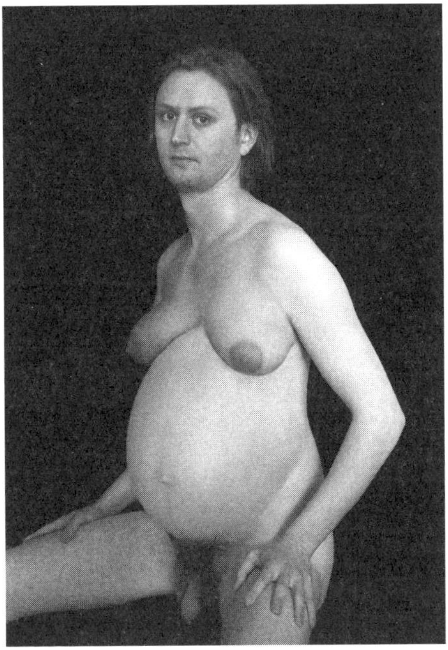

Geschlechtsparadoxie

Ein paradoxales Faktum sticht bei der Analyse besonders hervor: Je brutaler und allumfassender der Kapitalismus wird, desto größer werden die Freiräume für sexuelle und geschlechtliche Minderheiten. Das Geheimnis: »dem« Kapital ist vollkommen wurscht, was die Gesellschaftsmitglieder außerhalb der Selbstbewegungs- und Profitsphäre tun, solange das, was sie dort tun, nicht mit dieser Sphäre interferiert. Die Paradoxie dieser Paradoxie ist: dass die Freigestellten gar nicht in der Lage sind, die zugefallenen Freiheiten auszunützen oder gar zu leben. Oft erkennen sie erst dann, wie beschränkt und unfrei sie sind. Das erinnert an die Liberalisierung der Endsechziger und Anfangsiebziger Jahre des letzten Jahrhunderts, als Menschen unglücklich wurden, weil ihr bisheriges Sexualleben entwertet wurde, weil sie zu ahnen begannen, was ihnen alles an Sinnlichkeit und Rausch entging, wonach sie sich eigentlich sehnten. Heute ziehen die jungen Leute von Disco zu Disco, sind permanent unterwegs, kommen aber nicht an. Entweder werden sie vom Türsteher gar nicht hereingelassen oder es interessiert sich niemand für sie. Alle können alles machen, doch viele erleben gar nichts. Am nächsten Wochenende wird das wieder erlebt. Die allermeisten Koitus, zur Zeit 95 Prozent, zeigt die empirische Sexualforschung (Schmidt, Matthiesen und Meyerhof 2004), ereignen sich in festen Beziehungen. Nur ein Bruchteil kommt durch Fremdgehen zustande, und die Singles bringen es nur auf etwa 5 Prozent des Gesamtaufkommens, obgleich sie in der Stichprobe 25 Prozent ausmachen: Schöne sexuelle Revolution! Wir vermuten also allgemein promiske Verhältnisse, die es aber bei den so genannten Normalen nachweislich nur im Einzelfall gibt.

Die aktuelle Gefahr, die mit der erwähnten Paradoxie der Paradoxie der unlebbaren Freiheiten einhergeht, ist womöglich, dass eine Essenz des Kapitalismus, die Unberechenbarkeit, Unsicherheit oder Risiko genannt werden könnte, phantasmagorisch zum Teil in die geschlechtlich-sexuelle Sphäre verschoben wird, wenn an den allgemeinen Umgang mit der sexuell übertragbaren Krankheit AIDS, an den Missbrauchsdiskurs oder an so genannte Kinderschänder und Lustmörder gedacht wird. Sicherheit wird zum höchsten Gut, nicht Therapie und Resozialisierung. Die größte Gefahr geht von einer »Internationale der Kinderpornografen« aus und nicht, bescheiden gesagt, von einer »Internationale der Waffenproduzenten«. Allerdings werden deren Aktien auch von Kirchen und Hilfsorganisationen gehalten, wie immer wieder einmal aufgedeckt wird.

Ist die Gesellschaft konstitutiv von paradoxalen Verschiebungen durchzogen, ist es auch die Sexualität. Schon ihre Erfindung geht auf entgegengerichtete Mechanismen wie Verpönung und Verfolgung zurück, zum Beispiel als Onanie, Ehebruch oder abweichendes Sexualbegehren. Deshalb kann mit einigem Recht gesagt werden: Die Verfolgung hat das Sexuelle als Sexualität gesellschaftlich installiert; das Verbot hat das Sexuelle groß gemacht. Dass die Verbote immer lustgesättigt waren, wussten Freud und Bataille. Bis heute ist unser Sexualleben davon gezeichnet. Was begehrt wird, wird bekämpft. »Du kannst mich mal am Arsch lecken«, weist der Volksmund aufs Schärfste zurück, verheißt aber zugleich etwas köstlich Intimes. Generell uneingestanden bleiben erregende Gewaltphantasien bei Männern wie bei Frauen (Azoulay 1996), die offenbar zunehmen. Massenhaft benutzt werden Menschen, die unterlegen sind, sich nicht wehren können, Kinder und Abhängige, Illegale und Arme aller Länder. Hier wäre die mechanistische Rede der Psychoanalyse von den »Sexualobjekten« einmal angemessen. Andererseits wird Leid dort produziert, wo es niemand vermutet, und die »mündigen« Bürger hängen am Dauertropf der sexogenerischen Klischees, die die Medien von der Tageszeitung über die Fernsehwerbung bis hin zu Dr. Müllers Sexkino verbreiten.

Um zu einem Ende zu kommen, das es nicht gibt: Gegenwärtig ist unser Alltag von sexuellen Reizen ebenso gesättigt wie entleert. Das ist eine der zentralen Paradoxien der so genannten sexuellen Revolutionen der letzten fünfzig Jahre. Offenbar wird sexuelle Lust durch deren übertriebene kulturelle Inszenierung, durch deren beinahe lückenlose Kommerzialisierung und elektronische Zerstreuung wirksamer ausgetrieben, als es die alte Unterdrückung durch Verbote vermocht hat. Ein Hauptziel der Sexualreformbewegungen der Vergangenheit war, sexuelle und geschlechtliche Selbstbestimmung zu erreichen; jetzt aber beklagen wir das Egoistische und Unsoziale an den Transformationen, die Selfsex und Selfgender genannt werden könnten. Bleibt die Frage, was gesellschaftlich nach ihnen kommen wird. Lust aus Gewalt?

Mundus sexualis
Ein etwas anderes Glossar

AIDS In unserer Kultur ist AIDS beides: eine schwere Erkrankung und nichts als Blendwerk. Als die Erkrankung in den achtziger Jahren bei uns ausbrach, war sie ein kultureller und politischer Volltreffer, in dem sich die einzelnen Gräuel mit dem Grauen des Ganzen lärmend vermählten. In dem Phänomen AIDS sind zusammengeschossen: die latente Untergangsstimmung mit bestens bedienten Geschäftsinteressen, das Sicherheitsdenken mit dem ökologischen, der Präventivschlag mit dem Mythos vom Blut, das heidnische Aug-um-Auge der Geißeln Gottes mit der Charité, der Hass auf das Abweichende mit dem Neid auf den Glamour der Perversion, die Angst vor dem sexuell Triebhaften mit dem Liberalisierungshorror, der Rassismus mit der Sozialhygiene, der Schrecken der Verseuchung mit der momentanen Ruhe des Tests, das Selbsthilfegruppengesamttreffen mit der Ohnmacht der Medizin, die eigenen homosexuellen Regungen mit der praktizierten Homosexualität, die Schuldangst der Libertinen und Randständigen mit der Rage der Verfolger: AIDS für alle, alle für AIDS. Die doppelte Wirklichkeit von AIDS ließ die sexuelle Metaphysik stürzen. Doch es war in dieser Kultur immer ein Wagnis auf Leben und Tod, sich fallen zu lassen, die Kontrolle zu verlieren, die Normen zu brechen (siehe auch das Stichwort »Krankheit«).

Casanova Wer weiß schon, dass der zum Typus gefrorene »Frauenverführer« nicht nur wie Boccacio ein Dekameron, also Erzählungen der »zehn Tage«, sondern ein Ikosameron, also Erzählungen der »zwanzig Tage«, geschrieben hat? Wer will schon wissen, dass sein Begehren auf junge Mädchen zielte, dass er an der Prostata litt und eine Exegese der ersten drei Kapitel der biblischen Genesis vorlegte, die noch heute von Interesse ist? Dass er auf seinen zahllosen Reisen in den mehr oder weniger unbehaglichen Gasthäusern saß und Tausende von Seiten mehr oder weniger gelehrter Abhandlungen schrieb? Dass ihn Misserfolg und Kritik seines Romans »Eduard und Elisabeth« dazu trieb, sein Leben aufzuschreiben, so, wie er wirklich war, und nicht so, wie ihn der eine Kritiker, der auch noch anonym blieb, hingestellt hatte? Und wie passt es in das stereotype Bild, das wir uns von ihm gemacht haben, dass er in seinem phantastischen Roman, der auf seiner Exegese der Genesis ruht, keine zwei Geschlechter kannte; denn die Megamikren, wie er die Bewohner seines Utopia nannte, waren androgyn und *inséparable*. Wie groß muss sein Schmerz der frühen Trennung gewesen sein? Und wie gläubig hing er bereits dem wissenschaftlichen Zeitalter an, war auf die erst später so richtig durchdringende Episteme gezogen: Fortschritt kam ihm aus der Wissenschaft, die er, einschließlich der Tötungsinstrumente, seinen Megamikren brachte, obgleich sie doch in paradiesischen Verhältnissen lebten im Inneren der Erde mit einer eigenen Sonne. Obwohl er so viel gelesen hatte, war er nicht auf Rabelais' nachdenkliche Bemerkung gestoßen, die schon das sehr viel später Dialektik der Aufklärung genannte »Widerspiel« des Fortschritts im Visier hatte: einerseits das Buch erfinden, andererseits das Geschütz. Vielleicht hat er auch aus diesem Grund in einem der garstigen Gasthöfe den Satz niedergeschrieben: »Der Mensch ist von Natur ein Ungeheuer.«

Heute ist auch sehr auffällig, dass die Frauen um Casanova niemandem bekannt sind. Er dagegen hat sie ernster genommen als die Patriarchalisten nach ihm. Vielleicht war er auch aus diesem Grund immer wieder so »erfolgreich« bei den Damen. Erst die jüngere Forschung hat uns wissen lassen, wie geistreich und in dieser Hinsicht auch erfolgreich einige seiner Gefährtinnen waren, beispielsweise Lisa von Recke, eine angesehene Lyrikerin, die ihm Suppen ans Sterbelager schickte. Casanovas Nachfolger in der Sexologie hieß übrigens Steern Casaebo. Bei dem war alles vorhanden: Geschlechtshunger, Weiber, Schreiben und Schreiben, alle übertrumpfen, in große Genealogien sich stellen, ich und Erasmus, scheinlogisch zwischen Glauben und Wissenschaft operieren, der frühe Schmerz der Trennung, überaus kränkbar und die Prostata. Casanova hielt gelegentlich selbst seinen Roman über die Megamikren für ein »wissenschaftliches« Buch. Auch das hält an. Virilio hat sicher Recht mit seiner These von der Beschleunigung der Zeit im Laufe der letzten Jahrhunderte. An Casanova und seinen heutigen Wiedergängern könnte aber demonstriert werden: dass der Wandel und die Raserei andererseits auch ganz langsam vonstatten gehen oder gar ausbleiben. Oder unterliegt alles einem Wandel, damit alles so bleibt, wie es ist? Auf jeden Fall kömmt es wohl immer auf die Brille an, die man vor die Augen hält.

Denken, altes Die Trennung in Biologisches hier, Gesellschaftliches dort und Seelisches irgendwie dazwischen ist altes Denken, das endlich überwunden werden sollte. Was sich manifestiert, was sich zu erkennen gibt, ist bereits gesellschaftlich, nicht ein von außen an Anatomisches oder Konstitutionelles Angelegtes, nicht zwischen Sexus und Genus, nicht zwischen der Anatomie und der Gesellschaft, nicht zwischen der biologischen Ausstattung oder den gesellschaftlichen Normen und Individuen, sondern in den Momenten selbst, in Sexus, in Genus, in Anatomischem, in den Individuen selbst.

Disput Papst Johannes Paul II. im Stadion von Santiago de Chile am 3. April 1987: »Wollt ihr dem Götzen des Reichtums und des leichten Geldes widerstehen?« 100.000 Jugendliche: »Ja!« – Papst Johannes Paul II.: »Wollt Ihr dem Götzen des Sexes und des Vergnügens widerstehen?« 100.000 Jugendliche: »Nein!«

Disziplin Wie das Studium des Schluckens keine Ernährungswissenschaft konstituiert, so das Studium des Genoms keine Sexual- oder Geschlechterwissenschaft.

Dysfunktion, erektile Diese Bezeichnung prangt heute international auf vielen medizinischen Fachbüchern, die von der Impotenz des Mannes oder von Erektionsstörungen handeln. Bei näherem Hinsehen ist sie sinnlos, weil sie besagt: schwellfähige Fehlfunktion, obgleich sie sagen soll: Schwellunfähigkeit des Penis.

Ehre Der Vier-Sterne-General und Atomkriegsstratege verliert seine Ehre, als herauskommt, dass er Männer liebt. *Bild* gibt sie ihm wieder. Der Bundespräsident mit SS-Pferd, der bedauert, dass die Millionen nicht »für eine große Idee gestorben« sind, nimmt anschließend als Ehrengast am Wiener Opernball teil. *Il miracolo della germinazione.*

Einsatz Nichts Böses ahnend, hatte ich für eine Kunstausstellung einen Text verfasst. Doch als der Katalog gedruckt war, musste ich im Vorwort des verantwortlichen Kunstprofessors lesen: »Vergessen wir nicht, daß viele der hier reproduzierten Mappen der Verfolgung ausgesetzt waren«. Ich dachte, trotz Hegels Verachtung der Gemütlichkeit in einer derartigen Stimmung: wie beruhigend, die Mappen werden das vielleicht gar nicht gemerkt haben. Kurz danach aber dankte mir der sensible Experte für meinen »Einsatz«, und die teutsche Gemütlichkeit verflog hegeloid. Einmal eingeholt, begegnet einem das Schreckenswort überall. Die Frankfurter Oberbürgermeisterin Petra Roth dankt dem Kritiker und Juden Marcel Reich-Ranicki gelegentlich der Verleihung des Goethe-Preises »für seinen Einsatz als Anwalt der deutschen Sprache« (*Frankfurter Rundschau* vom 29. August 2002). Die *Süddeutsche Zeitung* vom 11./12. Oktober 2003 meint auf ihrer Seite 1, Schirin Ebadi habe den Friedensnobelpreis für ihren »Einsatz für Demokratie« erhalten. Die Kirchen danken einem verdienten

Ministerialrat für seinen »Einsatz«. Eine kluge Schriftstellerin lobt den »Einsatz« eines Lyrikers für die gegenwärtige griechische Dichtung. Ein Landesminister betont, wie besonnen der »Einsatz« der Polizeikräfte gewesen sei. Eine Klinik mit gutem Ruf sucht per Annonce junge Ärzte mit »Lern- und Einsatzbereitschaft«. Gewerkschaften erläutern, dass durch Mindestlöhne der »Einsatz« ausländischer »Billiglohnkräfte« (Gott sei dank also auch keine Menschen) verhindert werden soll. Eine überaus sprachgewaltige Sprachwissenschaftlerin und Sprachjongleurin spricht plötzlich in einem Buch von »Schreib-Einsatz«, »Korpus-Selektion« und »Selektionsmaßstab«, als seien diese Worte nichts als Wörter.

Geht es nur um die Überempfindlichkeit eines Sprachfetischisten oder steckt mehr dahinter? Als die »Friedensengel« Petra Kelly und Gert Bastian durch eigene Gewalt zu Tode kamen, erklärten die Obristen der Grünen in großen Anzeigen: »Ihr bedingungsloser Einsatz für eine humane Weltgesellschaft sind (sic) uns Vermächtnis und Auftrag.« Ich dachte, wie können sie so etwas schreiben. Das geht doch nicht zusammen: bedingungsloser Einsatz und humane Gesellschaft. Weil alle Hemmungen, Skrupel, Ambivalenzen und Bedenken entfallen, die Menschen zu Menschen machen, ist jeder bedingungslose Einsatz terroristisch und inhuman. Alle Menschen, die etwas bedingungslos verfolgen, sind schrecklich wie Rilkes Engel. Im Grunde sind sie gar keine Menschen. Sie machen sich den Göttern gleich, entscheiden selbstherrlich über Leben und Tod. Um zu erkennen, dass es nicht gleichgültig ist, wie gesprochen wird, muss nicht der antike Topos bemüht werden, nach dem es nicht so sehr die Dinge und Taten sind, die die Menschen bewegen, sondern die Art und Weise, wie über die Dinge und Taten gesprochen wird.

Das Wort »Einsatz« gehört (wie das Wort »Selektion«) für immer zum Kern der NS-Sprache, die Victor Klemperer LTI (Lingua Tertii Imperii) genannt hat. An dem deutschen Wort »Einsatz« klebt so viel SS und Schrecken und Blut und Tod, dass es selbstredend auch ein Amerikanisch schreibender NS-Forscher wie beispielsweise Daniel Jonah Goldhagen in seinem Buch »Hitler's willing executioners« immer Deutsch stehen lässt: *Einsatzgruppen*, *Einsatzkommandos* usw. Seit dem Linguistic Turn der Philosophie, den Herder, Hamann und Schleiermacher vorbereitet haben, nehmen wir an, dass Sprache ein »allgemeiner Schematismus« ist, durch den Ideen und Dinge in eine Beziehung gesetzt werden. Sprache ist eine bestimmte, interindividuell anerkannte Art und Weise der Weltdeutung. Sie vermittelt Kultur. Sprache ist die Institution einer synthetischen Aktivität, beispielsweise der Einbildungskraft. Deshalb ist nicht belanglos, ob von Engagement oder von Einsatz gesprochen wird. In unserer Kultur werden zunehmend Menschen als Dinge und Dinge als Menschen sprachlich repräsentiert (siehe im Einzelnen Sigusch 1997). Offenbar schlägt sich die »Grammatik« der Sozietät immer unübersehbarer in der »Grammatik« der Sprache nieder.

Erotik (1) Nichts ist reiner und harmloser als die Erotik des Leibes und des Herzens, die sich zwischen einem Kind und einem Erwachsenen spontan entfaltet. Alle Erwachsenen, die sinnlich lieben, versuchen unwillkürlich, wieder zu Kindern zu werden.

Erotik (2) Sie ist die mehr oder weniger stabile Überbrückung existenzieller Abgründe mit Hilfe des Fetischismus.

E-Sex Ritualisierung und Transzendierung könnten wahrscheinlich dem verluschten, verschlampten, verlumpten Sexualleben wieder auf die Sprünge helfen. Verrückterweise hat der E-Sex, das sexuelle Sich-Tummeln im Internet, etwas davon.

Euthanasie In seiner Arbeit »Rassenhygiene, Nationalsozialismus, Euthanasie« fasst Hans-Walter Schmuhl (1987) die Forschungen zur Ideen- und Realgeschichte der so genannten Euthanasie erschöpfend zusammen. Allein die Nachweise und Register umfassen mehr als 150 Druckseiten. Bei einigen Fragen, insbesondere der Haltung der evangelischen Kirche, kann er sich auch auf ein eigenes Studium der primären Quellen stützen. Im ersten Teil der Abhandlung (»Ideengeschichte«) wird zunächst der Bedeutungswandel des Ausdrucks »Euthanasie« seit der Antike untersucht, dann das Aufkommen von Eugenik, Rassenanthropologie und insbesondere Rassenhygiene dargestellt und schließlich die Diskussion um Tötung auf Verlangen, Sterbehilfe und »Vernichtung lebensunwerten Lebens« zwischen 1895 und 1933 wiedergegeben. Es wird evident, dass die Ideologie der Asylierung, »Unfruchtbarmachung« und Ermordung kranker, behinderter, »minderwertiger«, »artfremder«, »krimineller«, »aufsässiger«, arbeitsunfähiger und »arbeitsscheuer« Menschen im Großen und Ganzen und im Detail von Wissenschaftlern, insbesondere Ärzten, lange vor dem »Dritten Reich« entwickelt und institutionalisiert worden ist, dass diese menschenverachtende Ideologie also nicht »originär« nationalsozialistisch ist, sondern bürgerlich. Dem Rezensenten ging beim Lesen ständig die »Dialektik der Aufklärung« durch den Kopf, doch dem Autor scheint sie zu »philosophisch« zu sein, obgleich er sein Werk mit Francis Bacons »Euthanasia exterior« eröffnen muss, wie Horkheimer und Adorno ihre Reflexionen an dessen »Una scientia universalis« beginnen lassen. Im zweiten Teil der Abhandlung (»Realgeschichte«) stellt Schmuhl zunächst die These auf, die »charismatische Legitimation« und die »polykratische Struktur« des nationalsozialistischen Regimes seien die entscheidenden Antriebskräfte im Prozess der Realisierung des »Euthanasie«-Ideologems gewesen. Danach werden die »Gleichschaltung« des Gesundheitswesens, die Sterilisierungsgesetzgebung, die rassenhygienische NS-Propaganda und die »Aktionen« zur Asylierung, Verstümmelung, Folterung und Ermordung der Erfassten und Selektierten dargestellt, von der »Kindereuthanasie« über die »Aktion T4«, die »Sonderaktionen«, die »wilde Euthanasie« und die »Aktion Brandt« bis hin zur Ermordung jüdischer, polnischer und sowjetischer Anstaltsinsassen und Zwangsarbeiter. Der *Furor sanandi*, die Heilungswut, ist unstillbar, erfasst immer mehr.

Schmuhl ist davon überzeugt, dass die »Euthanasie«, die nun endlich Mord genannt werden muss, konzeptionell, personell und tötungstechnisch die »Vorstufe« der »Endlösung der Judenfrage« war. In mehreren Schlusskapiteln geht er ausführlich auf die unsägliche Haltung führender Psychiater, Juristen und Kirchenmänner ein. Einverständnis mit den Gräueltaten ist es, wenn heute gesagt wird, angesichts der Machtverhältnisse hätten die »Aktionen« nicht verhindert werden können. Die historische Forschung hat ans Licht gebracht: Hätten die von den NS-Funktionären zusammengerufenen Ordinarien der Psychiatrie, die Oberlandesgerichtspräsidenten und Generalstaatsanwälte oder die Kirchen entschieden protestiert – aus Achtung vor dem Leben ihrer Patienten, aus Achtung vor dem geltenden Recht oder aus Achtung vor dem Fünften Gebot –, hätte Hitler die »Aktionen« sofort abbrechen lassen. Dafür sprechen alle inzwischen bekannt gewordenen Dokumente und Umstände. Doch die »Vernichtung lebensunwerten Lebens« stand im Programm der modernen Psychiatrie, die führenden Juristen deckten die ungesetzlichen »Maßnahmen« und damit ihre eigene Ausschaltung, die ärztlichen Standesorganisationen schalteten sich selbst gleich, und die Kirchenfürsten sorgten sich vor allem um den Erhalt ihrer Macht. Heute werden die extrem raren Persönlichkeiten, die protestierten, durch Gloriolisierung nachträglich eingemeindet und damit gleichgeschaltet.

Nichts ist deprimierender, als eine solche Abhandlung zu lesen. Gerade auch für einen Sexualwissenschaftler. Einerseits, weil die alte Sexuologie eugenisches und rassenhygienisches Denken unkritisch aufnahm, ja sogar initiierte und realisierte, wie Schmuhl auch belegt. Andererseits, weil etliche Personen, die beim Auftakt der westdeutschen Sexualforschung nach 1945 eine Rolle spielten, durch spätere Forschungen nicht nur in ein Zwielicht geraten, sondern als Komplizen der Nazis und Täter demaskiert sind. Und schließlich, weil es in der Gegenwart einige Sexologen beim Kampf gegen AIDS an jener Sensibilität und jener Zurückhaltung mangeln ließen, die spätestens seit der Ermordung Kranker im »Dritten Reich« unverzichtbar sind, sobald es um das staatliche oder wissenschaftliche Erfassen und Kontrollieren »Angeseuchter«, wie es damals hieß, oder

»Unbelehrbarer« geht, wie es hieß, als die Seuche AIDS einbrach ins scheinbar unverstofflichte Leben.

Fetischismus, fetischisierter Das Umfassen der Wirklichkeit mit dem Begriff, und sei er noch so dialektisch entfaltet, erinnert an das herrschende Prinzip der Kalkulation, an das frühbürgerliche Erkenntnisideal der Mathematisation des ganzen Lebens. Solange ein identisches Subjekt-Objekt praktisch undenkbar ist, muss auch der Theorie des gegenständlichen Scheins selber etwas von den falschen Antinomien Subjekt und Objekt, Notwendigkeit und Freiheit, Individuum und Gesellschaft, Form und Inhalt, Wesen und Erscheinung anhaften. Solange die basale Verblendung nicht nur generell ist, sondern prinzipiell auch untilgbar, muss den Kategorien des Warenfetischismus und des verstofflichten Bewusstseins selber etwas von dem anhaften, was sie zu begreifen suchen. Und so gibt es in dieser Theorie einen Boden für die theoretische Fetischisierung des Fetischismus in Gestalt des Ökonomismus, Soziologismus, Psychologismus, Sexuologismus usw. Die Widersprüchlichkeit des Wirklichen kann von einer Theorie nicht außer Kraft gesetzt werden, steht in ihr selber nicht still. Ein theoretisch begründetes und empirisch waches Vermittlungsbewusstsein, welches Sein und Bewusstsein nicht parallelisiert, ineinander abbildet oder überhaupt zusammenfallen lässt, kann jedoch die Menschen und Dinge aus ihrer Fetisch-Isolation so weit heraus denken, dass das Negative im Positiven und das Positive im Negativen zutage tritt. Die ungeheure Warensammlung ist nicht nur die Hölle; die konkret-nützliche Arbeit ist auch einseitig, verschleißend und monoton; die Gen-Technologie kann auch Erbkrankheiten aus der Welt schaffen, und das Landleben hat etwas von Idiotie. Verstofflichung des Bewusstseins heißt ja nicht Stillstand des Denkens, sondern meint eine bestimmte Grundstruktur. Deshalb ist der Schleier, der über dem Ganzen liegt, ebenso wenig ganz und gar undurchdringlich wie ganz und gar zu zerreißen. In Analogie könnte man sagen: Wie es verschiedene Ebenen und Grade seelischer Realität und Klarheit gibt – Primärprozess, Traum, Tagphantasie, Symptombildung usw. –, so gibt es verschiedene Ebenen und Grade geistiger Realität und Klarheit, wobei das Trennen dieser von jenen wie die Isolation der Ebenen willkürlich ist, weil selber ein Produkt der allgemeinen mystifizierenden Versachlichung.

Fortschritt Die meisten Jungs wissen heute, dass die Klitoris ein ganz besonderes Organ ist.

Frage, sexuelle Die sexuelle Frage kann nicht von der sozialen Frage getrennt werden. Sie meinte immer mehr als den Kampf gegen Prostitution und Geschlechtskrankheiten oder für freie Liebe und die beste Fortpflanzungsverhütung. Letztlich stand sie immer für die Frage nach Glück und Lust, nach dem Sinn des Lebens, nach dem Verhältnis von Mensch zu Mensch und Mensch zu Welt als einem menschlichen auf Erden.

Frauen, Gewaltphantasien von Isabelle Azoulay (1996) hält auf eine Weise, die dialektisch genannt werden könnte, an der theoretischen Essenz der klassisch-psychoanalytisch gefassten Triebe fest, indem sie eine disziplinierte, pazifizierte Sexualität nicht nur mit Heteronomie, Sterilität und Langeweile gleichsetzt, sondern im Zulassen »abgründiger« Phantasie »eine Garantie für ziviles Verhalten« sieht. Werde das Verpönte in der Phantasie nicht zugelassen, könne das »zur Barbarei führen«. Azoulay erinnert daran, dass der Marquis de Sade, zum Kommissar und Richter der Revolution geworden, nicht wie der tugendhafte und allen Phantasien abholde Robespierre terroristischen Gelüsten erlegen ist. Kämen aber die Triebe, die insbesondere die klassische Psychoanalyse postuliert hat, einfach zu sich, unrepräsentiert, unabgelenkt, unsublimiert, sozusagen quasi-animalisch und unzivilisiert, jedenfalls praktisch als das, was theoretisch ihren Kern ausmacht, würde der Akt der »Begattung« erst enden, wenn das Objekt der Triebe, von keinem Instinktmechanismus geschützt, vollkommen einverleibt wäre, aufgehört hätte zu existieren. Es ginge also nicht nur um einen kontinuierlichen, prinzipiell unstillbaren Fluss seit kurzem sexuell geheißener psychophysischer Gier, sondern um das, was die Sprache der Zivilisation Mord und Totschlag nennt. Angesichts der eindimensionalen Borniertheit gegenwärtiger Gewalt- und Missbrauchsdiskurse scheint mir die sadianische Gegenrede der Verfasserin theoretisch ebenso erfrischend wie praktisch notwendig zu sein. Isabelle Azoulay stellt sich mit ihrer Philippika nicht nur in die Nachfolge großer schwarzer Pamphletisten, sondern gibt ihren Thesen eine empirische Stringenz, indem sie persönliche Bekenntnisse und literarische Texte von Frauen psychoanalytisch und sexualwissenschaftlich interpretiert. Allein das inhaltliche Spektrum der analysierten weiblichen Sexualphantasien ist geeignet, der These von der im Sinne einer *Differentia generis* gewaltlosen, friedfertigen weiblichen Sexualität zu widersprechen, die einzig um Wärme, Wohllust statt Wollust, Nähe, Geborgenheit, Sicherheit und konsensuelle Kommunikation zentriert sei. Alles, was Psychoanalyse und Sexualwissenschaft seit einhundert Jahren als abnorm oder pervers bezeichnen, kommt selbstredend auch in der Phantasie von Frauen vor, und zwar nicht vereinzelt, sondern massenhaft. Umso roher und eitler der gegenwärtige Gewaltdiskurs. Ohne ihr in allen Interpretationen folgen zu können, erreicht Azoulay doch eine Verflüssigung gedanklicher Verfestigungen und damit: dass Denken trotz der Diskurse möglich scheint.

Frausein Großkategorien wie Gender oder Frausein werden durch fundierende Differenzen, die mit der ethnischen Zugehörigkeit, der sozialen Klasse oder der sexuellen Präferenz zusammenhängen, epistemologisch wie politisch grundsätzlich in Frage gestellt.

Freuds Frauen Welche Frauen, fragt sich die Publizistin Ulli Olvedi (1992), waren um Freud. Ständig um ihn waren seine »eigene« Frau und die Haushälterin Paula Fichtl. Der Autorin aber geht es um die »Pionierinnen der Psychoanalyse«, so der Untertitel des Buches. Gemeint sind Lou Andreas-Salomé (1861–1937), Marie Bonaparte (1882–1962), Melanie Klein (1882–1960), Sabina Spielrein (1885–1941), Karen Horney (1885–1952) sowie die Tochter Anna Freud (1895–1982). Von Frau Freud wird lediglich erzählt, sie hätte Marie Bonaparte anvertraut, »wie sehr das Werk ihres Mannes sie überrascht, ja gekränkt hatte, da es so freizügig von der Sexualität handelt. Und fast absichtlich hat sie es nicht kennenlernen wollen.« Als die Bonaparte das dem Meister erzählte, habe Freud gesagt: »Meine Frau ist sehr bürgerlich« (S. 79). Nie habe sie ihm so ausdrücklich, wie offenbar gegenüber Marie Bonaparte, ihre Meinung mitgeteilt. Die ausgewählten Frauen sind tatsächlich alle »Pionierinnen« der Psychoanalyse, haben wie Lou Andreas-Salomé, Sabina Spielrein und Karen Horney vor allem kritisch-theoretische Beiträge geliefert, die heute endlich gewürdigt werden, oder sie haben wie Melanie Klein und Anna Freud sogar Schulen begründet. Und ohne »die Prinzessin« hätte die Psychoanalyse institutionell sehr viel schlechter dagestanden. Außerdem ist Marie Bonaparte durch bemerkenswerte Abhandlungen hervorgetreten, darunter eine mehrbändige über Edgar Allan Poe. Bis auf Melanie Klein werden die Lebensgeschichten der Frauen mit sehr viel Sympathie dargestellt. Die Klein dagegen erscheint charakterlich als sehr klein: verlogen und neidisch, pathologisch ehrgeizig, beifallsüchtig und machthungrig, dazu depressiv, einsam und unbefriedigt, eine schlechte Mutter, die ganz mit der zur Psychoanalytikerin ausgebildeten Tochter Melitta bricht. Angekreidet wird ihr auch, bis zum Ende vernebelt zu haben, dass ihre berühmten ersten Fallberichte ihre eigenen Kinder abhandeln im Sinne einer »familiären Zwangsanalyse«, der die armen Kleinen nicht entrinnen konnten. Beim Lesen der Lebensgeschichte der Melanie Klein geht einem immer wieder durch den Kopf, wie viel wohl die Theorien mit dem persönlichen Schicksal derer zu tun haben, die sie in die Welt setzen. Durch den Kopf geht einem aber auch, ob der Meister nicht doch, von so klugen, kreativen, ungewöhnlichen, mutigen und auch aufsässigen Frauen umgeben, eine emanzipatorische Antwort auf die selbstgestellte Frage »Was will das Weib?« hätte finden können, trotz der Umstände der Zeit. Aber Freud blieb unbeirrt der gütige, aber antifeministische Patriarch, der er nun einmal war. Nach allem, was wir erfahren, wünschten sich die

Frauen, die um ihn waren, ganz offensichtlich keinen Feministen, sondern einen geborenen Patriarchen. Vielleicht hat Karen Horney als einzige der Pionierinnen die Vorstellungen des Meisters über Weiblichkeit und weibliche Sexualität sehr früh kritisieren können, weil sie nicht in seinem unmittelbaren Bannkreis gelebt hat. Das Schicksal der Sabina Spielrein, der Jung wie Freud kluge Gedanken zur psychoanalytischen Theorie gestohlen haben, ist immer wieder erschütternd. Als sich Jung und Spielrein im Zusammenhang einer Therapie ineinander verliebten und der verheiratete Analytiker mit der jungen Russin ein sexuelles Verhältnis einging, ließen der Meister und sein damaliger Meisterjünger die junge Frau rechtzeitig fallen. Die ungestörte Verbreitung des im Entstehen begriffenen Lehrgebäudes war offenbar wichtiger als menschlicher Anstand. Sabina Spielrein, die sich 1926 in ihre Geburtsstadt Rostow am Don zurückgezogen hatte, ist 1941 von den eingefallenen Deutschen mit anderen Juden in eine Synagoge getrieben und zusammen mit ihren beiden Töchtern erschossen worden.

Freundschaft Kinderpsychotherapeuten klagen immer häufiger über »Realitätsverlust« bei ihren Patienten. Einige zögen sich tagelang zurück und hätten nur noch zu ihrem Computer eine »Beziehung«. Die Klage moderner Kinderpsychiater ist profaner. Es mangelt ihnen an Räumen, weil in den wenigen, die sie haben, Computer sitzen.

Genitalprimat Der Genitalprimat der Psychoanalyse war immer eine Fata Morgana.

Geschlecht Der Druck, sexuell zu sein, ist in unserer Gesellschaft immer noch groß. Der Druck, geschlechtlich zu sein, ist total.

Geschlecht, zweites Nur in einer Gesellschaft der Ungleichheit, des Oben und Unten, wird gerätselt, welches Geschlecht das erste (alt: *Sexus potior*) und welches das zweite (alt: *Sexus sequior*) sei. Nebenbei: Selbstverständlich handelt Simone de Beauvoirs weichenstellendes Werk »Le deuxième sexe« (1949) vom zweiten Geschlecht und nicht vom »anderen«, wie der deutsche Verlag (1956/1968) dummerweise vorgaukelte. Im Patriarchat ist natürlich das weibliche Geschlecht das zweite, weil es nur reproduziere, nicht aber erkenne und ordne. Für einige radikale Feministinnen dagegen ist das männliche Geschlecht das zweite, weil das weibliche auch biologisch das primäre Geschlecht sei und zudem sehr viel potenter. Diese Feministinnen merken nicht, dass sie mit dieser Auffassung dem männlichen Denken vom Anfang und vom Ende, vom Höheren und von der Leistung nur auf inverse Weise erliegen.

Geschlechterdifferenz (1) Die Geschlechterdifferenz ist basal, weil sie nicht nur ein Niederschlag im Unbewussten und eine Tatsache des Bewusstseins ist, sondern beides selbst zu einem erheblichen Teil produziert.

Geschlechterdifferenz (2) In dem Moment, in dem das kleine Kind die Geschlechterdifferenz wahrnimmt, erfährt es, dass nicht alle Menschen gleich sind. Dass die oder der Andere minderwertig sei, sagen aber nicht die Körper, sondern die vergesellschafteten Menschen. Erst wenn die Frau gesellschaftlich gleichwertig ist, kann das kleine Kind seine Mutter so wahrnehmen. Erst wenn beide Eltern dem Kind bewusst und unbewusst ihre eigene Gleichwertigkeit in der Differenz signalisieren, kann vielleicht der kollektive Teufelskreis unterbrochen werden, der von Generation zu Generation aus dem weiblichen Geschlecht das Zweite Geschlecht, *Sexus sequior*, macht und aus dem männlichen das Erste Geschlecht, *Sexus potior*. Das superiore Männliche durchs superiore Weibliche zu ersetzen, ist aber nichts als die Inversion dessen, was sowieso ist. Die Vorstellung, ein ganzes Geschlecht hätte im kulturellen Egoismus altruistisch überwintern können, ein ganzes Geschlecht hätte in der gesellschaftlichen Kälte und Aggressivität friedfertig Wärme bewahren können, ist eine voluntaristisch-naturalistische Illusion. Das weibliche Minderwertigkeitsgefühl, das Freud beobachtete und naturalistisch-patriarchal als anatomisches »Schicksal« missverstand, ist noch immer ein gesellschaftliches »Schicksal« – wie, nebenbei gesagt, das männliche Stärke-zeigen-Müssen auch.

Geschlechterdifferenz (3) Kein Mann wird je ohne einschneidende Differenz erfahren, was die Blutfüllung der Vorhof-Schwellkörper, die Vergrößerung der Klitoris, der Einbruch der Menstruation und der Brüste, was Schwangerschaft, Geburt und Stillen oder das natürliche Verlieren der Fruchtbarkeit in einem Alter, das heute keineswegs als hoch angesehen wird, wirklich bedeuten.

Geschlechterverhältnis Mann und Frau sind auf mindestens dreifache Weise existenziell und unhintergehbar miteinander legiert: (1) gattungsgeschichtlich in jeder Hinsicht einschließlich Fortpflanzung; (2) seelisch durch den Umstand, dass jeder Mensch eine Mutter und einen Vater hat, die in ihm niedergeschlagen sind, ob nun die Väter physisch präsent bleiben oder nicht; (3) erotisch-sexuell, auch wenn das Rätsel der Heterosexualität nicht gelöst werden kann.

Geschlechtsdifferenzen Von psychischen Geschlechtsdifferenzen kann solange nicht wirklich gesprochen werden, so lange die materiellen nichtpsychischen vorgängigen Geschlechterdifferenzen so groß sind, wie sie bei uns immer noch sind. Bisher kennen wir nur die Geschlechtsdifferenzen, die unter materieller und sozialer und politischer und damit auch seelischer Zurück- und Herabsetzung des weiblichen Geschlechts in Erscheinung treten. Ein Feminismus, der keine theoretische Vorstellung von Gesellschaft hat, kann Geschlechterdifferenz gar nicht denken.

Geschlechtserfahrung Im Grunde gibt es nur Fraumänner und Mannfrauen in unendlich vielen Mischungsverhältnissen. Doch die Paradoxien unserer Kultur zwingen uns dazu, entweder dem einen oder dem anderen Geschlecht anzugehören, obgleich wir alle ahnen, dass so viele Geschlechter existieren wie Menschen, weil nur dann von einer individuellen Person gesprochen werden kann, wenn sie einmalig und unverwechselbar ist. Keine Weiblichkeit gleicht der anderen, keine Männlichkeit ist identisch mit der anderen. In erster Hinsicht kommt es nicht darauf an, welches Körpergeschlecht wir haben, sondern wie es kulturell gefesselt und entfesselt, seelisch repräsentiert und erlebt, geistig definiert und begriffen, sozial bestimmt und bewertet wird. Geschlechtserfahrung, genannt Geschlechtsidentität, gibt es nur zusammengesetzt als »eine Frau und ein Mann, eine Mutter und ein Vater«. Alles Männliche enthält Weibliches und Mütterliches, alles Weibliche enthält Männliches und Väterliches.

Geschlechtswissenschaft Wissenschaftliche Leistungen von Menschen werden nach ihren Geschlechtsteilen beurteilt. Das ist experimentell nachgewiesen. Beispiel: Steht eine Verfasserin auf einem wissenschaftlichen Manuskript, wird es von Fachleuten schlechter beurteilt, als wenn eine Person mit männlichem Vornamen auf demselben Manuskript als Verfasser genannt wird. Dazu passt, dass so gut wie niemand weiß oder wissen wollte (wie das Magazin »Der Spiegel« beharrlich), wer den AIDS-Erreger entdeckt hat. Es war eine französische Forscherin namens Françoise Barré-Sinoussi, also nicht die Herren Gallo und Montagnier. Hier der Beweis zum Nachlesen: Barré-Sinoussi, F., J. C. Chermann, F. Rey, M. T. Nugeyre, S. Chamaret, J. Gruest, C. Dauguet, C. Axler-Blin, F. Vézinet-Brun, C. Rouzioux, W. Rozenbaum und L. Montagnier: Isolation of a T-lymphotropic retrovirus from a patient at risk for Acquired Immune Deficiency Syndrome (AIDS). Science 220, 868–870, 1983.

Gier Anders als in anderen Kulturen geht es bei uns seit Jahrtausenden immer stärker und seit Jahrhunderten vorrangig um das Externalisieren von Wünschen, um das reale Befriedigen unserer Gier. Das ist aber nur möglich, wenn das zum Irrationalen Erklärte auch real dazu wird, damit es herausgetrieben werden kann. Der frühe Foucault hat das geradezu physisch empfunden. Vor ihm hatten es Künstler am eigenen Leib gespürt.

Gleichenehe Die Ehe Gleichgeschlechtlicher ist beides: gebotene Anerkennung und Absicherung wie Eingemeindung und Umarmung bis zum Ersticken.

Grenze, praktische Suchen Männer im Grunde nicht ihr Leben lang den Penis der Frauen, weil sie ganz zuunterst von dessen Existenz überzeugt sind? Heutzutage gibt es offenbar auch immer mehr Frauen, die die Scheide der Männer suchen, nicht »nur« symbolisch und seelisch, sondern physisch, indem sie ihnen, beispielsweise, beim Liebesspiel einen Finger in den Anus stecken, was viele Männer nach allem, was zu hören ist, gar nicht mögen: Es könnte ja auch herauskommen, dass sie gar nicht empfangen und produzieren können – ein Beispiel für die Tatsache, dass die neosexuelle Revolution die Spannbreite der praktizierten Körperlüste nur gegen erbitterten Widerstand, wenn überhaupt, erweitert.

Heterosexualität Die Wörter »heterosexual« und »Heterosexualität« sind von Karl Maria Benkert (siehe das Stichwort »Homosexualität [1]«) in den 1860er Jahren erfunden worden, wurden aber erst 1880 anonym von Gustav Jäger in der zweiten Auflage seines Buches »Die Entdeckung der Seele« veröffentlicht (vgl. auch Jäger 1900).

Hoffnung Ob noch Hoffnung besteht auf bessere Zeiten? Solange ein Georges Bataille die Tränen des »Heiligen Eros« beschwört und der »Aufgeklärte Eros« einer Ninon de Comfort noch weinen kann, so lange bleibt unsere erotische Illusion eine Illusion, die wir lebenslänglich mit kindlich seelischen Mitteln taub suchen und finden. Là-bas.

Homosexualität (1) Die griechisch-lateinischen Sprachzwitter »Homosexualität/ Homosexualismus« und »homosexual« wurden von einem gewissen »Kertbeny« erfunden. So nannte sich der deutsch-österreichisch-ungarische Übersetzer, Schriftsteller und Kaufmann Karl Maria Benkert (1824–1882), indem er die Silben seines Namens zu »Kert-ben« verkehrte und ein magyarisches Ypsilon hinzufügte. Kertbeny (vgl. Anonymus 1869, Kertbeny 2000) hat diese Wörter erstmalig 1869 öffentlich, aber anonym verwandt, als er gegen die Diskriminierung und Pönalisierung der mannmännlichen Liebe zu Felde zog (siehe auch das Stichwort »Urning«).

Homosexualität (2) Jetzt schreitet die Heterosexualisierung der Homosexualität voran: Die Pissoirs, genannt Klappen, werden geschlossen, die Standesämter geöffnet (siehe auch das Stichwort »Schwule«).

Kapital, »jüdisches« Menschenfeindliche Ideologien haben nie ganze Personen mit ihren Vorzügen und Nachteilen, mit ihren angenehmen und unangenehmen Seiten in den Blick genommen, sondern sich immer am einzelnen Merkmal festgekrallt, Hautfarbe, ethnische Zugehörigkeit, politisches oder sexuelles Verhalten, um dieses als minderwertig, krank oder gefährlich deklarierte Merkmal dann mit der ganzen Person gleichzusetzen. Dass solche Ideologien in der planvollen Menschenvernichtung enden, könnte die Geschichte des abendländischen Denkens, Fühlens und Handelns lehren. Doch sie sind weiterhin lebendig, auch dort, wo man es nicht erwartet. Deshalb muss aufmerksam hingehört, höllisch aufgepasst werden. In der Auseinandersetzung um die Uraufführung des Theaterstücks »Der Müll, die Stadt und der Tod« von Rainer Werner Fassbinder nahm ein Theaterkritiker in der »Frankfurter Rundschau« vom 5. November 1985 vehement für jene Partei, die die Aufführung des Stückes durchsetzen wollten. Er wurde sehr deutlich: »Andererseits sind manche der Formen, welche die jüdischen Demonstranten in Frankfurt ihrem Protest gegeben haben, nicht frei von Heuchelei. Die Verhinderung von Aufführungen in dem städtischen Theater ist auch Ausdruck eines Machtanspruchs bestimmter herrschender Kreise der Stadt, die, wie der korrupte Polizeipräsident in dem umkämpften Stück, aus leicht identifizierbaren Interessen nicht zulassen wollen, dass öffentlich verhandelt wird, was für Fassbinder allerdings ein Thema war: die Zugehörigkeit einiger Vertreter des jüdischen Kapitals zu einem rechten Power-Kartell, das während der sechziger und siebziger Jahre breite Felder der städtischen Politik bestimmt hat, zumal der Stadtplanung und der Baupolitik.« Jüdisches Kapital! Als sei das Kapital nicht Kapital und sonst gar nichts. Als sei das Kapital einmal christlich, andermal muslimisch. Als seien Spekulation, Zinsabschöpfung oder Profitmaximierung sittliche, religiöse oder ethnische Angelegenheiten. Legt ein linksliberaler Professor sein Geld in Brasilien an, wo es sich auf wundersame Weise vermehrt, ist alles paletti. Kauft ein Jude ein Haus, um damit Gewinn zu machen, ist er ein mieser Spekulant, weil er ein Jude ist. Jüdisches Kapital heißt: der Jude ist schmierig und gierig, ein Betrüger katexochen. Solange Juden anständiger sein müssen als Nichtjuden, so lange sind sie in Gefahr.

Kapitalismus (1) Das »Verrückte« am Kapitalismus ist, dass er historisch auch Freiräume eröffnete, im Kopf und als reale Möglichkeit im Leben, von denen die vorausgegangenen Generationen nicht einmal träumen konnten. Weil für den Gang der kapitalistischen Gesellschaft belanglos ist, was die Individuen sexuell tun, können sich Orientierungen, Verhaltensweisen und Lebenswelten pluralisieren.

Kapitalismus (2) Was die marxistische Orthodoxie vom Sozialismus immer behauptet hat, nämlich: dass er wissenschaftlich begründet sei, kann jetzt ironischerweise der Kapitalismus von sich mit Fug und Recht behaupten. Moderner Kapitalismus ohne Wissenschaft und Technik ist undenkbar. Die Wissenschaft ist schon längst von der Produktivkraft im marxischen Sinn zur Produktionsweise geworden. Daher die Degradation vieler Menschen zu Funktionären im Getriebe oder zur Ballastexistenz. Viele Menschen werden nicht mehr benötigt, weil die wissenden Maschinen sie an Schnelligkeit, Komplexitätsvermögen und Exaktheit übertreffen, jedenfalls nach den Maßstäben des Wissensobjektivs.

Krankheit Die Instanz, die eine Krankheit und ihre Versachlichung realisiert und mit einer Bedeutung versieht, ist die Personalität. Jedes Krankheitsgeschehen ist ebenso allgemein wie individuell. Wäre es nur allgemein, realisierte sich die Krankheit selbst, ohne dass eine handlungsfähige, bedeutende Person dazwischen käme, und jene von der Person abgewandten Wissenschaften hätten recht, die ihre Krankheitstheorie als Analogon der noch vor dem Mond operierenden Wissenschaften konzipieren und idealisieren, mit den zumindest falsch betonten Prämissen, dass erstens dem Krankheitsprozess sein Verlauf an die Stirn geklebt und zweitens die Vielheit der krankhaften Erscheinungen gesetz- oder regelmäßig reduzibel sei. Beiden Prämissen widerspricht die kranke Person, die trotz aller Konventionalisierungen, Mystifikationen und Verdrehungen nicht aufhört, den *Facta bruta* zu widersprechen – bis hin zur Genesung, die die naturwissenschaftlich imprägnierten Experten ausgeschlossen hatten. Gerade weil das Individuum mit dem Allgemeinen zusammengebrannt ist, muss die Differenz von Krankheit und Gesellschaft betont werden. Vernünftige Aufklärung ist nur möglich, wenn eine Krankheit wie AIDS von ihrer Indienstnahme getrennt wird. Erst dann können die gesellschaftlichen, sozialen und seelischen Instrumentalisierungen erkannt werden. Angesichts der Aufpeitschung ist das Trennen unumgänglich, weil die Menschen sonst von Angst, Ekel, Rache und vom Hass auf die Ansteckenden überschwemmt werden (siehe auch das Stichwort »AIDS«).

Konstruktion Nach einer Phase der Dekonstruktion, die eine produktive Verwirrung bewirkt hat, ist jetzt eine Phase der Konstruktion angezeigt, weil die Chiffren und Metasemikanten ohne ein Gefühl des Verlangens und ohne Fleischeslust niemals wirklich sexuell werden können.

Körpermedizin Auf die Arbeit der Körpermedizin herabsehen kann nur, wem das sexuelle Geschehen körperlos scheint. Es mag noch so psychosomatisch zugehen, dem Patienten ist nur geholfen, wenn der Operateur die Technik beherrscht. Psychodynamisches Verstehen hat dort seine Grenze, wo der Chirurg das Gefäß schonend präparieren soll und sonst gar nichts. Fragt er sich und den Patienten, wie dessen Kindheit beschaffen war, überreizt er, bricht den Vertrag, wechselt von der einen Technik zur anderen. Das ist gefährlich, weil er in der nichtsomatischen Technik nichts als ein Mann von der Straße ist, während er sich als Somatiker an dem gewachsenen Können seiner Profession messen muss. Indem der Körpermediziner sein somatisches Handeln mit dem somatischen Denken des Kranken zusammenfallen lässt, tut er nicht selten unwillkürlich das einzig Mögliche und auch Richtige. Besser von einem kompetenten Arzt zum Objekt gemacht werden als zur Risikoperson. Fragen nach dem Vorleben, nach persönlichen Neigungen, Lüsten und Süchten irritieren alle; das somatische Setting dagegen kann beruhigen. Diese Beruhigung darf Sexualwissenschaft im Allgemeinen nicht bieten, weil sie sonst ihr theoretisches Corpus verriete, zu dem das Erforschen der Biografie gehört. Corpus und Biografie: Auch kritische Sexualwissenschaft kommt um Affirmation, Isolation und Durchleuchtung nicht herum. So richtig es ist, die Krankheit des Patienten in Genese und Verlauf verstehen zu wollen, so berechtigt ist dessen Wunsch, in dieser Hinsicht unverstanden, aber mit großer Freundlichkeit und hoher Kompetenz operiert zu werden.

Kränkung Freud behauptete bekanntlich, dass das Ich nicht Herr sei in seinem eigenen Haus. Das nannte er die dritte Kränkung der Eigenliebe, die als psychologische Kränkung der kosmologischen des Kopernikus und der biologischen des Darwin gefolgt sei. Die vierte Kränkung, die philosophische, hat vor allem Adorno zustande gebracht, indem er das Transzendentalsubjekt als bewusstlos erkannte.

Kriminell Der junge Jean Genet wurde kriminalisiert, weil er Bücher stahl, die er nicht bezahlen konnte: philosophische, historische, literarische. Der Richter: Kennen Sie denn nicht den Preis des Buches von Verlaine? Genet: Nein, aber seinen Wert. Der Richter: Wie wäre Ihnen denn zumute, wenn Ihre Bücher gestohlen würden? Genet: Ich wäre stolz darauf.

Kulturbeutel Dass die Deutschen Abführmittel und Ohrschmalzentferner in einem ebenso unschönen wie schmuddeligen Beutel bei sich tragen, den sie durch das vorgesetzte Wort Kultur zu adeln suchen, spricht Bände über den Stand ihrer Zivilität.

Liebe Die Liebe, sagte die weise Frau, besteht aus vier Strömungen: sexuelles Begehren, emotionale Zuneigung, tiefes Vertrauen, uneingeschränkte Verantwortung. Fehle eine Strömung, ginge es gerade noch. Fehlten zwei, sei die Liebe am Ende.

Liebe, Fetischcharakter der Als zentraler Wert bestimmt Liebe über das Sexualgeschehen. Wer sie hat, ist zu allem berechtigt. Sie ist die Moral schlechthin. Ihr Herkommen ist ebenso unklar wie ihre Stimmung irrational. Es geht zu, wie wenn Naturgesetze am Ruder wären. Hat sich Liebe einmal in ihr eigenes Recht gesetzt, findet sich die vordem beschworene Freizügigkeit im Unrecht wieder. Jetzt wird Treue gefordert. Doch die Liebe ist, vor allem bei den Jüngeren, fast so punktuell und kurzfristig und unzuverlässig wie der sexuelle Reiz. Geht sie wieder, darf der, der sie besaß, sein Gerede von dem ganzen Menschen und dem ganzen Leben mit ihr vergessen. Durch solche Operationen gestattet sie es, Mitleid und Schande, Scham und Rücksichtnahme, selbst vorübergehenden Verzicht und gar den verzweifelten Kampf um eine gemeinsame Zukunft abzutun, als hinge all das an einem von Anfang an irgendwie äußerlich gebliebenen, jetzt ganz und gar fremd gewordenen Etwas, gegen dessen Eigenleben keiner etwas vermag. Liebe als scheinbar natürliche Normalität ist der moralische Deckmantel schlechthin. Von dieser Art zu lieben führt ein gerader Weg zu der in die laufenden TV-Kameras gesprochenen Aufforderung stinknormaler Mitbürger, diese oder jene Fremde oder Aufsässige totzuschlagen. In der Mystifikation der Liebe produziert die Verstofflichung ihre eigene Verdeckung. Dort, wo sie sich, wenn auch noch so vermittelt, durchsetzt, imponiert sie gerade als das Nichtverstofflichte schlechthin, als das intime, volle, persönliche Leben. In der Warenwelt scheint der eigentliche Kern der Sexualität, der von »persönlichsten« Gefühlen und Wertvorstellungen gebildet wird, dem Diktat der gesellschaftlichen Wertform entzogen zu sein. Das Verhältnis zu den Menschen und menschlichen Werten erscheint als eines der Unmittelbarkeit, die Herrschaft der »echten« Werte als ein Bollwerk gegen die Versachlichung. Doch dieser Schein ist es gerade, der das Sexuelle in die Wertform zwingt. Das ist der spezifische Fetischcharakter des Sexuellen. Das macht das Sexuelle zur Sexualität. Besteht der Fetischcharakter der Liebe im Nichttauschwertversprechen, hat er in der Sphäre des Reizes eine andere Gestalt. Nicht der Schein des Nichttauschwerts fungiert hier als Tauschwert, sondern der Schein des Gebrauchswerts, das Gebrauchswertversprechen. Doch hier wie dort bemächtigt sich der Schein von Lust und Unmittelbarkeit des Tauschwerts. Heraus kommen lustvolle Lustfeindschaft und Menschenverachtung in Liebe.

Lustlosigkeit Das ist ein Ausdruck, der erst im letzten Jahrzehnt von Sexuologen aufgegriffen worden ist. Seither wird vor allem bei Patientinnen zunehmend »Lustlosigkeit« dort diagnostiziert, wo früher Störungen des Verlangens und der

Erregung oder eine Anorgasmie angenommen worden waren. Bei kritischer Verwendung soll der Ausdruck der Parallelisierung des so genannten sexuellen Reaktionszyklus von Männern mit dem von Frauen, wie seit Masters und Johnson üblich, widersprechen und die Geschlechterdifferenz beachten, die sich beispielsweise insofern niederschlägt, als Frauen sich nicht selten dann als »lustlos« bezeichnen, wenn sie andere Bedürfnisse haben als der Partner oder seltener Geschlechtsverkehr haben möchten als er. Problematisch an dem Ausdruck ist, dass er nichts über das aussagt, was trotz allem da ist: andersartige Wünsche und missachtete lustvolle Äußerungen von Frauen, andersartige Vorstellungen von einer erotischen oder sexuellen Beziehung. Hinterfragt werden müsste also von den so genannten Experten, die eine Störung des sexuellen Erlebens oder der sexuellen Funktionen diagnostizieren, ob die Wünsche und Vorstellungen der männlichen Partner der unhinterfragte Maßstab sind, mit dem das Paar definiert, was sexuell, intim und ungestört ist. Wird die Definitionsmacht der Männer problematisiert, können die andersartige Erotik und die andersartige Sexualität von Frauen gesehen werden (vgl. dazu Valverde 1989, Brückner 1990, Schenk 1991, Tiefer 1991, Hauch 1992, Moynihan 2003, Working Group 2003). »Lustlosigkeit« ist also ein Etappenbegriff, der mehr mit der gegenwärtigen Phase der kulturellen Interpretation und individuellen Erfahrung der Geschlechterdifferenz sowie, wenn wir die immer häufiger beschriebenen »lustlosen« Männer einbeziehen (vgl. Linsenhoff 1995), mit der kulturellen Umschreibung der alten, scheinbar natürlich und stets sprudelnden, endogen-trieblich vorausgegebenen Sexualität zu tun hat als mit fachdisziplinär umschreibbaren Sexualstörungen.

Lustmord Der Lustmord mag aus Unlust und Hass entstehen, der Unlustmord aus Lust und Liebe, womit bewiesen wäre, dass alle Menschen zu beidem fähig sind.

Medizin Die Medizin wird immer mehr zur Hure der Ökonomie.

Motti Ich habe das Bedürfnis, in jedes Buch mindestens einen Unsinn hineinzubringen (Niklas Luhmann). Am Grunde jeder Frage sitzt ein Deutscher (Voltaire). Sagen Sie: Ist Sex schmutzig? Ja, wenn er richtig gemacht wird! (Woody Allan). Es gibt keine Leidenschaft, die egoistischer ist als die Geilheit, keine, die ernster genommen werden will (Marquis de Sade). Nur die widernatürliche Phantasie kann uns noch retten (Goethe an Eckermann). Lust ist der einzige Schwindel, dem ich Dauer wünsche (Walter Serner). Wer in einem blühenden Frauenkörper das Skelett zu sehen vermag, ist ein Philosoph (Kurt Tucholsky). Wenn die ganze Welt auf dem Kopf steht, dann muss man sich nicht wundern, hin und wieder einem Arsch zu begegnen (Peter Weiss). Die verstehen sehr wenig, die nur das verstehen, was sich erklären lässt (Marie von Ebner-Eschenbach). Den Fortschritt verdanken wir den Nörglern. Zufriedene Menschen wünschen keine Veränderung (H. G. Wells). Wer sich an das Absurde gewöhnt hat, findet sich in unserer Zeit gut zurecht (Eugène Ionesco). Ich will sagen, nehmt mich bitte nicht zu ernst, oder versteht mich bitte nicht zu schnell (Niklas Luhmann).

Neoallianz Der Ehemann war 27 Jahre in Therapie, die Ehefrau 19. Er sprach mit seinem Therapeuten über sie, sie sprach mit ihrem über ihn. Bevor sie miteinander sprechen konnten, brach die Ehe auseinander.

Normal (1) Eigentlich ist es verrückt, darum zu kämpfen, normal zu sein. Denn nichts ist langweiliger als das. Aber nichts ist zugleich beruhigender.

Normal (2) Der Hass der Normalen auf die Homosexuellen wie die Angst vor ihnen ist unabstellbar, solange beide für die Heterosexualität konstitutiv sind und dazu noch weitgehend dem Bewusstsein entzogen. Solange es Hetero- und Homosexualität als abgegrenzte allgemeine Sexualformen gibt, so lange wird das so sein.

Nudisten In der Bewegung der Naturisten, Lichtkämpfer, Nudisten, Leibzüchter usw. sind alle aufklärerischen, vor allem aber gegenaufklärerischen Motive versammelt, die unsere Lebensreformbewegungen seit dem Ende des 19. Jahrhunderts ausgesprochen und unausgesprochen antreiben. Welchen Sturm der Entrüstung – eigentlich der Aufrüstung – öffentlich gezeigte Nacktheit im wilhelminischen Deutschland hervorrief, können wir heute nach hundert Jahren FKK, einigen Sexwellen und der Durchkommerzialisierung voyeuristischer wie exhibitionistischer Lüste gar nicht mehr nachempfinden. Treten heute jüngere Menschen öffentlich im »Gotteskleid« auf, ob im Englischen Garten in München oder vor dem Hamburger Senat, wird nicht mehr gerüstet, sondern geschmunzelt und gerunzelt. Dass der Schock, den die ersten Nacktdarsteller einer verlogenen Korsettgesellschaft versetzten, in jeder Hinsicht notwendig war, wird heute niemand bestreiten wollen. Und was könnten wir ernsthaft gegen Volkslieder und Volkstänze, gegen Wanderungen und Lagerfeuer einwenden oder gar dagegen, dass ein Aufklärer wie Adolf Koch den in Fabriken und Mietskasernen malträtierten Körpern und Seelen der Arbeiter und Arbeiterinnen mit einer keineswegs lustfeindlichen Ausgleichsgymnastik in Luft und Licht und Sonne beispringen wollte, sexualpädagogisch unterstützt von dem Lebensreformer Magnus Hirschfeld?

Doch der Sozialist Adolf Koch blieb ein Einzelkämpfer. Seine Schulen wurden von den Nazis als erste geschlossen, und als die FKK-Bewegung im Adenauer-Deutschland wieder Tritt gefasst hatte mit ihrem Gerede von der Reinheit und Unschuld der Nacktheit, warf ihn der Dachverband hinaus. Sehr viel besser erging es einem anderen Protagonisten nach dem Krieg, weil er im antisozialistischen Hauptstrom der FKK-Bewegung schwamm: Hans Surén, preußischer Kadett, Offizier der »Schutztruppe für Kamerun«, Kommandant der Reichswehr-Heeresschule für Leibesübungen, Mitglied der NSDAP seit 1933, Propagandist einer »völkischen Freikörperkultur«, NS-Oberst-Arbeitsführer und Kommandant eines Kriegsgefangenenlagers in Südfrankreich, wurde nach 1945 entnazifiziert und hatte das Glück, noch 27 Jahre lang die Pension eines Ministerialdirektors verzehren zu können – eine ordinäre deutsche Karriere dank der Kontinuität unserer Geschichte inklusive FKK.

In der von Michael Andritzky und Thomas Rautenberg (1989) herausgegebenen Geschichte der Freikörperkultur mit dem schönen Titel »Wir sind nackt und nennen uns Du« ist Surén einmal nackt und eingeölt in der Pose eines antiken Speerwerfers abgebildet, andermal im vollen Militärwichs samt Schaftstiefeln und Hakenkreuzbinde auf der Tribüne des »Reichsparteitagsgeländes« in Nürnberg. Die Bilder illustrieren: Der Körper, sei er noch so sehr gesalbt und ertüchtigt und zum Licht gereckt, bleibt die Leiche, die der Prozess der Verstofflichung von Natur und Geist aus ihm gemacht hat. »Leibeserziehung« wird ihn zuallerletzt in den Leib zurückverwandeln können. Erst unsere Kultur hat den Körper zum »Corpus«, zum toten Ding, gemacht, dem der Geist kommandierend gegenübersteht. Die so genannte Freikörperkultur exponiert in Bild und Ton jene Hassliebe auf den Körper, die uns allen dieser Prozess beschert hat. Die toten Körper sollen aufstehen und leben, doch indem die Nudisten mit ihnen hantieren, als seien sie so isoliert, wie sie tatsächlich sind, treten sie noch einmal mit den Stiefeln der Herrschaft nach ihnen. Die unterlegenen, versklavten und verbotenen Körper sollen in ihr Recht gesetzt werden, doch alle Anzeichen von Begierde und Erregung rottet die Ideologie von Reinheit und Zucht schonungslos aus. So bleiben die Körper mit und ohne Lichtheil und Leibesübung, mit und ohne Bodybuilding und Fitness das Tote, zu dem sie der Herrschaftsprozess gemacht hat, und die FKK-Bewegung bleibt so anziehend und so abstoßend, wie unser Umgang mit dem Körper nun einmal ist.

Objektiv So – und nicht Dispositiv – sei eine gesellschaftliche Installation genannt, in der sich materiell-diskursive Kulturtechniken, Symbole, Lebenspraktiken, Wirtschafts- und Wissensformen auf eine Weise vernetzen, die eine historisch neuartige Konstruktion von Wirklichkeit entstehen lässt. Da sich diese Installationen, einmal etabliert, aus sich selbst heraus generieren, imponieren sie in eher alltagssoziologischer Betrachtung als Sachzwänge, denen nichts Wirksames entgegengesetzt werden kann, und in eher alltagspsychologischer und ethisch-rechtlicher Betrachtung erscheinen sie als Normalität und Normativität, die einzig in der Lage sind, Ordnung, Ruhe und Sicherheit zu garantieren. Beim mittleren Foucault tritt an die Theoriestelle des diskursiven Ereignisses (»événement discoursif«) oder Diskurses, der bereits transsubjektiv, das heißt subjektüberschreitend ist, in der Genealogie und Analytik der Macht das »dispositif« (z.B. 1976/1977: 35; 1978: 119ff.). Darunter ist eine jeweils historisch spezifische Machtstrategie zur Integration von diskursiven (Aussageformationen) und nichtdiskursiven Praktiken (Inhaltsformationen institutioneller, ökonomischer, sozialer, politischer usw. Art) zu verstehen, eine Integration von Innen (das Gleiche) und Außen (das Andere, das Schweigen). Die konkrete Gestalt des Dispositivs wird nicht philosophisch, sondern sozialgeschichtlich bestimmt. Soll die hinter diesem Theorem stehende Philosophie der Macht, die nicht zuletzt den Faden der Kritik der Politischen Ökonomie abreißen lässt, nicht mittransportiert werden, bietet es sich an, statt von Dispositiven von Objektiven zu sprechen.

Paare Das Geheimnis jener Paare, die viele Jahre immer wieder erregend miteinander sexuell verkehren, scheint darin zu liegen, dass sie durch eine milde perverse Inszenierung wirksam aufeinander bezogen und miteinander verbunden sind, am besten ohne es zu wissen.

Pädophilie Der perennierende Hass auf die Pädophilen ist bei Männern verdächtig, weil experimentell von der Sexualforschung nachgewiesen worden ist, dass normale Männer auf kleine nackte Mädchen mit einer messbaren körperlichen sexuellen Erregung reagieren, die ihnen gar nicht bewusst zu werden braucht.

Paradoxie Die Kategorie der Paradoxie kann wie die des Widerspruchs nur als mit menschlicher Geschichte gesättigte den Riss, der Gesellschaft und Person trennt und durch diese selbst geht, ins Bewusstsein heben – als Antidot des Einheitsdenkens und doch, weil gedacht und historisch, identifizierend und unfrei wie dieses.

Patriarchalismus Kritische Sexualwissenschaft betont die Nichtidentität von Patriarchat und Kapitalismus, von Patriarchalismus und »sozialer Marktwirtschaft«. Denn der Sturz des einen hätte keineswegs den Sturz des anderen zur Folge; das Verschwinden von phallischem Monismus und Patriarchat bescherte uns keinen Verein freier Menschen. Diese »Weltanschauung«, die im liberalen Feminismus vertreten wird, ist so röhrenförmig eingeengt wie es die sowjetmarxistische

Ökonomieorthodoxie war. Eine entscheidende Schwächung des Patriarchalismus dürfte ohne eine materielle Gleichheit von Männern und Frauen nicht zu erreichen sein. Weil das Kapital weder jüdisch noch christlich, weder männlich noch weiblich ist, muss die feministische Herausforderung ihre Begrenztheit reflektieren. Weil wir alle der allgemeinen Mystifikation und Verstofflichung erliegen, die nicht auf den phallischen Monismus oder die Andromorphie reduziert werden können, muss die Gesellschaftsformation in Frage gestellt werden und nicht nur das Patriarchat. Der Patriarchalismus kann womöglich psychologisch verstanden werden, die Gesellschaft aber nicht.

Perverse Die Denunziation der Perversen dient der kulturellen Reinwaschung, der seelischen Projektion verpönter, ängstigender Selbstaspekte. Gehasst werden die Perversen, weil sie den Normopathen einen Spiegel vorhalten, in dem sie sehen könnten, wie sie eigentlich sind. Normale sind so pervers wie Perverse normal. Perverse sind wie wir alle, nur ein bisschen mehr. In den Perversionen ist etwas Fetischistisches dominierend, ohne das die Liebe nicht existierte. Die perverse sexuelle Szene ist ein Paraszenium von Geburt und Tod. Dass die sexuell-perverse Lust zu den intensivsten Lüsten überhaupt gehört, wird generell verschwiegen.

Perversion Der Name einer sexuellen Perversion, die keine Krankheit ist, sei sexuelle Obsession oder Neosexualität.

Perversion, weibliche Die klassische, bisherige Liebe und Normalität, auf die die konservative Psychoanalyse nach wie vor schwört, könnte als die eigentliche Perversion der Frau angesehen werden. Denn angesichts des realen Mann-Frau-Verhältnisses in der Gesellschaft und angesichts der anhaltenden geistig-ideologischen Diskriminierung und materiellen Zurücksetzung der Frauen als Genus kann die traditionelle weibliche sexuelle und geschlechtliche Identität vielleicht als normal bezeichnet, nicht aber als ungestört begriffen werden.

Pornografie, politische Heutzutage ist die Massenware Pornografie im Wesentlichen eine Orgie männlicher Gemeinplätze. Dummdreist und bar jeder subversiven Kraft kopulieren in ihr vor allem Klischees. Die Männer sind große Schwänze, die immer stehen, die Frauen sind tiefe Schlünde, die gestopft werden wollen, der Sex ist erfolgreich abgewickelt, sobald die Schwänze ihre Ladung in ein weibliches Gesicht gespritzt haben.

Vor einigen Jahrhunderten, als sich die moderne europäische Pornografie zunächst in Italien, später in Frankreich und England als eigenes Genre herauszubilden begann, war das anders. Spätestens seit Pietro Aretinos Werken

»Sonetti lussuriosi« aus dem Jahr 1527 und »Ragionamenti« aus den Jahren 1534 und 1536 waren die obszönen Abhandlungen auch politische, vielleicht sogar in erster Hinsicht. Sie kritisierten die sozialen Verhältnisse und unterminierten das Ansehen der Herrschenden, indem sie deren moralische Verkommenheit im Detail beschrieben. Sie ließen Höflinge als Huren auftreten und Kleriker als Sodomiten. Ihre Obszönität war antifeudal und antiklerikal, entsprang dem Geist des Humanismus und der wissenschaftlichen Revolution. Aus der Vermischung von Fotze, Schwanz und Hintern »folgt das Wissen über Vögeln und Sodomie, und so wird die *scientia* erweitert« (vgl. Hunt 1994, S. 85). Das lässt Antonio Vignali, Mitglied der »Accademia degli Intronati« von Siena, einen Protagonisten seines Werkes »La Cazzaria« aus den Jahren 1525 und 1526 sagen. Der Titel dieses Werkes wäre übrigens am Treffendsten mit »Die Schwänzegesellschaft« übersetzt.

Im Italien der Renaissance oder im vorrevolutionären Frankreich gab es eine akademische, eine philosophische Pornografie. Die größten Denker der Zeit schrieben obszöne Werke, beispielsweise Diderot; Revolutionäre waren nicht selten auch Pornografen, beispielsweise Mirabeau; und die Heldin des ebenso geistreichen wie obszönen Werkes »Thérèse philosophe« aus dem Jahr 1748 konnte sich nicht entscheiden, ob es ihr mehr Lust bereitete, sexuelle Abenteuer zu erzählen oder Philosophin zu sein. Noch nach der Französischen Revolution warfen die Moralisten und Zensoren alle radikalen und subversiven Texte, politische, philosophische und obszöne, in einen Topf. Und so wird im »Dictionnaire critique, littéraire et bibliographique des principaux livres condamnés au feu, supprimés ou censurés«, das Etienne-Gabriel Peignot 1806 in Paris veröffentlichte, Julien Offray de La Mettries »L'homme machine« ebenso aufgelistet wie Nicolas Choriers »L'académie des dames«.

Peignot benutzte wahrscheinlich das Wort Pornografie als erster im heutigen Sinn: sexuell obszöne Darstellung. Zum ersten Mal aufgetaucht ist der Ausdruck in Restif de la Bretonnes Abhandlung »Le pornographe« aus dem Jahr 1769, in der er im wortwörtlichen Sinn verwandt wird: Schreiben über Huren. Die moderne Bedeutung des Wortes setzte sich im Frankreich der dreißiger und vierziger Jahre des 19. Jahrhunderts allgemein durch. Zu dieser Zeit wurde auch die Geheimsammlung »Collection de l'Enfer« in der Bibliothèque Nationale eingerichtet, deren Pendant in der British Library »Private Case« genannt wurde, obgleich moderne Pornografie ohne Öffentlichkeit nicht zu denken ist. Das Oxford English Dictionary erwähnt das Wort pornography 1857 zum ersten Mal.

Dass die Vorläufer unserer Pornografen politische und philosophische Anliegen verfolgten und dass ihre Werke nach deren massenhafter Verbreitung und »Demokratisierung« dank des Übergangs von der Handschriften- zur

Buchdruckkultur möglicherweise auch eine größere subversive Kraft hatten als philosophisch-politische Pamphlete ohne sexuelle Obszönitäten, weil das Volk sie gerne las und durch sie erkannte, von welch heuchlerischen Schweinen es regiert wurde – dieses Ergebnis der Forschung ist interessant. Interessant ist auch, dass die Verfasser obszöner Werke, wahrscheinlich überwiegend Männer, oft ebenso gebildete wie sexuell erfahrene Frauen sprechen ließen, dass sie die weibliche Sexualität (aus heutiger Sicht) sehr viel vorurteilsloser und realistischer beschrieben, als es in den medizinischen Abhandlungen der Zeit geschah, und dass den historischen Zeugnissen zufolge fast regelmäßig Frauen an der Produktion und Verbreitung der Pornografie beteiligt waren, jedenfalls in Frankreich.

Prosperity Als Mendel Singer, ein Jude aus Ostgalizien, Anfang des 20. Jahrhunderts nach Amerika kommt, ins »Land Gottes«, findet er eine ganz andere Welt vor: Alle Männer sind gesund, alle Frauen schön, alles ist praktisch und in Eile, Grammophone werden wie kranke Kinder auf den Armen getragen, man wünscht sich nicht Glück und Gesundheit, sondern Prosperity. Und die Armut ist »ein Laster« ... – heißt es in Joseph Roths Roman »Hiob« aus dem Jahr 1930. Heute ist das Kapital das Goldene Kalb, um das getanzt wird. Es ist das Ineffabile, das das Tabu und Gott abgelöst hat. Und der Kapitalismus ist bei uns zur Allerwelts- und Staatsreligion geworden. Reiche und Arme, Kapitalisten und Lohnabhängige sitzen fundamentalistisch gegen den Rest des Weltmarktes in einem Boot. Das Boot ist voll mit Egoismus und heißt Standort Deutschland. Keine Stimme von Gewicht sagt etwas anderes. Alle Parteien haben sich zu einem Kartell der An- und Vorbeter vereinigt.

Prostitution Nach wie vor werden Prostituierte allgemein verachtet, sozial diskriminiert und staatlich schikaniert. Dabei könnte inzwischen jeder wissen, dass Prostitution zu unserer Gesellschaftsform und zu unserer Lebensweise gehört wie das Amen zur Kirche. Denn die allgemeinen Verhältnisse, in denen wir leben und arbeiten, sind prostitutiver Natur. Wir sind alle käuflich – nur ein Fußballstar im Augenblick nicht – und werden gekauft. Manche körperlich, manche seelisch, viele moralisch und alle geistig. Wir bieten alle feil, werfen weg, nehmen und lassen nehmen. Auch deshalb wird der ganze Ekel und Abscheu auf die Huren projiziert, auf ihnen als Dreck abgeladen. Deren Arbeit aber, die noch immer nicht als Arbeit anerkannt ist, wird gesellschaftlich benötigt. Denn in unserer Sexualkultur sind Dauerbeziehungen und Ehen noch nicht ohne das Institut der Prostitution zu denken und zu haben. Nach großen Studien geht ein erheblicher Teil der Männer irgendwann im Leben zu einer Prostituierten. Grob gerechnet ist es jeder Zehnte. Außerdem hat jedes »Triebwesen« eine Leiche im

Keller, wie der Volksmund weiß. Deshalb sei bigotten Heuchlern und Denunzianten aus einem besseren Schauspiel zugerufen: »Was geißelt ihr die Hure, peitscht euch selbst!«

Psychoanalyse Die Differenz von Psychoanalyse und Sexualwissenschaft ist der von Heterosexuellen und Perversen ganz ähnlich. Die einen halten in der Phantasie, was die anderen anfassen oder tun.

Psychologie Die vorbürgerliche Welt kannte Psychologie noch nicht, in der total vergesellschafteten wird es sie wohl nicht mehr geben.

Revolution, neosexuelle Was das sei? Zum Beispiel: Ein ehemaliger Mann, im Betroffenen-Jargon ein Bio-Mann, heiratet als Frau, im Szene-Jargon als Neo-Frau, eine ehemalige Frau als Mann, und zwar *lege artis*, das heißt nach dem Gesetz, das den Namen TSG trägt.

Schwule »Schwule« im Sinne von selbstbewusst auftretenden Homosexuellen gibt es erst seit den siebziger Jahren des 20. Jahrhunderts. Die Schwulen der damaligen Schwulenbewegung sind die Vorreiter der neosexuellen Revolution. Sie lebten beinahe alles vor, was dann die Heterosexuellen auch taten. Ihr Verhalten könnte als das kulturell vorgezogene Modell aller Neosexualitäten angesehen werden: Distanz zu Herkunftsfamilie und Fortpflanzung, Verwandlung des Körpers in einen Erotikkörper und entsprechende Drapierung, Assoziation bisher als unvereinbar angesehener seelischer und sozialer Modalitäten, egoistische Suche nach dem schnellen, umstandslosen sexuellen Thrill bei vorhandener Liebesfähigkeit in Dauerbeziehungen, Pluralisierung der Beziehungsformen, gleichzeitig treu und untreu sein, geheim und öffentlich, normal und pervers, enorme Anpassungsbereitschaft im sozialen Leben, enorme Flexibilität und Kreativität an den gesellschaftlichen und kulturellen Zirkulationsfronten und schließlich eine hohe Besetzung der Autoerotik.

Seelenkörper Im Grunde liegen Körper und Seele untrennbar ineinander. Vom Körper wüssten wir gar nichts, schlüge er sich nicht in der Seele nieder. Von der Seele wüssten wir gar nichts, hauste sie nicht im Körper. Doch zu den Verrücktigkeiten unserer Kultur gehört, dass es uns nicht gelingen will, Körper und Seele zusammenzudenken und zusammenzuleben.

Selbstobjektivierung Demnächst werden Genetiker in der Lage sein, das Genom, das heißt den so genannten kompletten Erbsatz eines jeden Individuums zu entschlüsseln (und zu manipulieren). Wer jedoch befürchtet, das sei das objektivierte Ende jeder Personalität, unterliegt dem somatiform-fetischisierten Denken, demzufolge alles, also auch das Schattenreich des Individuums, körperlich-genetisch bedingt sei im Sinne einer nicht nur notwendigen, sondern zureichenden Bedingung.

Sexualität, Haus der Ein neues Zimmer im Haus des menschlichen Selbst ist wenigstens fünfhundert Jahre lang geplant worden. Endlich, vor zweihundert Jahren, wurde es dann zwischen Keller und Dach abgetrennt und eingerichtet, jedenfalls erkenntnistheoretisch. Bei der Eröffnung hing an der Tür ein Schild mit der Aufschrift »Sexualität! Eintritt verboten!« Darunter war ein Gemälde angebracht, auf dem ein nacktes Weib mit prallen Brüsten und triefenden Lefzen seine weißen Schenkel ins Schwarze spreizte. Damals konnten ausschließlich Ehemänner den Eintritt offiziell verlangen und legal erzwingen. Später ist das Zimmer an Beate Uhse & Kommunarden verpachtet und gegen Bezahlung geöffnet worden. Heute kostet der Eintritt in Frankfurt am Main für Männer 10,50 Euro. Frauen zahlen gar nichts, Paare die Hälfte, damit ein bisschen Leben in die tote Bude kommt.

Sexualität, Natur der Die Frage nach der natürlichen Sexualität ist sinnlos. Denn die äußere Natur liefert aus sich heraus keine Maßstäbe für menschliche Freiheit und Gerechtigkeit. Diese Kategorien lassen sich an sie nicht anlegen. Die Natur ist nicht unfrei und ungerecht, sondern freiheitslos und gerechtigkeitslos.

Sexualität, Radikal der Die Meinung, in der anatomischen, hormonellen oder genetischen Ausstattung der Menschen habe man das Radikal der Sexualität und der Geschlechtlichkeit vor sich, ist vorwissenschaftlich. Denn es ist ein Ungedanke, sich den Menschen ohne Blut und ohne Gliedmaßen vorzustellen und die Erektion fleischlos, als begönne das Menschsein nicht erst an jenem Punkt, an dem Menschen ihre Hände mit Blut beflecken und die Erektion mehr ist als Reflex oder als mehr genommen wird. Die Furie des Biologischen, die die rationalistische Sexualwissenschaft so sehr fasziniert, kommt immer erst dann zum durchschlagenden Erfolg, wenn die Prozesse des Lebendigen entflochten oder stillgestellt sind. Werden die Nerven durchtrennt, ist eine Erektion nicht mehr möglich. Solche Eingriffe folgen den Gesetzen der Mechanik, nicht den Bedingungszusammenhängen des Lebendigen. Der chirurgische Eingriff, durch den die Genitalien entfernt werden, »beweist« nicht mehr, als dass nur das entfernt werden kann, was da ist.

Sexualkern (1) Die Grundstruktur der Sexualität wird gebildet vom geschlechtlichen Dimorphismus, der einen Dipsychismus samt Geschlechterspannung bedingt, von der geschlechtlichen Fortpflanzung, von der Rätselhaftigkeit der erregenden sexuellen Anziehung und der Erregtheits- und Liebesgefühle und von der Leibhaftigkeit der Sensationen.

Sexualkern (2) Das Perverse ist der obligate, aber relativ flexible Kern jeder Sexualität, die Geschlechterdifferenz der obligate und festere.

Sexualwissenschaft (1) Kritisch kann deutsche Sexualwissenschaft nur sein, wenn sie auf der Frage insistiert, welches Denken und Handeln die Verbrechen der Nazis vorbereitet hat.

Sexualwissenschaft (2) Kämen Wunsch und Befriedigung zueinander, kämen Dauer und Intensität, Harmonie und Erregung zusammen, fielen Begierde und Liebe nicht auseinander, wüssten wir, was ein sexueller Rausch ist und könnten uns in ihn versetzen, scherten wir uns um wissenschaftliche Erörterungen überhaupt nicht, hielten wir Sexual- und Geschlechterwissenschaft für so irrsinnig wie sie tatsächlich sind. Sexualwissenschaft will zur Befreiung des Sexuellen beitragen und kommt spätestens als Praxis nicht umhin, dessen Zügelung zuzuarbeiten. Die Existenz der Sexualwissenschaft selbst ist ein Beweis für die Abstrahierung des konkret individuell Sinnlichen und seine Tilgung als unsinnlich Allgemeines. Folglich hat Sexualwissenschaft, sofern sie kritisch ist und noch nicht in Affirmation übergegangen, unkritischer letztlich nur einen Vorzug voraus: sich nicht willentlich mit dem System gemein gemacht zu haben, sondern mit dem Aufstand der Geschlechts- und Sexualperversen solidarisch. Trieb (oder ein Ähnliches) und Liebe bilden den mythologischen Anteil der Sexualwissenschaft und ihre Crux, weil sie sich nicht erfassen lassen. So bodenlos die beiden, so bodenlos das Fach. Deshalb Hirschfelds Versuch, »Gesetze der Liebe« zu erfinden.

Steckbriefe, physiognomische Dass Gesinnung und Gesittung an Gesichtszügen und Gesichtsausdruck abgelesen werden könne wie der Kontostand vom Bankauszug, ist ein bei uns offenbar seit Jahrhunderten unausrottbares Ideologem. Zur Zeit der Studentenunruhen wurde mit ihm der davor und danach blasse Regierende Bürgermeister von Berlin namens Schütz bekannt: »Schaut den Typen ins Gesicht, und ihr werdet erkennen, dass es ihnen nicht um Rechtsstaat und Demokratie geht«, hatte er gesagt. Mehr als 20 Jahre später fand das ein liberaler Feuilletonist namens Köpke »ja nicht so grundfalsch«. Mehr als 30 Jahre später sagte ein konservativer Fraktionsvorsitzender namens Merz das Gleiche über den schwulen Regierenden Bürgermeister von Berlin namens Wowereit. Meine Empfehlung an die Herren aller Seiten: Schauen Sie sich mal in meinem Periodikum »Sexomemomedico«, das in der Zeitschrift »Sexualmedizin« erschienen ist, die Fotos von Nobelpreisträgern der Medizin und von Sexualstraftätern an und dann sagen Sie uns, wer was ist.

Theorie (1) Kategorien vögeln nicht und werden nicht schwanger. Das trennt Theorie von Praxis.

Theorie (2) Jedes geschlossene theoretische Corpus tendiert zum Terror.

Transferationen Die Geburtsurkunde Marlene Dietrichs wird im Fernsehen gezeigt. In der Talkshow versucht eine Hausfrau, mit einer gerade Verstorbenen, deren Name aus der Tageszeitung genommen wird, in Kontakt zu kommen, was sie zu können behauptet. Weil sich mit einem Raucherbein besser spielt, bezahlen in den USA Zigarettenfirmen Tennisturniere. In München bietet eine Firma Blick-Kontakt-Übungen für Einsame an; trainiert werden Flirts vorm Spiegel. Der Koitus im Sexfilm ist imitiert; die Darstellerin ist Jungfrau. »›Männer und Frauen sind gleichberechtigt‹ (Art. 3 Abs. 2 GG)«, steht im Briefstempel des Bundesministers für Jugend, Familie, Frauen, Kinder, AIDS, Sexualmoral, Freizeit und Gesundheit. »Ich hatte eine biochemische Schwangerschaft«, sagt die eine Frau. »Ich hatte sieben Transfers«, sagt die andere. Die Behörde äußert sich zu der »abgeschlossen geschlechtsbezogenen WC-Anlage« wegen der »Abplatzung« und »Verunfallung« mit einem »Zuweisungsbescheid«, die »Parkierungsmöglichkeit« und die »Mindestzügigkeit der Inresthaltung« betreffend. Der Medizinprofessor gibt in *Bild* bekannt, dass er die Patientin, die er »Daniela« nennt, am 10. Juni sterben lassen wird. Der Bischof ist entsetzt, als ihm die Atommanager versichern, sie hätten das »Risiko Mensch« ausgeschaltet; er besteht weiterhin darauf. Die Kinder, die mit dem schön blau strahlenden Pulver gespielt haben, das wir radioaktives Cäsium 137 nennen, konnten nur mit Mühe beerdigt, nein: einbetoniert werden: die Leichenwagen waren gepanzert; sie wurden von Bewohnern mit Steinwürfen empfangen; ein Sarg wog 700 Kilo und musste mit einem Kran in die mit dicken Betonwänden ausgekleidete Grube gesenkt werden; danach wurde mit Beton ausgegossen, mit Betonbalken und Bleipanzern gesichert, soweit das eben möglich ist. Vorbei die Zeit des »Atom-Cafés«, als der Kaplan seinen Soldaten die Atombombenexplosionen als »das Schönste« verkaufte, »was ein Mensch erblicken kann«. Heute patentiert das US-Patentamt Lebensformen, die offenbar kein Gemeingut mehr sind. Der »Autonome aus dem RAF-Umfeld« bekennt, dass er sich »über ein paar Tonnen toter Fische mehr aufrege als über die Erschießung von Braunmühls«. 1944 hatte Eichmann einen Bekannten, der unsicher in die Zukunft blickte, mit dem Satz beruhigt, der wie kein zweiter den Übergang von der Verdinglichung zur

Verstofflichung bezeichnet: »100 Tote sind eine Katastrophe, eine Million ist Statistik.«

Transsexualismus Das Verrückte am Transsexualismus ist, dass die Transsexuellen nicht verrückt sind.

Transsexuelle Die Transsexuellen geben Foucault Recht, weil das Abstreifen des angeborenen Körpers, eine immer auch entsetzliche Fessel, nicht nur unter dem Aspekt der negativen Disziplinierung zu sehen ist, sondern auch der positiven Produktivität. Indem die Transsexuellen ihren Körper aufgeben, scheinen sie auch Horkheimer und Adorno Recht zu geben: Er war bereits zum Corpus, zur Leiche geworden. Nichts bleibe mehr an materialer »Natur«, was dem Machtgeistfetischismus, der alles beherrscht, widersprechen könnte, wie der Triebmaterialist Freud hoffte. Das Stück Transzendenz aber, mit dem uns der Transsexualismus konfrontiert, sollte nicht der philosophischen Parole geopfert werden, nach der all das nichts als Leichenfledderei sei. Das Verrückte am Transsexualismus ist, dass die Transsexuellen nicht verrückt sind. Sie machen etwas möglich, wenn auch begrenzt, was im Schöpfungsplan des Herrn nicht nur nicht vorkommt, sondern ganz und gar undenkbar ist: Das »natürliche« Geschlecht kann überwunden werden. Denn das leben uns Transsexuelle unter Strapazen tatsächlich vor: geborene Männer, sie sagen Bio-Männer, leben und empfinden als Frauen, und geborene Frauen, sie sagen Bio-Frauen, leben und empfinden als Männer. Da Transsexuelle weder geisteskrank noch gemeingefährlich sind, müssen sie ihren Lebensweg letztlich selbst bestimmen.

Traum In einer freien Gesellschaft ohne falsche Unter- oder Überschätzung der körperlichen Geschlechtsdifferenzen hätten beide Geschlechter über die Phantasie freien Zugang zu allem: Brüste, Vulva, Vagina, Penis, Hoden, menstruieren, lubrizieren, kontrahieren, erigieren, penetrieren, ejakulieren, zeugen, empfangen, austragen, gebären, stillen. Der Mann fasste seine schwellenden Brüste an, die Frau führte ihr Glied in die pochende Scheide. Die ewigen Geschlechterdifferenzen würden genossen, nicht geneidet. Beide Geschlechter könnten ehemals weibliche wie männliche Anteile schätzen, ohne zu weichen Männer oder harten Frauen zu werden. Zeugungsphantasien von Frauen oder Empfängnisphantasien von Männern wären ganz normal. Die beiden großen Geschlechter würden greifbar aufgelöst in viele Mischungen; aus den unentrinnbaren Alternativen, die im Grunde keine sind, würde eine geschlechtliche Vielheit. Doch die Gefährdungen wären gewiss nicht perdu. Die größte wäre die lähmende Süße der Harmonie, die keinen Anreiz mehr bietet, zu neuen Ufern aufzubrechen, Verbote zu überwinden, Machthaber zu stürzen.

Trieb Der Begriff des Triebes ist stärker vom sexistisch-patriarchalen Denken imprägniert, als einer kritischen Theorie der Sexualität gleichgültig sein kann.

Unbegrifflich dranghaft, o.J.

Triebbetrieb Wird vom heutigen Sprachgefühl und Sprachbewusstsein ausgegangen, hat Motiv die Bedeutung, die den Motivationspsychologen unter den Sexualforschern ins Konzept passt: Leitgedanke, Ursache, Zweck. Bei der vierten Bedeutung »Beweggrund«, die noch an das mittellateinische *motivum* erinnert, muss der Duden erklärend auf ein anderes Wort zurückgreifen, das die Motivologen vergessen machen wollen: Antrieb. Dieses, im 16. Jahrhundert gebildet (antreiben hieß mittelhochdeutsch *anetriben*), ist eine Bildung zu dem Verb treiben (mittelhochdeutsch *triben*, althochdeutsch *triban*, gotisch *dreiban*, englisch *to drive*, schwedisch *driva*), welches keine außergermanischen Entsprechungen hat. Das Verb treiben und das Substantiv Trieb (eigentlich »das Treiben«, früher und mancherorts noch heute: »Treiben des Viehs oder des Wildes; Viehweg; Trift«) erfuhren viele Ableitungen und Zusammensetzungen: zum Beispiel vertreiben und Vertrieb im 16. Jahrhundert, betreiben im 17. Jahrhundert, Betrieb, betriebsam, triebhaft, Triebfeder, Treibeis, Treibhaus, Treibjagd im 18. Jahrhundert, Triebwagen (Schienenfahrzeug mit eigenem Antrieb!), Treibriemen, Treibstoff, auftreiben und Auftrieb im 19. Jahrhundert. Während »Motiv« einzig im 18. Jahrhundert vom französischen *motif* die Bedeutung »zur künstlerischen Gestaltung reizender Gegenstand« hinzugewinnt, schlägt sich um »treiben« und »Trieb« seither sprachlich die ökonomische und politische Entwicklung nieder. Dass das lateinische *motus* nicht nur Beweggrund meinte, sondern auch Leidenschaft und Erregung und im politischen Sinn Erhebung, Aufstand, Aufruhr, Umwälzung, ist im heutigen »Motiv« fast vollständig getilgt. So gibt der Duden als sinn- und sachverwandtes Wort ein einziges an: Anlass.

Ferner erfahren wir, dass »Motiv« auch bedeutet: »kleinste musikalische Einheit« und dass ein »Motivsammler« ein Briefmarkensammler ist, der die »Postwertzeichen« nach den Bildmotiven ordnet. Dem Trieb dagegen sind sinn- und sachverwandt: Leidenschaft, Neigung, Schößling, Treibmittel. Wer dem »Trieb nachgibt«, »koitiert« laut Duden. Das ist wohl kaum die Folge von »dem Motiv nachgeben« oder »motiviert sein«. Um »Trieb« herum stehen: triebhaft (laut Duden: animalisch, tierisch, libidinös, siehe sexuell), Triebstoff, Triebtäter (siehe Verbrecher), Triebwagen (siehe Lokomotive), Triebwerk (siehe Motor). Da weiß man doch, anders als beim Motiv, worum es geht und worauf es hinausläuft: tierisch, Verbrechen, Betrieb, Vertrieb, Treibjagd – und, nicht zu vergessen: Abtreibung. Bleibt uns nur mit dem Brockhaus ein botanischer Trost: »Trieb« ist auch ein »Junger Spross«; er meint im übertragenen Sinne auch »das Ingangkommen der Vegetation«.

Urning Der einmalig mutige deutsche Rechtsassessor, Schriftsteller und Latinist Karl Heinrich Ulrichs (1825–1895) hatte in den 1860er Jahren einen Mann, der Männer liebt, zunächst »Uranier«, später »Urning« genannt, wobei er sich auf Platons »Gastmahl« (180 C–185 C) bezog und auf jenen Eros anspielte, der die himmlische Aphrodite begleiten soll, die die mutterlose Tochter des Himmelsgottes Uranos ist und deshalb auch Urania oder Venus Urania genannt wurde (Ulrichs 1994; vgl. zu Leben und Werk Kennedy 1990/2001, Sigusch 1999a, 2000a). Angesichts des ebenso mannzentrierten wie hehren Etymons der Ulrichsschen Schöpfung »Urning/Uranismus«, die nur noch die Kreation »Polyhymnier/Polyhymniasmus« hätte übertrumpfen können, die sich nicht auf die Urania, sondern auf die Polyhymnia beriefe, mag es auch von Vorteil sein, dass eine *Vox hybrida*, ein von einem Außenseiter wie Kertbeny (siehe das Stichwort »Homosexualität [1]«) anonym und entlegen veröffentlichter und überdies obszöner Sprachbastard wider alle Bemühungen und Erwartungen Ulrichs' das Rennen machte, bei den Bezeichnern der verschiedenen Disziplinen wie bei den Bezeichneten der verschiedenen Art. Denn in den 1860er Jahren standen gleich drei Wortschöpfungen zur Auswahl, die mehr oder weniger absichtsvoll neben dem historisch belasteten und mehrdeutigen Ausdruck »Sodomie« vor allem das in etymologischer Hinsicht semantisch verhunzte und nicht zuletzt deshalb ungenießbar gewordene Wort »Päderastie« ablösen sollten, mit dem statt Knaben- oder Jünglingsliebe nur noch Knabenschändung oder – unter Vermantschung mit dem Wort »Pedikation« (von lat. *pedex*, später *podex* = Gesäß) – Analverkehr bezeichnet werden konnte. Die neuen Ausdrücke waren: seit dem Beginn des Jahrzehnts Ulrichs' »Uranismus« und seit dem Ende des Jahrzehnts »conträre Sexualempfindung« von dem Psychiater Carl Westphal (1869) sowie »Homosexualismus/Homosexualität« von Kertbeny. Schließlich war der Kertbenysche Bastard »homosexual/homosexuell« im 20. Jahrhundert so erfolgreich, dass alle Versuche, ihn durch einen etymologisch ungemischten oder semiotisch eindeutigen Ausdruck abzulösen, kläglich scheiterten. Weder »isogen« und »isosexuell« noch »homogen« und »homogenisch« noch »homoioerotisch« und »homoiosexuell« noch »homogam«, »unisexuell« oder »similisexuell« setzten sich durch. Einzig »schwul« konnte im letzten Drittel des 20. Jahrhunderts »homosexuell« übertrumpfen und zum Wort des Jahrhunderts werden (Sigusch 1999c).

Venuslippen Die modernen Gesellschaften haben keine Sexualkultur hervorgebracht, die den Namen *Ars erotica* verdiente. Folglich kommt unsere Sprache der Liebe und der Lust entweder aus der Kinderstube oder aus der Gosse oder aus dem medizinischen Lexikon. Doch vielleicht ist jetzt die Zeit gekommen, nicht mehr von Schamlippen oder Labien zu sprechen, sondern von Venuslippen.

Vererbung Es ist nicht vorstellbar, dass ein epistemisch-historisch Fabriziertes, psychosozial Zusammengesetztes und kulturell Vermitteltes wie eine so genannte sexuelle oder geschlechtliche Identität von Genen wesentlich bestimmt wird.

Verklemmung In einem Brief vom 22. Juni 1869 an Karl Marx bezieht sich Friedrich Engels zunächst auf das im selben Jahr erschienene Buch »Argonauticus« des Pioniers der Homosexuellen-Emanzipation Karl Heinrich Ulrichs: »Das ist ja ein ganz kurioser ›Urning‹, den Du mir da geschickt hast. Das sind ja äußerst widernatürliche Enthüllungen. Die Päderasten fangen an sich zu zählen und finden, dass sie eine Macht im Staate bilden. Nur die Organisation fehlte, aber hiernach scheint sie bereits im Geheimen zu bestehen. Und da sie ja in allen alten und selbst neuen Parteien, von Rösing bis Schweitzer, so bedeutende Männer zählen, kann ihnen der Sieg nicht ausbleiben. ›Guerre aux cons, paix aux trous-de-cul‹, wird es jetzt heißen. Es ist nur ein Glück, dass wir persönlich zu alt sind, als dass wir noch beim Sieg dieser Partei fürchten müssten, den Siegern körperlich Tribut zahlen zu müssen. Aber die junge Generation! Übrigens auch nur in Deutschland möglich, dass so ein Bursche auftritt, die Schweinerei in eine Theorie umsetzt und einladet: introite usw. Leider hat er noch nicht die Courage, sich offen als ›Das‹ zu bekennen, und muss noch immer coram publico ›von vorn‹, wenn auch nicht ›von vorn hinein‹, wie er aus Versehen einmal sagt, operieren. Aber warte erst, bis das neue norddeutsche Strafgesetz die droits du cul anerkannt hat, da wird er ganz anders kommen. Uns armen Leuten von vorn, mit unsrer kindischen Neigung für die Weiber, wird es dann schlecht genug gehn. Wenn der Schweitzer zu etwas zu brauchen wäre, so wäre es, diesem sonderbaren Biedermann die Personalien über die hohen und höchsten Päderasten abzulocken, was ihm als Geistesverwandten gewiss nicht schwer wäre.« Hartmut Schulze, an den erinnert sei, wies vor Jahren darauf hin, wie »verklemmt« das Institut für Marxismus-Leninismus beim ZK der SED die Engelssche Verballhornung der Landboten-Parole (»Guerre aux cons…«), die auf deutsch »Krieg den Fotzen, Friede den Arschlöchern« laute, in den MEW übersetzt hat, nämlich: »Krieg den vorderen, Friede den hinteren Leibesöffnungen«. Ansonsten spricht alles selbst gegen sich selbst.

Verliebtheit Wie der Fetisch Liebe seinen Wert aus sich selbst schöpft, nimmt ihn die Verliebtheit aus der Raserei der Affekte. Das Sichverlieben ist so natürlich oder unnatürlich wie die sich suchtartig entwickelnde Perversion. Woran Verliebtheit zu erkennen ist? Wenn einer Frankfurt am Main als »Nabel dieser Erde« bezeichnet – so wie Friedrich Hölderlin, als er in Susette Gontard, eine Frankfurter Bankiersgattin, verliebt war.

Verstofflichung Eine Professorin, die in Hessen Kultusministerin werden soll, gilt der Öffentlichkeit als geeignet, weil sie sich »fernsehgerecht« bewege und »druckreif« spreche. In der exakten Wissenschaft begehen jetzt Zellen Selbstmord, Gene sind intelligent, Nukleotidketten lesen einander richtig oder falsch, Viren sind heimtückisch, enzymatische Reaktionen vernünftig. Die Brauerei serviert »ein sympathisches Bier«. Der Wirtschaftsminister verlangt von der Industrie, Jungen und Mädchen »auf Vorrat« auszubilden. In der Zeitung sucht ein Mann, der sich »31, 180, 65« nennt, einen »blonden Pferdeschwanz«. Das Beamten-Heimstätten-Werk schreibt: »Ja, ich will fair zu meinem Haus sein«; die Firma BP: »Wichtige Informationen für Ihr Auto.« In der Türkei hungern politische Gefangene unter der Losung: »Es lebe der Tod!« Bei uns »sterben immer mehr Bauernhäuser«. Die US-Bomber, sagt der Kommentator, haben eine »klare Sprache« gesprochen. Im so genannten Falkland-Krieg sieht der »Guardian« die Sea-Dart-Raketen »graziös« ihr Ziel erreichen, »als ob eine eigene Choreographie für sie geschaffen worden sei«. Vermögen und Eigenschaften der Menschen scheinen an die toten Dinge überzugehen, die ihnen bedeuten, wie sie sich zu bewegen und zu sprechen, wie sie zu sein haben. Dass uns unsere abgetrennten Eigenschaften von unseren Produkten konkret als Abstrakta verlocken und verhöhnen, reicht offenbar nicht mehr. Nichtgegenständliches bewegt sich als fetischisierter Tauschwert in objektiven Formen, und die äußere Natur tritt menschenäquivok auf den Plan. Ist das individuelle Tun für den Gang des Ganzen belanglos, gewinnt der Kampf ums Überleben der Bäume großes Gewicht. Verstummt das Individuelle, sind die Fische beredt.

Menschliches macht sich dinghaft, Dinghaftes scheint menschlich zu sein; Lebendiges stellt sich tot, Totes wird erweckt. Die Sprache der Kandidatin ist gedruckt, ihre Bewegung monitorisiert, die Rakete fliegt graziös, Chemikalien lesen und schreiben, Krankheitserreger machen Geschichte, das Bier ist sympathisch, die Begehrte nichts als ein Pferdeschwanz, die Jugend liegt auf Halde, das Reihenhaus wird fair behandelt, die Maschine informiert. Menschen sind bemüht, sich zu vergegenständlichen, weil das Unbelebte so erfolgreich ist. Sie wollen die toten Dinge anthropoisieren, wenn es schon nicht so einfach ist, ihre Grazie und ihren Effekt zu erreichen. Man weiß auch nicht, wozu es noch einmal gut sein wird, sich dem Reich der Dinge subjiziert zu haben und dieses sich. Noch den Angepasstesten beunruhigt, nicht vollkommen identisch zu sein, weil nur das die Ruhigstellung garantierte. *Mors ianua vitae*, der Tod ist die Eingangspforte zum Leben, gilt seit der ersten Wissenschaft, also seit Jahrtausenden. Die Angst aber, nur noch mit dem Schein und im Schein, letztlich zum Schein zu leben, die heute gerade als okkulte und diffuse real genannt werden müsste, ist abstrahiert. Als die exakte Wissenschaft terminal wurde, befürchteten Menschen, lebendig beerdigt zu werden. Am Tag vor seinem Tod schrieb Chopin auf einen Zettel: »Comme cette terre m'étouffera je vous conjure de faire ouvrir mon corps pour je sois pas enterré vif.« Das war damals individuell realistisch, allgemein aber romantisch. Heute müssten Menschen befürchten zu leben, obgleich sie schon beerdigt sind. Das wäre allgemein realistisch, individuell aber irrational. Inzwischen ist der Scheintod kein subjektives Problem mehr. Scheinbar haben sich die Zeiten geändert.

Verzweiflung Verzweifelt ist kein allgemeines, sondern das individuelle Bewusstsein. Ohne Begriffe aber bliebe es stumm und belanglos, nur deren Kontinuität bewahrt die Kontinuität des Unglücks, wie immanent sie auch notgedrungenermaßen gefasst seien. Ohne die Kontinuität und Stringenz der begrifflichen Anstrengung wäre alle Kritik geschichtslos und die Lebensnot der Menschen nichts als die Wiederkehr des Immergleichen.

Volksempfinden In der AIDS-Kampagne verstärkte das Hamburger Nachrichtenmagazin sein eigenes dumpf grollendes Volksempfinden millionenfach, indem es Politik mit Leserbriefen machte, die vor der Kampagne in den Papierkorb gewandert wären, jetzt aber das offen aussprachen, was das Magazin eigentlich zu sagen hatte. Ich zitiere wörtlich aus dem »Spiegel« vom 11. November 1985, Seite 7: »Nun hat Mutter Natur diesen perversen Drecksäuen und dito Menschen per AIDS eins auf den Deckel gegeben.« – »Was schadet es schon, wenn Teile einer verruchten Brut en masse vergehen.« – »Achtung, Ihr Schwulen, Fixer und Nutten: Solltet Ihr wirklich so weitermachen, wird man auf

Euch in wenigen Jahren die Jagd freigeben!« Wir werden diesen Aufruf zum Pogrom im Kopf behalten müssen wie die Barbarei des deutschen Nachrichtenmagazins, HIV-Infizierte als »Tote auf Urlaub« zu bezeichnen, und auch den Versuch, sich der abweichenden wissenschaftlichen Auffassungen einiger Sexualforscher dadurch zu entledigen, dass es sie alle als homosexuell diffamierte. Hätten sich die, die es nicht sind, dagegen verwahrt, hätten sie dem Rassismus Genüge getan. Sie hörten sich also die Forderung an, endlich »von Amts wegen« verlässliche Daten übers Sexualverhalten zu erheben, weil Blinde schließlich keine guten Augenärzte sein könnten, und dachten das »Argument« zu Ende: Frauenärzte müssen tatsächlich immer männlichen Geschlechts sein, Homosexuelle müssen die Heterosexualität erforschen, Juden dürfen nicht das Judentum, KZ-Opfer nicht den SS-Staat, Antifaschisten nicht den Antifaschismus ergründen.

Vorlust Auch wenn es Freud so nicht gesagt hat, der kulturkritisch gemeinten Aussage »Alle Lust, die ist, ist Vorlust« hätte er zustimmen können. Denn seine Endlust war ihrem Mechanismus nach motorisch und unwillkürlich, also animalisch, anatomisch, christlich, unfrei. Nach den Stürmen der Pubertät sollen und müssen die Vorlüste beim Mann zusammenschießen während des lizenzierten heterosexuellen Geschlechtsvollzuges mit dem reifen Ziel der Zeugung eines Kindes unter dem Primat der Genitalzonen – eine *Unio mystica et calculatoria*, die allen Anforderungen und Ansprüchen gerecht zu werden scheint: den animalischen des Körpers, den sinnlichen des Lustprinzips, den zärtlichen der kindlichen Objektwahl, den realitätsgerechten des Erwachsenenalters, den sittlichen der Kultur, den generativen der Keimbahn. Das alles aber muss der Mann »auf reflektorischem Wege« (Freud 1905, S. 115) zustande bringen. Vom Weib dagegen wäre nicht mehr zu erwarten als hörige Rezeptivität, weibliche Passivität statt »männlichen Protestes«; von »ihm« ist nur als »Schleimhaut der Scheide« (ebd.) die Rede, die es, nebenbei gesagt, anatomisch gar nicht gibt, auch wenn es Masters und Johnson (1966) erneut mit Erfolg behauptet haben. Armer Mundus generosexualis.

Vorurteil Eines lautet, Angehörige unterer Sozialschichten begehen mehr Delikte als Angehörige oberer Sozialschichten. In Wirklichkeit verhält es sich genau umgekehrt, wie repräsentative empirische Studien in der alten Bundesrepublik ergeben haben, die über Selbstbezichtigungen das so genannte Dunkelfeld erhellen konnten (vgl. den Bericht über die Studie von Pamela Kerschke-Risch in der »Frankfurter Rundschau« vom 16. September 1992, S. 32): Bei den Massendelikten wie Ladendiebstahl, Steuerbetrug, Leistungserschleichung zum Beispiel durch Schwarzfahren und Trunkenheit am Steuer führen männliche

Selbstständige in akademischen Berufen, während Arbeiterinnen am wenigsten Delikte begehen. Professoren sind also, jedenfalls statistisch, krimineller als ihre Putzfrauen, was eigentlich jeder weiß. Das Vorurteil, das uns das Gegenteil weismachen will, wird vor allem dadurch bestärkt, dass die Polizei selektiv vor allem gegen Angehörige unterer Schichten ermittelt und dass sich die Gerichte nicht viel schichtenneutraler verhalten. Vor einigen Jahrzehnten nannten wir diese Ungerechtigkeit Klassenjustiz – ein Kampfbegriff, der in der gegenwärtigen politischen Eintopfknödelsuppe wie so vieles ertränkt worden ist.

Wahrheit Das Medium, das Generalität besitzt, ist Geld, nicht Wahrheit. Von der Wahrheit der Wissenschaft, allzu korrumpiert, haben viele die Nase voll. Und die Wahrheiten der Politik, eine Fusion von Wahrheit und Unwahrheit, hat spätestens Günther Anders als ein unablässiges (Sich-)Wahr-Lügen entlarvt.

Wandel Sexuelle Vergehen und Verbrechen sind im Laufe der Jahrhunderte in akzeptierte Sexual- und Geschlechtsformen transformiert worden, die wir jetzt im Fernsehen bestaunen. Aber es gibt auch den umgekehrten Weg. Heute sind erotische Beziehungen zu jungen (»minderjährigen«) Mädchen verpönt und pönalisiert, anders als noch zu klassisch-deutschen Zeiten.

Warenwelt Sagen wir ein Tag in der Welt der Waren, zum Beispiel ein Montag im Herbst 1982. Morgens beim Aufstehen erfahre ich aus dem Radio, dass mein Gebiss nur überdauern werde, wenn ich es fortan mit *Signal plus. Die Vorsorgekraft* putze. Beruhigt, weil ich das schon tue, und nachdenklich, weil ich vor kurzem hörte, dass die Schlemmkreide den Schmelz der Zähne angreifen soll, wage ich den ersten Blick aus dem Haus und erfahre von der Wand vis-à-vis: *Heute ist Milupa-Tag!* Mit einem leichten Stirnrunzeln – gestern noch verkündete der Fußballnationalspieler einen *Chiquita*-Tag – schlage ich meine Zeitung auf, wobei ich zum x-ten Male, also habituell, die Vierfarbbeilage, diesmal: *Das Einrichtungscenter des guten Geschmacks*, aus dem Schwarz-Weiß herausfallen lasse. Zwischen der Nachricht, dass Arbeiter den VDM-Betrieb in Frankfurt-Heddernheim besetzt haben, weil sie keine Almosen wollen, und der, dass die USA nach dem Apartheid-Südafrika den höchsten Prozentsatz ihrer Bevölkerung inhaftiert haben, erhalte ich den Rat, mit *Original Roots* aus einem solchen Land wieder natürlich gehen zu lernen. Endlich, immer ein waghalsiges Experiment, habe ich die Feuilleton-Seite gefunden – dort darf ein Adornit, immer ein doppelbödiges Vergnügen, zwischen dem Räumungsverkauf von *Radio Diehl: TV Portable, HiFi-Komponenten, CEC 6000 Digital TA-F35 L Sinuslinear-Receiver, quarzgeregelt,* und den Bildern aus *Dr. Müller's Blue Movie Sex-Kino-Center* über die Passionanda-Sonate, die in Florenz gespielt ward, sich entschlagen. Behutsam die allzu schwärzenden

Ganzseiten-Sonderangebote von *massa* und *co-op, Wertkauf** und *toom* (welche Namen!) überblätternd: *Herren-Quarz-Chronograph, Softballspiel, American Eiscreme, Bananen »Onkel Tuca«, Schlupfanorak, Wanderponcho, Herren-City-Pullunder, Damen-Nicki-Pulli, verschiedene Applikationen, 100 % Acryl, in 5 Herbstfarben, Schnupperpreise, Abgabe solange Vorrat reicht!* (ich erinnere: Ladenhüter sind der Tod des in Warenform fixierten Kapitals), dringe ich zu den Nachrichten *Aus aller Welt* vor: Es gibt jetzt Maschinen, die wie Menschen sprechen können, und in Kolumbien wurde ein Institut mit dem Namen *Für das Wohl der Familie* geschlossen; es hatte 3.500 Kinder nach den USA und Europa verkauft. Um mir eine Zigarette anzuzünden, greife ich nach der Streichholzschachtel, doch die meint, ich soll einen *Maykamp für den Magen* trinken. Als ich nachschaue, was das alternative Stadtteilkino im Programm hat, will mir *Roth-Händle* endlich *Würze in die Gedanken* bringen.

Auf der Fahrt zur Arbeit, routiniert vorbei an den ungezählten Warenhülsen und Nützlichkeitsversprechen, irritieren mich nur die Autofahrer, die von ihrem Fetisch rufen: *Let's go West!* und es selber nie tun würden. Noch bedauernswerter aber scheinen mir die zu sein, die *Ein Herz für Kinder* aufkleben, nachdem sie es ihnen herausgerissen haben. An meiner scheinbar warenfernen Arbeitsstelle angelangt, werde ich per Dienstpost ziemlich ultimativ samt »Frau Gemahlin« aufgefordert, endlich einen *superben Damengoldring mit 51 Diamant-Baguetten 3.26 ct F/W.750 oder wenigstens Face Farce, Überzeichnung, Serigraphie auf Foto 58x42 cm, sign. u. num.*, von Arnulf Rainer zu erwerben. Nicht unbeeindruckt blättere ich mein *Deutsches Ärzteblatt* durch, das mir mitten im Getümmel der Pillen und Spritzen gar keines oder schweren Kalibers zur Patientenverwaltung das *DeTeWe Textbe- und -verarbeitungssystem »cobos«* anempfiehlt. Bombardiert will ich mich in eine wissenschaftliche Abhandlung vertiefen, die Verkehrungen und Verlockungen der ersten zwei Stunden des Tages treiben in meiner Seele gewiss ihr Unwesen, da werde ich in der Abhandlung aufgefordert, *Beiträge zur Lerntheorie* zu abonnieren. Als ich wieder auf die Straße gehe, sind die Stimulationen teilweise von anderer Sorte; der Abend hat begonnen. Die Menschen versuchen jetzt bei Bier und Fernsehen, an Flipper und Theke die Lücken zu schließen, die die abgestellten Warenhäuser hinterlassen. Unsicherheit wird spürbarer, die Lage ist voller Komplikationen; doch aus der Warenwelt, aus Angebot, Reklame, Kauf und Verkauf wird nicht herausgetreten.

Die berühmt-berüchtigte *Kritik der politischen Ökonomie* geht nicht wie damals allgemein üblich, von *dem* Menschen oder von Begriffen aus. Marx (1879/80, S. 371) meinte, seine Methode habe »mit der professoraldeutschen Begriffsanknüpfungs-Methode nichts gemein«. Kurz vor seinem Tod schreibt er in den *Randglossen zu Adolph Wagners »Lehrbuch der politischen Ökonomie«*: »Wovon ich ausgehe, ist die einfachste gesellschaftliche Form, worin sich das Arbeitsprodukt in der jetzigen Gesellschaft darstellt, und dies ist als ›Ware‹« (ebd., S. 369). Deshalb lautet der erste Satz des ersten Bandes seines Hauptwerkes *Das Kapital* ebenso lapidar wie merkwürdig: »Der Reichtum der Gesellschaften, in welchen kapitalistische Produktionsweise herrscht, erscheint als eine ›ungeheure Warensammlung‹, die einzelne Ware als seine Elementarform« (1867, S. 49). Die Untersuchung müsse folglich diese Elementarform zum Ausgang nehmen, mit der Analyse der Ware beginnen. Offensichtlich will der Untersucher einen Einstieg wählen, den der Leser ohne weiteres nachvollziehen kann, der »jedermann« bekannt ist, »wenn er auch sonst nichts weiß« (ebd., S. 62), wie er etwas später selber formuliert. Alle wissen heute – selbstredend Frauen *wie* Männer, die Marx noch nicht im Geist hatte, weil er in den Fragen, die den Sexus betreffen, so unemanzipiert, ja verspießt war wie die meisten seiner Zeitgenossen –, auch wenn sie Hegels *Phänomenologie des Geistes* nicht studiert haben, dass in der hiesigen Gesellschaft praktisch alle Arbeitsprodukte ausgestellt werden, und zwar zum Verkauf. Der Untersucher blickt also in das gesellschaftliche Leben wie wir alle jeden Tag. Und das kann doch nicht vollkommen verrückt sein. Oder?

Auf den ersten Blick leuchtet dieser Beginn vielleicht ein, was dann einen Grund haben müsste. Aber auf den zweiten? Die, die das heute (wieder) interessiert, finden eine Antwort in meiner Monografie *Die Mystifikation des Sexuellen* (Sigusch 1984b).

Wunsch Einmal gefasste Gedanken halten sich nur dann, wenn sie mit hochbesetzten Gefühlen verbunden sind. Schon ihr Entstehen ist auf diesen Anschluss angewiesen. Denn der Wunsch ist bekanntlich der Vater des Gedankens. Unsere Hoffnung aber bleibt, dass der Gedanke der Vater des Wunsches werde.

Würde Die Würde des Menschen manifestierte sich früher in seiner autonomen, souveränen, schöpferischen Tätigkeit oder im Bewusstsein einer aus der Gnade Gottes fließenden Ebenbildlichkeit. Heute fließt sie aus der selbstoptimierten und selbstdisziplinierten heteronom-dispositionellen Diversifikation.

Zissexuelle Was das sei? Ganz einfach: Wenn es Transsexuelle gibt, muss es logischerweise auch Zissexuelle geben. Die einen sind ohne die anderen gar nicht zu denken. Gestattet habe ich mir, die Ausdrücke Zissexualismus, Zissexuelle usw. einzuführen (Sigusch 1991, 1995), um die geschlechtseuphorische Mehrheit, bei der Körpergeschlecht und Geschlechtsidentität fraglos und scheinbar natural zusammenfallen, in jenes falbe Licht zu setzen, in dem das Objektiv des Geschlechtsbinarismus, in dem nosomorpher Blick und klinischer Jargon die geschlechtsdysphorische Minderheit, namentlich die so genannten Transsexuellen, ganz sicher erkennen zu können glauben. Zum Behalten: Das lateinische *cis-* bedeutet als Vorsilbe: diesseits. So meint zisalpin: (von Rom aus gesehen) diesseits der Alpen. Das lateinische *trans-* bedeutet als Vorsilbe: hindurch, quer durch, hinüber, jenseits, über – hinaus. So meint transkutan: durch die Haut hindurch. Zissexuelle befinden sich folglich (vom Körpergeschlecht und damit vom kulturellen Bigenus aus gesehen) diesseits, Transsexuelle jenseits.

Literatur

Adorno, Th. W.: Über Statik und Dynamik als soziologische Kategorien. In: M. Horkheimer und Th. W. Adorno (Hg.): Sociologica II. Frankfurt a. M.: Europäische Verlagsanstalt 1962

Adorno, Th. W.: Negative Dialektik. Frankfurt a. M.: Suhrkamp 1966

Adorno, Th. W.: Einleitung. In: Th. W. Adorno, R. Dahrendorf, H. Pilot, H. Albert, J. Habermas und K. R. Popper: Der Positivismusstreit in der deutschen Soziologie. Darmstadt, Neuwied: Luchterhand 1969 (a)

Adorno, Th. W.: Dialektische Epilegomena. Zu Subjekt und Objekt. In: Th. W. Adorno: Stichworte. Kritische Modelle 2. Frankfurt a. M.: Suhrkamp 1969 (b)

Anders, G. (1956): Die Antiquiertheit des Menschen. Bd. I: Über die Seele im Zeitalter der zweiten industriellen Revolution. 5. Aufl. München: C. H. Beck 1980 (a)

Anders, G.: Die Antiquiertheit des Menschen. Bd. II: Über die Zerstörung des Lebens im Zeitalter der dritten industriellen Revolution. München: C. H. Beck 1980 (b)

Anders, G.: Ketzereien. München: C. H. Beck 1982

Andritzky, M. und Th. Rautenberg (Hg.): »Wir sind nackt und nennen uns Du«. Von Lichtfreunden und Sonnenkämpfern. Eine Geschichte der Freikörperkultur. Gießen: Anabas 1989

Anonymus [Kertbeny, K. M.]: § 143 des Preussischen Strafgesetzbuches vom 14. April 1851 und seine Aufrechterhaltung als § 152 im Entwurfe eines Strafgesetzbuches für den Norddeutschen Bund. Offene, fachwissenschaftliche Zuschrift an Seine Excellenz Herrn Dr. Leonhardt, königl. preussischen Staats- und Justizminister. Leipzig: Serbe 1869

Arentewicz, G. und G. Schmidt (Hg.): Sexuell gestörte Beziehungen. Konzept und Technik der Paartherapie. Berlin u. a.: Springer 1980; 2., neubearb. Aufl. 1986; 3., bearb. Aufl. Stuttgart: Enke 1993

Ariès, Ph.: Geschichte der Kindheit. München, Wien: Hanser 1975

Aristoteles: De categoriae (dt.: Die Kategorien. Übers. und hg. von I. W. Rath. Stuttgart: Reclam 1998)

Azoulay, I.: Phantastische Abgründe. Die Gewalt in der sexuellen Phantasie von Frauen. Frankfurt a. M.: Brandes & Apsel 1996

Ballard, S. A. et al.: In vitro profile of UK-92,480, an inhibitor of cyclic GMP-specific phosphodiesterase 5 for the treatment of male erectile dysfunction. J. Urol. 155 (Suppl. 5), 676A (Abstract 1462), 1996

Barbarò, M. F., M. Miraglia und I. Mussa: Le fotografie di von Gloeden. Milano: Longanesi 1980

Barberini, E.: Therapieversuche mit K 33 Suppositorien bei Impotentia coeundi. Med. Welt 20, 1139–1143, 1969

Barré-Sinoussi, F., J. C. Chermann, F. Rey, M. T. Nugeyre, S. Chamaret, J. Gruest, C. Dauguet, C. Axler-Blin, F. Vézinet-Brun, C. Rouzioux, W. Rozenbaum und L. Montagnier: Isolation of a

T-lymphotropic retrovirus from a patient at risk for Acquired Immune Deficiency Syndrome (AIDS). Science 220, 868–870, 1983

Barthes, R.: Wilhelm von Gloeden – interventi di Joseph Beuys, Michelangelo Pistoletto, Andy Warhol. Napoli: Amelio Editore 1978

Barthes, R.: L'obvie et l'obtus. Essais critiques III. Paris: Editions du Seuil 1982

Bauman, Z. (1991): Moderne und Ambivalenz. Das Ende der Eindeutigkeit. Frankfurt a. M.: Fischer Taschenbuch Verlag 1995

Beauvoir, S. de: Le deuxième sexe. Paris: Gallimard 1949 (dt.: Das andere Geschlecht. Sitte und Sexus der Frau. Hamburg: Rowohlt 1956/1968)

Bebel, A. (1879): Die Frau und der Sozialismus. Die Frau in der Vergangenheit, Gegenwart und Zukunft. 18., unveränd. Aufl. Stuttgart: Dietz 1893

Becker, N.: Psychoanalytische Theorie sexueller Perversionen. In: Sigusch 2001a

Becker, S.: Weibliche Perversion. Z. Sexualforsch. 15, 258–268, 2002

Benjamin, J.: Die Fesseln der Liebe. Basel, Frankfurt a. M.: Stroemfeld 1990

Berner, W.: Rezension von Welldon (1988). Z. Sexualforsch. 3, 174–176, 1990

Berner, W.: Sadomasochismus bei einer Frau. Bericht über eine psychoanalytische Behandlung. Z. Sexualforsch. 4, 45–57, 1991

Berner, W.: Institutionelle Therapie bei sexueller Delinquenz. In: Sigusch 2001a

Bernard, B. (Hg.): Photodiscovery 1840–1940. New York: Abrams 1980

Beuscher, B. (Hg.): Schnittstelle Mensch. Menschen und Computer – Erfahrungen zwischen Technologie und Anthropologie. Heidelberg: Asanger 1994

Binswanger, L.: Sinn und Gehalt der sexuellen Perversionen. Psyche 3, 881–909, 1949/50

Bloch, E.: Das Prinzip Hoffnung. Bd. 2. Frankfurt a. M.: Suhrkamp 1959

Boss, M.: Sinn und Gehalt der sexuellen Perversionen. Ein daseinsanalytischer Beitrag zur Psychopathologie des Phänomens der Liebe. 2., erweit. u. neu bearb. Aufl. Bern, Stuttgart: Huber 1952

Broderick, C. B.: Kinder- und Jugendsexualität. Reinbek: Rowohlt 1970

Brückner, M.: Zwischen Kühnheit und Selbstbeschränkung. Von der Schwierigkeit weiblichen Begehrens. Z. Sexualforsch. 3, 195–217, 1990

Burt, J. C.: Preliminary report on an innovative surgical procedure for treatment of coital anorgasmia. Vortrag, gehalten auf der 3. Jahresversammlung der International Academy of Sex Research vom 31. Juli bis 3. August 1977 in Bloomington, Ind.

Butler, J.: Bodies that matter. On the discursive limits of »sex«. New York: Routledge 1993 (dt.: Körper von Gewicht. Die diskursiven Grenzen des Geschlechts. Berlin: Berlin-Verlag 1995)

Butler, J.: Excitable speech. A politics of the performative. New York: Routledge 1997 (dt.: Haß spricht. Zur Politik des Performativen. Berlin: Berlin Verlag 1998)

Chasseguet-Smirgel, J.: Ethique et esthétique de la perversion. Seyssel: Editions Champ Vallon 1984 (dt.: Anatomie der menschlichen Perversion. Stuttgart: DVA 1989)

Chasseguet-Smirgel, J.: Creativity and perversion. London: Free Association Books 1984 (dt.: Kreativität und Perversion. Frankfurt a. M.: Nexus 1986)

Comfort, A.: Sex in society. London: Duckworth 1963 (dt.: Der aufgeklärte Eros. Plädoyer für eine menschenfreundliche Sexualmoral. Reinbek: Rowohlt 1968)

Coxell, A., M. King, G. Mezey und D. Gordon: Lifetime prevalence, characteristics, and associated problems of non-consensual sex in men: Cross sectional survey. Brit. J. Med. 318, 846–850, 1999

Dannecker, M.: Sexueller Missbrauch und Pädosexualität. In: Sigusch 2001a

Dannecker, M. und R. Reiche (Hg.): Sexualität und Gesellschaft. Frankfurt a. M., New York: Campus 2000

Düring, S.: Über sequentielle Homo- und Heterosexualität. Z. Sexualforsch. 7, 193–202, 1994

Düring, S. und M. Hauch (Hg.): Heterosexuelle Verhältnisse. Stuttgart: Enke 1995

Elias, N. (1939): Über den Prozeß der Zivilisation. Soziogenetische und psychogenetische Untersuchungen. 2 Bde. 2., vermehrte Aufl. Bern: Francke 1969

Enzensberger, H. M.: Die Große Wanderung. Frankfurt a. M.: Suhrkamp 1992

Farin, K.: Jugendkulturen heute. BZgA Forum 1, 19–25, 2001

Feldman, H. A. et al.: Impotence and its medical and psychosocial correlates: Results of the Massachusetts male aging study. J. Urol. 151, 54–61, 1994

Forel, A.: Die sexuelle Frage. Eine naturwissenschaftliche, psychologische, hygienische und soziologische Studie für Gebildete. München: E. Reinhardt 1905; 8. u. 9. Aufl. 1909

Foucault, M. (1966): Die Ordnung der Dinge. Eine Archäologie der Humanwissenschaften. 12. Aufl. Frankfurt a. M.: Suhrkamp 1993

Foucault, M. (1969): Archäologie des Wissens. 5. Aufl. Frankfurt a. M.: Suhrkamp 1992

Foucault, M.: L'ordre du discours. Paris: Gallimard 1972

Foucault, M. (1976): Sexualität und Wahrheit. Bd. 1: Der Wille zum Wissen. Frankfurt a. M.: Suhrkamp 1977

Foucault, M.: Dispositive der Macht. Berlin: Merve 1978

Frecot, J., J. F. Geist und D. Kerbs: Fidus 1868–1948. München: Rogner & Bernhard 1972

[Freie Photographische Vereinigung zu Berlin]: Sitzungsbericht der Hauptversammlung der Freien Photographischen Vereinigung zu Berlin vom 21. Oktober 1898. Photographische Rundschau 13, 2–3, 1899

Freud, S. (1892/93): Ein Fall von hypnotischer Heilung. Gesammelte Werke, Bd. I. London: Imago 1952, S. 1–17

Freud, S. (1905): Drei Abhandlungen zur Sexualtheorie. Gesammelte Werke, Bd. V. London: Imago 1942, S. 27–145

Freud, S. (1909): Bemerkungen über einen Fall von Zwangsneurose. Gesammelte Werke, Bd. VII. London: Imago 1941, S. 381–463

Freud, S. (1912): Über die allgemeinste Erniedrigung des Liebeslebens. Gesammelte Werke, Bd. VIII. London: Imago 1945, S. 78–91

Freud, S. (1916/17): Vorlesungen zur Einführung in die Psychoanalyse. Gesammelte Werke, Bd. XI. London: Imago 1944, S. 1–482

Freud, S. (1917): Eine Schwierigkeit der Psychoanalyse. Gesammelte Werke, Bd. XII. London: Imago 1947, S. 1–12

Freud, S. (1930): Das Unbehagen in der Kultur. Gesammelte Werke, Bd. XIV. London: Imago 1948, S. 419–506

Freud, S. (1933): Neue Folge der Vorlesungen zur Einführung in die Psychoanalyse. Gesammelte Werke, Bd. XV. London Imago 1944, S. 1–197

Freund, K., F. Sedláček und K. Knob: A simple transducer for mechanical plethysmography of the male genital. J. Exp. Anal. Behav. 8, 169–170, 1965

Freund, K., C. K. McKnight, R. Langevin und S. Cibiri: The female child as a surrogate object. Arch. Sex. Behav. 2, 119–133, 1972

Garrels, L.: Das Geschlechtserleben Intersexueller im Diskurs. Z. Sexualforsch. 11, 197–211, 1998

Gebsattel, V. E. v.: Süchtiges Verhalten im Gebiet sexueller Verirrungen. Monatsschr. Psychiat. Neurol. 82, 113–177, 1932

Giddens, A.: Wandel der Intimität. Frankfurt a. M.: Fischer Taschenbuch Verlag 1993

Giese, H. (Bearb. in Verbindung mit V. E. von Gebsattel): Psychopathologie der Sexualität. Stuttgart: Enke 1962

Giese, H. (Hg.): Die Sexualität des Menschen. Handbuch der medizinischen Sexualforschung. Stuttgart: Enke 1955; 2., neubearb. u. erweit. Aufl. 1971

Godson, S.: Das Buch vom Sex. Hamburg: Rogner & Bernhard bei Zweitausendeins 2003

Goldhagen, D. J.: Hitler's willing executioners: Ordinary Germans and the Holocaust. New York: Knopf, distrib. by Random House 1996

Green, R. und J. Money: Incongruous gender role: Nongenital manifestations in prepubertal boys. J. Nerv. Ment. Dis. 130, 160–167, 1960

Greenacre, Ph. (1969): The fetish and the transitional object. In: Ph. Greenacre: Emotional growth. New York: International Universities Press 1971

Gresser, U. und C. H. Gleiter: Erectile dysfunction: Comparison of efficacy and side effects of the PDE-5 inhibitors Sildenafil, Vardenafil and Tadalafil. Review of the literature. Eur. J. Med. Res. 7, 435–446, 2002

Habermas, J.: Der philosophische Diskurs der Moderne. Zwölf Vorlesungen. Frankfurt a. M.: Suhrkamp 1985

Hamer, D. H., S. Hu, V. L. Magnuson, N. Hu und A. M. L. Pattatucci: A linkage between DNA markers on the X chromosome and the male sexual orientation. Science 261, 321–327, 1993

Hauch, M.: Meine Lust, deine Lust, keine Lust. Überlegungen zu Lust und Sexualität im Kontext geschlechtsspezifischer »Arbeitsteilung«. In: Pro Familia (Hg.): Fachtagung »Zwischen Lust und Technik: UnSicherheiten mit dem Sexuellen«. Frankfurt a. M. 1992

Hauch, M. und H. Lohse: Ambulante Psychotherapie bei sexueller Delinquenz. In: Sigusch 2001a

Hegel, G. W. F. (1798): Daß die Magistrate von den Bürgern gewählt werden müssen. Werke in 20 Bänden, Bd. 1. Frankfurt a. M.: Suhrkamp 1971

Hegel, G. W. F. (1798–1800): Der Geist des Christentums und sein Schicksal. Werke in 20 Bänden, Bd. 1. Frankfurt a. M.: Suhrkamp 1971

Hegel, G. W. F. (1807): Phänomenologie des Geistes. Werke in 20 Bänden, Bd. 3. Frankfurt a. M.: Suhrkamp 1970

Hegel, G. W. F. (1830): Encyclopädie der philosophischen Wissenschaften im Grundrisse. Sämtliche Werke. Hg. von G. Lasson, fortgeführt von J. Hoffmeister. Bd. 5. Leipzig: Meiner 1949

Hegel, G. W. F. (aus dem Nachlass): System der Philosophie, Bd. 2: Die Naturphilosophie. Sämtliche Werke. Hg. von H. Glockner. Bd. 9. Stuttgart: Frommann 1958

Hegel, G. W. F. (1816): Wissenschaft der Logik, Bd. 2. Hg. von G. Lasson. Hamburg: Meiner 1971

Heinrich, K.: Geschlechterspannung und Emanzipation. Das Argument 4 (23), 22–25, 1962

Hieronimus, E.: Wilhelm von Gloeden (1856–1931). In: Katalog »Wilhelm von Gloeden« der Kunsthalle Basel. Basel 1979

Hieronimus, E.: Wilhelm von Gloeden. Photographie als Beschwörung. Aachen: Rimbaud 1982

Hirschsprung: Erfahrungen über Onanie bei kleinen Kindern. Berlin. klin. Wschr. 23, 628–631, 1886

Hitzler, R.: Die Qual der Wahl. Ein Einblick in die kleine Lebens-Welt des Algophilen. Z. Sexualforsch. 6, 228–242, 1993

Honneth, A. (Hg.): Befreiung aus der Mündigkeit. Paradoxien des gegenwärtigen Kapitalismus. Frankfurt a. M., New York: Campus 2002

Horkheimer, M.: Egoismus und Freiheitsbewegung. Zur Anthropologie des bürgerlichen Zeitalters. Z. Sozialforsch. 5, 161–234, 1936 (auch in: M. Horkheimer: Traditionelle und kritische Theorie. Vier Aufsätze. Frankfurt a. M.: Fischer 1968)

Horkheimer, M.: Schreckbild Perversion. In: M. Horkheimer: Notizen 1950 bis 1969 und Dämmerung: Notizen in Deutschland. Hg. von W. Brede. Frankfurt a. M.: Fischer 1974

Horkheimer, M. und Th. W. Adorno: Dialektik der Aufklärung. Philosophische Fragmente. Amsterdam: Querido 1947; Neuausgabe Frankfurt a. M.: Fischer Taschenbuch 1969

Horney, K.: The denial of the vagina. Int. J. Psycho-Anal. 14, 57–70, 1933 (auch in: H. M. Ruitenbeek [Hg.]: Psychoanalysis and female sexuality. New Haven, Conn.: College & University Press 1966)

Hössli, H.: Eros, die Männerliebe der Griechen. Ihre Beziehungen zur Geschichte, Literatur und Gesetzgebung aller Zeiten. Oder Forschungen über platonische Liebe, ihre Würdigung und Entwürdigung für Sitten-, Natur- und Völkerkunde. 2 Bde. Glarus: Selbstverlag 1836 (Bd. 1); St. Gallen: Scheitlin 1838 (Bd. 2)

Hunt, L. (Hg.): The invention of pornography. New York: Zone Books 1993 (dt.: Die Erfindung der Pornographie. Obszönität und die Ursprünge der Moderne. Frankfurt a. M.: Fischer Taschenbuch Verlag 1994)

Intersex Society of North America (ISNA) (1997 ff.): http://www.isna.org

Irigaray, L.: Éthique de la différence sexuelle. Paris: Les Éditions de Minuit 1984 (dt.: Ethik der sexuellen Differenz. Frankfurt a. M.: Suhrkamp 1991)

Jäger, G.: Die Entdeckung der Seele. 2. Aufl. Leipzig: E. Günther 1880 [dort die mit Dr. M. gezeichneten Beiträge von K. M. Kertbeny]

Jäger, G.: Ein bisher ungedrucktes Kapitel über Homosexualität aus der »Entdeckung der Seele«. Jb. sex. Zwischenstufen 2, 53–125, 1900 [dort die mit Dr. M. gezeichneten Beiträge von K. M. Kertbeny]

Kaan, H.: Psychopathia sexualis. Leipzig: Voss 1844

Kant, I. (1781/1787): Kritik der reinen Vernunft. Werke in 6 Bänden, hg. von W. Weischedel, Bd. II. Darmstadt: Wissenschaftliche Buchgesellschaft 1956

Kant, I. (1784): Beantwortung der Frage: Was ist Aufklärung? Werke in sechs Bänden, hg. von W. Weischedel, Bd. VI. Darmstadt: Wissenschaftliche Buchgesellschaft 1964

Kant, I. (1797): Die Metaphysik der Sitten in zwey Theilen. Werke in 6 Bänden, hg. von W. Weischedel, Bd. IV. Darmstadt: Wissenschaftliche Buchgesellschaft 1956

Kaplan, L. J.: Female perversions: The temptations of Emma Bovary. New York: Doubleday 1991 (dt.: Weibliche Perversionen. Von befleckter Unschuld und verweigerter Unterwerfung. Hamburg: Hoffmann und Campe 1991)

Kennedy, H.: Karl Heinrich Ulrichs. Sein Leben und sein Werk. Beiträge zur Sexualforschung, Bd. 65. Stuttgart: Enke 1990; 2., überarb. Aufl. unter dem Titel: Karl Heinrich Ulrichs. Leben und Werk. Hamburg: MännerschwarmSkript Verlag 2001

Kentler, H. (Hg.): Sexualwesen Mensch. Texte zur Erforschung der Sexualität. Hamburg: Hoffmann und Campe 1984

Kernberg, O.: Aggression in personality disorders and perversion. New Haven: Yale University Press 1993

Kertbeny, K. M.: Schriften zur Homosexualitätsforschung, hg. und eingeleitet von M. Herzer. Berlin: Verlag rosa Winkel 2000

Khan, M. M. R.: Alienation in perversions. London: Hogarth 1979 (dt.: Entfremdung bei Perversionen. Frankfurt a. M.: Suhrkamp 1983)

Kinnish, K. K., D. S. Strassberg und Ch. W. Turner: Geschlechtsspezifische Differenzen der Flexibilität sexueller Orientierung. Eine mehrdimensionale retrospektive Studie. Z. Sexualforsch. 17, 25–45, 2004

Kinsey, A. C., W. B. Pomeroy und C. E. Martin: Sexual behavior in the human male. Philadelphia, London: Saunders 1948 (dt.: Das sexuelle Verhalten des Mannes. Berlin, Frankfurt a. M.: G. B. Fischer 1955)

Kinsey, A. C., W. B. Pomeroy, C. E. Martin und P. H. Gebhard: Sexual behavior in the human female. Philadelphia, London: Saunders 1953 (dt.: Das sexuelle Verhalten der Frau. Berlin, Frankfurt a. M.: G. B. Fischer 1954)

Klemperer, V.: LTI [Lingua Tertii Imperii]. Notizbuch eines Philologen. 2. Aufl. Leipzig: Reclam 1968

Krafft-Ebing, R. v.: Psychopathia sexualis. Eine klinisch-forensische Studie. Stuttgart: Enke 1886

Kunz, G.: Medizinische Experimente mit der Antibabypille. Ein Rückblick auf die ersten Versuche an puertoricanischen Frauen. Z. Sexualforsch. 2, 119–131, 1989

Kunz, H.: Zur Theorie der Perversion. Monatsschr. Psychiat. Neurol. 105, 1–103, 1942

Küthe, A. et al.: Expression patterns of the human genes for phosphodiesterases (PDE) 3A and 5 and cDNA sequence of PDE3A from corpus cavernosum penis. Unveröffentl. Manuskr., 2000

Laumann, E. O., J. H. Gagnon, R. T. Michael und S. Michaels: The social organization of sexuality. Sexual practices in the United States. Chicago, London: University of Chicago Press 1994

Leithner, K. und M. Springer-Kremser: Psychoanalyse und weibliche Perversion – ein dunkler Kontinent? Fundamenta psychiatrica 2, 25–29, 2001

LeVay, S.: A difference in hypothalamic structure between heterosexual and homosexual men. Science 253, 1034–1037, 1991

Lightfoot-Klein, H.: Der Beschneidungsskandal. Berlin: Orlanda 2003

Linsenhoff, A.: Kritische Bemerkungen zum therapeutischen Umgang mit der »sexuellen Lustlosigkeit« von Frauen. Z. Sexualforsch. 8, 353–358, 1995

Lütkehaus, L.: Verchromte Sirenen, herostratische Apparate. »Desiderat: Dingpsychologie« (G. Anders): Für eine Umorientierung der Psychologie. Psyche 49, 281–303, 1995

Luhmann, N.: Soziale Systeme. Grundriß einer allgemeinen Theorie. Frankfurt a. M.: Suhrkamp 1984

Luhmann, N.: Die Selbstbeobachtung des Systems. Ein Gespräch. In: I. Breuer, P. Leusch und D. Mersch (Hg.): Welten im Kopf. Profile der Gegenwartsphilosophie. Bd. I: Deutschland. Hamburg: Rotbuch 1996

Luhmann, N.: Die Gesellschaft der Gesellschaft. 2 Bde. Frankfurt a. M.: Suhrkamp 1997 (a)

Luhmann, N.: »Zettelkästen, fehlendes Schreibpersonal und die Arbeit an der Theorie«. Gespräch mit Detlef Horster. Frankfurter Rundschau vom 8. Dezember 1997, S. 10 (zit. als 1997b)

Magnan, V.: Des anomalies, des aberrations et des perversions sexuelles. Annales médico-psychologiques, 7ème série, t. 1, Paris 1885

Marcuse, M. (Hg.): Handwörterbuch der Sexualwissenschaft. Enzyklopädie der natur- und kulturwissenschaftlichen Sexualkunde des Menschen. Bonn: Marcus & Weber 1923; Nachdruck der 2., stark verm. Aufl. von 1926: Berlin, New York: de Gruyter 2001

Marx, K. (1867): Das Kapital. Kritik der politischen Ökonomie. Bd. I, Buch I. In: K. Marx und F. Engels: Werke (MEW), Bd. 23. Berlin (DDR): Dietz 1972

Marx, K. (1879/80): Randglossen zu Adolph Wagners »Lehrbuch der politischen Ökonomie«. In: K. Marx und F. Engels: Werke (MEW), Bd. 19. Berlin (DDR): Dietz 1971

Masters, W. H. und V. E. Johnson: Human sexual response. Boston: Little, Brown 1966 (dt.: Die sexuelle Reaktion. Frankfurt a. M.: Akademische Verlagsgesellschaft 1967)

Masters, W. H. und V. E. Johnson: Human sexual inadequacy. Boston: Little, Brown 1970 (dt.: Impotenz und Anorgasmie. Zur Therapie funktioneller Sexualstörungen. Frankfurt a. M.: Goverts Krüger Stahlberg 1973)

McDougall, J.: The many faces of Eros. Paris: Gallimard 1995 (dt.: Die Couch ist kein Prokrustesbett. Zur Psychoanalyse der menschlichen Sexualität. Stuttgart: Verlag Internationale Psychoanalyse 1997)

McKay, D. S. et al.: Search for past life on Mars: Possible relic biogenic activity in martian meteorite ALH84001. Science 273, 924–930, 1996

Mendelsohn, M.: Ist das Radfahren als eine gesundheitsgemäße Übung anzusehen und aus ärztlichen Gesichtspunkten zu empfehlen? Dtsch. med. Wschr. 22, 277–279, 300–302, 333–335, 366–368, 381–384, 398–401, 1896

Meyenburg, B.: Sexueller Mißbrauch von Kindern im Vorschulalter. Klinische Bilder und therapeutische Erfahrungen. In: Düring und Hauch 2000 (zit. als 2000a)

Meyenburg, B.: Sexuelle Auffälligkeiten im Kindes- und Jugendalter. In: Dannecker und Reiche 2000 (zit. als 2000b)

Money, J.: Hermaphroditism, gender and precocity in hyperadrenocorticism: Psychologic findings. Bull. Johns Hopkins Hosp. 96, 253–264, 1955

Moré, A.: Psyche zwischen Chaos und Kosmos. Die psychoanalytische Theorie Janine Chasseguet-Smirgels. Eine kritische Rekonstruktion. Gießen: Psychosozial-Verlag 2001

Moreau [de Tours], P.: Des aberrations du sens génésique. Paris: Librairie Meurillon 1880

Morgenthaler, F.: Die Stellung der Perversionen in Metapsychologie und Technik. Psyche 28, 1077–1098, 1974 (auch in: F. Morgenthaler: Homosexualität, Heterosexualität, Perversion. Frankfurt a. M., Paris: Qumran 1984)

Morgenthaler, F.: Homosexualität. In: V. Sigusch (Hg.): Therapie sexueller Störungen. 2., neubearb. u. erweit. Aufl. Stuttgart, New York: Thieme 1980

Moynihan, R.: Wie eine Krankheit gemacht wird: Female Sexual Dysfunction. Z. Sexualforsch. 16, 167–174, 2003

Nachtshein, D.: Sildenafil: A milestone in the treatment of impotence. West. J. Med. 169, 112–113, 1998

Nietzsche, F.: Gesammelte Werke. Bd. XVI: Studien aus der Umwerthungszeit. München: Musarion Verlag 1925

Nussbaum, M. C.: Judith Butlers modischer Defätismus. Leviathan 27, 447–468, 1999

Olvedi, U.: Frauen um Freud. Die Pionierinnen der Psychoanalyse. Freiburg i.Br. u. a.: Herder 1992

Platon: Phaidon, übers. von F. Schleiermacher. Sämtliche Werke, Bd. I. Heidelberg: Lambert Schneider 1950, S. 731–811

Platon: Das Gastmahl. Übers. und erläut. von O. Apelt. Neubearb. von A. Capelle. 2. Aufl. Hamburg: Meiner 1960

Pohlmann, U.: Wilhelm von Gloeden – Sehnsucht nach Arkadien. Berlin (West): Nishen 1987

Ramdohr, F. W. B. v.: Venus Urania. 3 Teile. Leipzig: Göschen 1798

Reich, W.: Die Sexualität im Kulturkampf. Kopenhagen: Sexpol 1936

Reiche, R.: Das Geheimnis in der Zündholzschachtel. Gedanken zur latenten Perversion bei der Frau. In: Psychoanalytisches Seminar Zürich (Hg.): Sexualität. Frankfurt a. M.: Syndikat/EVA bei Athenäum 1986

Reiche, R.: Gender ohne Sex. Geschichte, Funktion und Funktionswandel des Begriffs »Gender«. Psyche 51, 926–957, 1997

Reiche, R.: Psychoanalytische Therapie sexueller Perversionen. In: Sigusch 2001a

Richter-Appelt, H.: Frühkindliche Körpererfahrungen und Erwachsenensexualität. In: Dannecker und Reiche 2000

Richter-Appelt, H.: Psychotherapie nach sexueller Traumatisierung. In: Sigusch 2001a (zit. als 2001)

Richter-Appelt, H. (Hg.): Verführung – Trauma – Mißbrauch (1896–1996). Gießen: Psychosozial-Verlag 1997; Neuausgabe 2002

Riggs, A. S.: Inexhaustible Italy. The National Geographic Magazine (Washington) 30 (4), 273–368, 1916

Rueger, M. (Hg.): Im falschen Körper. Transsexuelle Menschen in Deutschland. Mit Fotos von D. Fuchs und Text von G. Fuchs. Vorwort von V. Sigusch. Wiesbaden: Verlag Martina Rueger, o. J. [1995]

Schenk, H.: Die Befreiung des weiblichen Begehrens. Köln: Kiepenheuer & Witsch 1991

Schickedanz, H.-J. (Hg.): Wilhelm von Gloeden, Akte in Arkadien. Hg. und mit einem Nachwort versehen von H.-J. Schickedanz. Dortmund: Harenberg Kommunikation 1987

Schiff, G.: »Die Sonne von Taormina.« In: Katalog »Wilhelm von Gloeden« der Kunsthalle Basel. Basel 1979

Schmidt, G. (Hg.): Jugendsexualität. Sozialer Wandel, Gruppenunterschiede, Konfliktfelder. Stuttgart: Enke Verlag 1993; Neuausgabe Gießen: Psychosozial-Verlag 2000 (zit. als 1993/2000)

Schmidt, G.: Das Verschwinden der Sexualmoral. Hamburg: Klein 1996

Schmidt, G. (Hg.): Kinder der sexuellen Revolution. Kontinuität und Wandel studentischer Sexualität 1966–1996. Eine empirische Untersuchung. Gießen: Psychosozial-Verlag 2000

Schmidt, G.: Paartherapie bei sexuellen Funktionsstörungen. In: Sigusch 2001a

Schmidt, G., S. Matthiesen und U. Meyerhof: Alter, Beziehungsform und Beziehungsdauer als Faktoren sexueller Aktivität in heterosexuellen Beziehungen. Eine empirische Studie an drei Generationen. Z. Sexualforsch. 17, 2004 (im Druck)

Schmuhl, H.-W.: Rassenhygiene, Nationalsozialismus, Euthanasie. Von der Verhütung zur Vernichtung »lebensunwerten Lebens«, 1890–1945. Göttingen: Vandenhoeck & Ruprecht 1987

Schoof-Tams, K., R. Bulla, G. Schmidt, E. Schorsch, V. Sigusch und E.-M. Ziegenrücker: Adaptation der stationären Masters-Johnson-Therapie bei Erektions- und Orgasmusstörungen auf ein ambulantes Behandlungsprogramm. Vortrag, gehalten auf der 11. Wissenschaftlichen Tagung der Deutschen Gesellschaft für Sexualforschung vom 12. bis 14. Oktober 1972 in Hamburg (unveröffentl. Manuskript)

Schorsch, E.: Sexualstraftäter. Stuttgart: Enke 1971

Schorsch, E.: Sexuelle Deviationen: Ideologie, Klinik, Kritik. In: V. Sigusch (Hg.): Therapie sexueller Störungen. Stuttgart: Thieme 1975

Schorsch, E.: Sexuelle Perversionen: Ideologie, Klinik, Kritik. In: V. Sigusch (Hg.): Therapie sexueller Störungen. 2., neubearb. u. erweit. Aufl. Stuttgart, New York: Thieme 1980

Schorsch, E.: Perversion, Liebe, Gewalt. Aufsätze zur Psychopathologie und Sozialpsychologie der Sexualität 1967–1991. Stuttgart: Enke 1993

Schorsch, E. und N. Becker: Angst, Lust, Zerstörung. Sadismus als soziales und kriminelles Handeln. Zur Psychodynamik sexueller Tötungen. Reinbek: Rowohlt 1977; Neuausgabe Gießen: Psychosozial-Verlag 2000

Schorsch, E., G. Galedary, A. Haag, M. Hauch und H. Lohse: Perversion als Straftat. Dynamik und Psychotherapie. Berlin u. a.: Springer 1985; 2., unveränd. Aufl. Stuttgart: Enke 1996 (engl. Ausg.: Sex offenders. Dynamics and psychotherapeutic strategies. Berlin u. a.: Springer 1990)

Sherfey, M. J.: The evolution and nature of female sexuality in relation to psychoanalytic theory. J. Am. Psychoanal. Assoc. 14, 28–128, 1966

Sherfey, M.J.: The nature and evolution of female sexuality. New York: Random House 1972 (dt.: Die Potenz der Frau. Wesen und Evolution der weiblichen Sexualität. Köln: Kiepenheuer und Witsch 1974)

Sigusch, V.: Medizinische Experimente am Menschen. Das Beispiel Psychochirurgie. Beilage zum Jahrbuch für kritische Medizin, Bd. 2. Berlin: Argument-Verlag 1977; Neuausgabe Argument-Studienheft 12. Berlin: Argument-Verlag 1978 (zit. als 1977/1978)

Sigusch, V. (Hg.): Sexualität und Medizin. Köln: Kiepenheuer & Witsch 1979 (a)

Sigusch, V.: Das gemeine Lied der Liebe. In: Sexualität konkret, Heft 1, S. 6–9, 1979 (b)

Sigusch, V.: »Soziale Seelenkontrolle mit dem Skalpell. Psychochirurgie – hirnverbrannt« [Dossier]. Die Zeit vom 4. April 1980, S. 23–25; erweit. Nachdruck u. a. in Sigusch 1984 (a) (zit. als 1980)

Sigusch, V.: Vom Ende der Perversion. Sexualmed. 11, 258–259, 1982

Sigusch, V.: Vom Trieb und von der Liebe. Frankfurt a. M., New York: Campus 1984 (a)

Sigusch, V.: Die Mystifikation des Sexuellen. Frankfurt a. M., New York: Campus 1984 (b)

Sigusch, V.: Kritik der disziplinierten Sexualität. Frankfurt a. M., New York: Campus 1989

Sigusch, V.: Anti-Moralia. Sexualpolitische Kommentare. Frankfurt a. M., New York: Campus 1990

Sigusch, V.: Die Transsexuellen und unser nosomorpher Blick. Teil I: Zur Enttotalisierung des Transsexualismus. Teil II: Zur Entpathologisierung des Transsexualismus. Z. Sexualforschung 4, 225–256, 309–343, 1991

Sigusch, V.: Geschlechtswechsel. Hamburg: Klein 1992; Taschenbuchausgabe Hamburg: Rotbuch (zit. als 1992/1995)

Sigusch, V.: Transsexueller Wunsch und zissexuelle Abwehr. Psyche 49, 811–837, 1995

Sigusch, V.: »Die Zerstreuung des Eros. Über die ›neosexuelle Revolution‹«. Der Spiegel vom 3. Juni 1996, S. 126–130

Sigusch, V.: Metamorphosen von Leben und Tod. Ausblick auf eine Theorie der Hylomatie. Psyche 51, 835–874, 1997

Sigusch, V.: The neosexual revolution. Arch. Sex. Behav. 27, 331–359, 1998 (a)

Sigusch, V.: Die neosexuelle Revolution. Über gesellschaftliche Transformationen der Sexualität in den letzten Jahrzehnten. Psyche 52, 1192–1234, 1998 (b)

Sigusch, V.: Ein urnisches Sexualsubjekt. Teil I: Karl Heinrich Ulrichs als erster Schwuler der Weltgeschichte. Teil II: Unbekanntes aus dem Nachlaß von Karl Heinrich Ulrichs. Z. Sexualforsch. 12, 108–132, 237–276, 1999 (a)

Sigusch, V.: Geno- und Psychochirurgie. Bemerkungen zur Logik der modernen Medizin. In: B. Hontschik und Th. v. Uexküll (Hg.): Psychosomatik in der Chirurgie. Stuttgart, New York: Schattauer 1999 (b)

Sigusch, V.: Stichwort »schwul«. In: 100 Wörter des Jahrhunderts. Frankfurt am Main: Suhrkamp 1999(c)

Sigusch, V.: Karl Heinrich Ulrichs. Der erste Schwule der Weltgeschichte. Berlin: Verlag rosa Winkel 2000 (a)

Sigusch, V.: Paartherapie bei sexuellen Funktionsstörungen. Dtsch. Ärztebl. 97, A776–A781, 2000 (b)

Sigusch, V. (Hg.): Sexuelle Störungen und ihre Behandlung. 3., neubearb. u. erweit. Aufl. Stuttgart, New York: Thieme 2001 (a)

Sigusch, V.: Kultureller Wandel der Sexualität. In: Sigusch 2001a (zit. als 2001b)

Sigusch, V.: Organotherapien bei sexuellen Perversionen und sexueller Delinquenz. In: Sigusch 2001a (zit. als 2001c)

Sigusch, V.: Organotherapien bei sexuellen Funktionsstörungen. In: Sigusch 2001a (zit. als 2001d)

Sigusch, V.: Sildenafil (Viagra®): Wirkmechanismus und erste Ergebnisse. In: Sigusch 2001a (zit. als 2001e)

Sigusch, V.: Diagnostik und Differenzialdiagnostik sexueller Störungen. In: Sigusch 2001a (zit. als 2001f)

Sigusch, V.: Organogenese funktioneller Sexualstörungen. In: Sigusch 2001a (zit. als 2001g)

Sigusch, V.: Leitsymptome süchtig-perverser Entwicklungen. Dtsch. Ärztebl. 99, A3420–A3423, 2002

Sigusch, V. und G. Schmidt: Jugendsexualität. Stuttgart: Enke 1973

Simmel, E. (1938): Neurotische Kriminalität und Lustmord. Psyche 44, 81–99, 1990

Simmel, G. (1900): Philosophie des Geldes. Gesamtausgabe, Bd. 6. Frankfurt a. M.: Suhrkamp 1989

Starke, K. und K. Weller: West- und ostdeutsche Jugendliche. Eine östliche Sicht. In: Schmidt 1993/2000

Stief, C.-G.: Pers. Mitteilung vom 15. Juli 1998

Stief, C.-G. et al.: Pharmakologische Therapiemöglichkeiten der Erektionsstörung. Dtsch. Ärztebl. 97, C-367–370, 2000

Stoller, R.: Perversion. The erotic form of hatred. New York: Pantheon Books 1975 (dt.: Perversion. Die erotische Form von Haß. Reinbek: Rowohlt 1979; 2. Aufl. Gießen: Psychosozial-Verlag 2001)

Stratz, C. H.: Die Rassenschönheit des Weibes. Stuttgart: Enke 1901

Straus, E.: Geschehnis und Erlebnis. Zugleich eine historiologische Deutung des psychischen Traumas und der Renten-Neurose. Berlin: Springer 1930

Tarnowsky, B.: Die krankhaften Erscheinungen des Geschlechtssinnes. Berlin: Hirschwald 1886

Tiefer, L.: Historical, scientific, clinical und feminist criticisms of »The human sexual response cycle« model. Ann. Rev. Sex Res. 2, 1–23, 1991

Tiefer, L.: Doing the Viagra Tango. Die Sex-Pille als Symbol und als Substanz. Z. Sexualforsch. 11, 346–352, 1998

Ulrichs, K. H.: Memnon. Schleiz: Hübscher 1868

Ulrichs, K. H.: Forschungen über das Räthsel der mannmännlichen Liebe. Neuausgabe in 4 Bänden, hg. von H. Kennedy. Berlin: Verlag rosa Winkel 1994

Ungerer, T.: Schutzengel der Hölle. Zürich: Diogenes 1986

Ussel, J. van: Sexualunterdrückung. Reinbek: Rowohlt 1970

Ussel, J. van: Intimiteit. Deventer: Van Loghum Slaterus 1975

Valverde, M.: Sex, Macht und Lust. Berlin: Orlanda Frauenverlag 1989

Virilio, P.: Der negative Horizont. Bewegung, Geschwindigkeit, Beschleunigung. München: Hanser 1989

Warhol, A.: »The ›Pope of Pop Art‹ interprets the ›Baron of Kitsch‹«. Adelina (New York) 14 (1), 64–68, 1980

Welldon, E.V.: Mother, madonna, whore. The idealization and denigration of motherhood. London: Free Association Books 1988 (dt.: Mutter, Madonna, Hure. Verherrlichung und Erniedrigung der Mutter und der Frau. Waiblingen: Bonz 1992; Neuausgabe unter dem Titel: Perversionen der Frau. Gießen: Psychosozial-Verlag 2003)

Westphal, C.: Die conträre Sexualempfindung, Symptom eines neuropathischen (psychopathischen) Zustandes. Arch. Psychiat. Nervenkrh. 2, 73–108, 1869

Wiesmann, S.: Idealisiert und vernachlässigt: Jugend 2002. BzgA Forum 1, 37–40, 2002

Working Group for A New View of Women's Sexual Problems: Eine neue Sicht der sexuellen Probleme von Frauen. Z. Sexualforsch. 16, 160–166, 2003

Wouters, C.: Duerr und Elias. Scham und Gewalt in Zivilisationsprozessen. Z. Sexualforsch. 7, 203–216, 1994

Zhou, J.-N., M. A. Hofman, L. J. G. Gooren und D. F. Swaab: A sex difference in the human brain and its relation to transsexuality. Nature 378, 68–70, 1995

zur Nieden, S.: Weibliche Ejakulation. Variationen zu einem uralten Streit der Geschlechter. Stuttgart: Enke 1994

Nachweise

Drucknachweise

»Das gemeine Lied der Liebe« ist zuerst erschienen in: *Sexualität konkret*, Heft 1, S. 6–9, Neuer Konkret Verlag Hamburg 1979, und wurde mehrfach nachgedruckt, u.a. in: *Das Argument* 121, 403–407, 1980; hier aktualisiert und ergänzt

»Love Parade: Eine kulturelle Meisterleistung?« ist erschienen in: *kulturSPIEGEL*, Heft 7, S. 10–15, Juli 2000; die Fragen stellte Jörg Blech

»Perversion als Krankheit« geht zurück auf den Aufsatz »Leitsymptome süchtig-perverser Entwicklungen«, erschienen in: *Deutsches Ärzteblatt*, Jg. 99, Heft 50, S. A3420–3423, 2002, Deutscher Ärzte-Verlag Köln; hier ergänzt

»Perversion als Kunstwerk« ist zuerst erschienen in: *Literatur konkret* 1989/90, Gremliza VerlagsGmbH Hamburg; hier durchgesehen

»Sind wir alle transsexuell?« ist erschienen als Vorwort zu: *Transsexuelle Menschen in Deutschland. Im falschen Körper.* Mit Fotos von Daniel Fuchs und Text von Geo Fuchs, hg. von Martina Rueger. Verlag Martina Rueger Wiesbaden, o. J. [1995]; hier durchgesehen

Wir danken den Verlagen für die freundlicherweise erteilten Abdruckgenehmigungen. Alle anderen Texte sind für diesen Band geschrieben worden.

Bildnachweise

Seite 21: Herrenkollektion Frühling/Sommer 2002 von Carlo Pignatelli präsentiert in Mailand © ullstein – AP

Seite 30: Dreihundert nackte Menschen posieren in Santa Maria da Feira (Portugal) für den US-amerikanischen Fotografen Spencer Tunick, 2003 © ullstein – Reuters

Seite 44: Love Parade Berlin: Giseldis Galaktika und Juliane Sunshine, 2002 © ullstein – AP

Seite 47: Love Parade Berlin, 1994 © ullstein – Peters

Seite 51: Im Studio eines Internet-Strip-Anbieters. Die Kamera ist mit einem Computer verbunden, der den Striptease online an die Kunden überträgt, 1998 © ullstein – Vision Photos

Seite 61: Berlin 2003 © ullstein – Welters

Seite 77: Christopher Steet Day, Köln 2002 © ullstein – KPA

Seite 103: Internet, 2005

Seite 104: Internet, 2004

Seite 128: Wilhelm von Gloeden, um 1900. Aus: *Wilhelm von Gloeden / L'Arte di Gloeden. Il Barone Fotografo*, Edizione Giovanni Malambrì, Palermo 1979

Seite 158: »Evet S.«. Aus: *Transsexuelle Menschen in Deutschland. Im falschen Körper.* Mit Fotos von Daniel Fuchs und Text von Geo Fuchs. Wiesbaden: Verlag Martina Rueger, o. J. [1995] © Daniel Fuchs

Seite 169: Dieter Huber, Klone no. 37, 1995 © Dieter Huber

Seite 202: © Peter Franck, Stuttgart